JN069971

松山商科大学四〇年史

―一九四九年四月～一九八九年三月―

目　次

はじめに

松山大学は二〇二三年（令和五）に学園創立一〇〇周年を迎える。

松山大学及び学校法人松山大学の前身である松山高等商業学校及び財団法人松山高等商業学校は、一九二三年（大正一二）二月二二日、文部省により設立許可の認可を受け、二月二四日にその旨告示を受けた。三月三日第一回理事会を開き、加藤彰廉を校長及び専務理事に推挙し、四月一日松山高等商業学校は開校した。

学校設立に当たって多大の尽力をしたのは、加藤恒忠翁（拓川）、加藤彰廉、そして新田長次郎翁（温山）である。また、この三恩人以外にも、愛媛・松山の教育界、経済界、政治家も応援し、紆余曲折を経ながら、松山高等商業学校は誕生したのである。

大正デモクラシー期の松山高等商業学校誕生から戦時下の松山経済専門学校へ、そして戦後改革期の一九四九年（昭和二四）四月松山商科大学が誕生し、一九八九年（平成元）四月一日に校名を変更し、松山大学となった（以下、松山高等商業学校は松山高商、松山経済専門学校は経専、松山商科大学は松山商大と略す）。そして、二〇二三年には、松山大学は創立一〇〇周年を迎える。

学園一〇〇年の歴史は、大きく、①松山高商・経専時代（一九二三年四月～一九四九年三月）、②松山商大時代（一九四九年四月～一九八九年三月）、③松山大学時代（一九八九年四月～）の三つに時期区分できる。

筆者はこれまでに『松山高商・経専の歴史と三人の校長―加藤彰廉・渡部善次郎・田中忠夫―』（愛媛新聞サービスセンター、二〇一七年）と『伊藤秀夫と松山商科大学の誕生―あるリベラリストの生涯―』（SPC出版、二〇一八年）を公表してきた。それは主として①の時代の考察であった。本書はそれに続くもので、②の松山商大時代（一九四九年四月～一九八九年三月）の四〇年間の歴史を考察するものである。

これまで、松山商大の校史は『松山商科大学三十年史』（田中忠夫編、一九五三年一一月。以下『三十年史』と略す）と『松山商科大学五十年史』（作道好男、江藤武人編、財界評論社教育調査会校史編纂室。一九七四年三月。以下『五十年史』と略す）が公刊されている。前者は一九五三年まで、後者は一九七三年までであり、それ以降の校史は書かれていない。また、前者は田中忠夫、大鳥居蕃、増岡喜義ら学内関係者の手による大変優れたものであるが、誤植が多いだけでなく、高商の設立経過について、両加藤の関係が間違っていたり、松山高商の文部省への申請日と認可日が間違っていたり、加藤校長の校訓「三実」の提唱の宣言日を確定できなかったり、事実誤認や未解明な点などいくつかの問題がある。後者は外部委託によるもので制度や諸規程は詳しいが、校訓「三実主義」や校風（学風）面については不満の残る校史であった。

さて、②の松山商大時代の歴史を考察するにあたり、前史として①の松山高商・経専の時代について、いかなる特徴をもった学校であったのかについて、簡潔に述べておくことにしたい。

(一)加藤彰廉初代校長時代

一九二三年(大正一二)四月に誕生した松山高商は、開校時には北予中学の校舎の三室を借り受けて授業を開始した。翌一九二四年四月に鉄筋コンクリートの本館を竣工・移転し、一九二八年(昭和三)には鉄筋の講堂・図書館をつくり、施設を充実させた。定員も発足時は一学年五〇名(総定員一五〇名)であったが、開校三年目の一九二五年(大正一四)度には一学年約八〇名(総定員二五〇名)に増やし、さらに一九三一年度には一学年一〇〇名(総定員三〇〇名)に倍加させ、地域の高等教育への要求・期待に応えた。

このような松山高商の発展は、なによりも初代校長の加藤彰廉先生の人格・役割によるところが大きい。加藤校長は「伊予の福沢先生」と言われた教養のある人格者で(井上要、新田長次郎)、学校運営や生徒指導にあたって「非官僚主義的と家族主義的」方法がとられた(田中忠夫)。

加藤校長は本校の教育方針の確立に尽力した。校訓を教授会に諮った上で、一九二六年(大正一五)三月八日の第一回卒業式において、校訓「三実」(実用・忠実・真実)を宣言した。以後、加藤校長は校訓を「三実主義」として、式辞、挨拶等で繰り返し述べ、校訓の定着をはかった。

加藤校長の生徒指導については、学校は生徒が主との考えで、生徒思いの精神を培った。正課の他に教育の一環として校友会活動を重視した。生徒もそれに応えて実に活発であった。また、加藤校長は卒業生の就職活動には極めて熱心で、よく大阪方面に出張した。高商は校長・教員と生徒との関係が親密であり、校風として「非官僚主義的と家族主義的エトス」（田中忠夫）が形づくられた。

松山高商の学校運営・学校経営については、校長が専務理事を兼務した。加藤校長は学校運営の基本方針として、学校は人であり、専任教員の整備と優秀な教員の確保に尽力し、「全く私心のない教育奉公の精神」であたられた。学校経営では節約を旨とし、虚栄を張らず、「地味過ぎるほどの着実さで誠実一途」にあたられた（田中忠夫）。それは、加藤校長の人格（清貧・高潔）とともに設立者新田長次郎の人格（至誠）も関係している。

設立者の新田長次郎は理事にならず、金は出すが経営には口出しせず、学校運営・経営は加藤校長ら学校関係者に任せる謙虚で節度ある態度をとった。

優れた教育者・人格者・経営者であった加藤校長は、一九三三年（昭和八）九月一八日逝去した。同年一〇月二六日、井上要理事の主導により病気で退職していた渡部善次郎教授が第二代目校長に就任した。しかし、学園は混乱し、校長拉致事件もあり、渡部校長は辞任した。その後、「後任校長は学校教授会の推薦にまちたい」との理事者側の意見により、一九三四年一〇月六日、三六歳の若き教授田中忠夫が教授会の全会一致で第三代校長に就任した。理事会主導ではなく、「教授会の推薦で校長を決めるルール」がこの時に形づくられた。学園の歴史における最も重要なルールとなった。

(二) 田中忠夫第三代校長時代

田中校長は一九三四年（昭和九）一〇月六日の就任の挨拶で、「加藤先生の墓守」を自己の使命として、加藤校長の方針を忠実に継承すると表明した。だが、田中校長は一九三六年頃から学内で「日本一の高商に」という雄図あるスローガンを掲げ、加藤校長時代のこじんまりした小規模学園に甘んじることなく、拡大路線を積極的に推進した。定員は、一九三一年の一学年一〇〇名から一九三八年一五〇名に、一九四一年には二〇〇名に倍加させ、また、加藤会館、校舎、武道場等を次々と建設し、校地の拡大をはかっていった。松山高商の名声は高く、「東の大倉、西の松山」と言われるほどになった。

田中校長も学校は人であり、教員の整備と優秀な教員の確保が重要であるとの考えを引き継ぎ、一九三七年四月にマルクス主義者の住谷悦治教授（東京帝大卒、前同志社大学教授）を採用した。一九三八年四月には浜一衛（京都帝大卒、中国語）、一九三九年四月には木場深定（東北帝大卒、哲学）も採用した。住谷教授の赴任により、本学園の教育・研究水準は活性化し、一九三七年一二月に「松山高商研究彙報」、一九三八年一二月に「松山高商論集」、一九四三年五月には共同研究『日本特殊産業の展相』が刊行された。

しかし、日中戦争の進展とともに、時勢の流れ（軍国主義、国家主義、全体主義、植民地主義、世界征服戦争）に本学園も巻き込まれ、田中校長は時勢に迎合していった。

一九四一年四月に本校は東亜の指導者の養成のため「東亜科」を設置した（定員五〇名）。また、この年の始業式において、田中校長は校訓「三実主義」について訓示し、その定義の「明文化」と「確定解釈」を行なった（昭和一六年度生徒要覧）。そこで、田中校長は、「三実主義」の順序を「真実・実用・忠実」に変更し、真実は「日本的真理のまこと」に、実用は「職分奉公のまこと」に、忠実は天皇制国家への「忠誠のまこと」に転変し、生徒を戦争（聖戦・世界征服戦争）に駆り立てることになった。

一九四一年一二月八日、東条内閣は対米英蘭に宣戦布告し、太平洋戦争が始まった。田中校長は一九四二年四月の入学式で、「今事変は世界再建のための戦争である」「大東亜経済圏の確立」であると断じ、新入生に対し、大東亜の指導者としての覚悟を求めた。

戦争は、学問の自由、思想信条の自由に圧迫を加えた。一九四二年五月には、文部省の要請で、英語の時間数が削減され、また、商業科目中、外国為替、貿易、市場論が廃止され、他方、体操・教練は強化され、国史、日本産業論、東亜経済論、植民論、経済法の新科目が設置された。要するに敵性語の縮小であり、戦争に役立たない科目の廃止であり、戦争に役立つ科目の設置であった。さらに、七月には、軍部と文部省の圧力により、住谷教授が退職を余儀なくされた。

太平洋戦争の末期、文部省の方針により、商業は不要の学問とされ、松山高商は一九四四年（昭和一九）二月福知山高等商業学校を吸収合併し、四月一日「皇国ノ道ニ則リテ……国家有用の人物ヲ練成」するため校名を変更し、松山経済専門学校となった。しかし、経専下、授業はほとんど無く、生徒は勤労動員に駆り出された。長崎の三菱造船所や名古屋の愛知航空機にまで行かされた。

全体主義の波はまたしても教員に及び、一一月古川洋三教授が「非協力的自由主義者」の咎により退職を余儀なくされた。

一九四五年に入って戦局はますます悪化、全国で空襲があいつぎ、七月二六日夜の松山大空襲で本校の木造校舎は灰塵に帰し、教職員も焼き出された。原爆が八月六日広島に、九日長崎に投下され多大な犠牲を出し、遂に、ポツダム宣言を受諾し、八月一五日敗戦を迎えた。

敗戦は、日本の軍国主義、国家主義、全体主義、専制的天皇制、植民地主義の崩壊であった。一九四五年（昭和二〇）八月一五日以降、平和主義、自由主義、民主主義、国民主権、基本的人権の回復が始まった。

本学園でも、戦前の軍国主義迎合を反省し、戦後の改革・変革（自由と民主主義、基本的人権の回復）が始まった。

九月一五日、教授会を開催し、戦争中の学科目の改正を審議した。それは、①合理的、能率的事務処理能力の涵養、②経済関係の専門的知見の啓培、③島国的偏狭性を脱却せる国際水準における教養の確立、というもので、いずれも、戦前・戦時のカリキュラムへの反省がこめられた。

同月、本校は新しい教員として松本新八郎教授（一九一三年一一月愛媛県生まれ、東京帝大卒、同大の史料編纂所に勤務）を採用した。松本教授はマルクス主義歴史学の立場からの日本の封建制の研究者であった。本校の民主化への転換を示す象徴的な人事であった。

また、一〇月二五日、自由講座を開設した。講師として、重松俊章教授（一八八三年一一月愛媛県生まれ、東京帝大文科大学卒。前九州帝大法文学部教授、東洋史学）を招聘した。これも本校の民主化への転換を示す新しい人事であった。

一九四六年（昭和二一）四月一六日、自由主義者の古川洋三教授が教職に復帰した。

同年四月二九日、教授会を開催し、学科目の改正を決めた。戦前の道義、教練、体練、経済統制論、東亜経済論の科目は削除され、経済変動論、国際経済論などが新設された。戦後民主化のカリキュラム改正であった。

五月一日には、松山経済専門学校の『学生新聞』が創刊された。「学生の、学生による、学生のための」新聞であった。その中心人物が三年生の吉田二郎（阪本二郎。後に一橋大学教授。坂本二郎はペンネーム）や住谷磬（住谷悦治の次男。後に同志社大学教授）であった（編輯兼発行人は住谷磬）。創刊号では「自由を我等に」と題し、戦時中学生の自由や科学的真理の探究が抑圧されたことが、侵略戦争を聖戦として、学生の純真さを悪用し侵略戦争に駆り立て、好戦的日本人を作ったと深く反省し、一日も早く、学校を真理探究の殿堂として再建し、学校の民主化をはかり、今こそ目覚めて正義のために新生日本のために活動しようではないか、真実を追求し、人格の完成を目指し努力しようではないかという、大変格調高い論説を発表した。教授会より、学生の方が数歩進んでいた。

一一月三日、新生日本の象徴である新憲法・日本国憲法が公布された。さきの戦争を反省し、不戦の誓い、専制的天皇制の廃止による国民主権、九条による戦争放棄、男女平等、言論・出版の自由等基本的人権の尊重が謳われた。

戦争協力者への追放が始まった。本校では、田中校長と浜田喜代五郎教授が対象となった。田中校長は翼賛壮年団の県役員であったこと、浜田教授は憲法学の論文が問題とされた。一九四七年（昭和二二）二月二〇日、田中校長は辞職した。また浜田教授も辞職した。

(三) 伊藤秀夫第四代校長時代

田中校長の辞職に伴い、経専第四代の校長を選出することになった。校長選出については、高商時代からのルールにより、後任候補者は「学内よりこれを求めること」とされ、教授会と事務員会とが連絡をとり、伊藤秀夫教授が両会の圧倒的支持により校長候補に推薦された。教授会のみならず、事務職員の意見も聞いており、それは戦後民主主義の現れであった。

一九四七年（昭和二二）二月二〇日、伊藤秀夫教授（六三歳）が第四代松山経済専門学校長に就任した。また財団法人の専務理事も兼務した。

同年三月三一日、教育基本法と学校教育法が公布・施行された。教育基本法は前文で、「われらは、さきに日本国憲法を確定し、民主的で文化的な国家を建設して、世界の平和と人類の福祉に貢献しようとする決意を示した。この理想の実現は、根本において教育のちからにまつべきものである」として、第一条で教育の目的を明示した。それは「教育は、人格の完成をめざし、平和的な国家及び社会の形成者として、真理と正義を愛し、個人の価値をたっとび、勤労と責任を重んじ、自主的精神に充ちた身心ともに健康な国民の育成を期して行われなければならない」とした。

また、学校教育法はその第五章で大学について定め、第五二条で目的を明示した。「大学は、学術の中心として、広く知識を授けるとともに、深く専門の学芸を教授研究し、知的、道徳的及び応用的能力を展開させることを目的とする」と定めた。

このように、新制大学の理念は、日本国憲法、教育基本法に則り、さきの戦争への深い反省から、幅広い教養の上に世界的視野と豊かな人間性をもち、世界平和や人類の福祉に貢献し得るような人間の育成であり、教養教育が重視された。

この学校教育法の施行により、学校教育体系は六・三・三・四制となり、全国各地の高校、専門学校では、修業年限四年の新制大学昇格にむけ、運動がなされることになった。

四月新学期が始まり、学生の間から本学を四年制大学に昇格させる運動が盛り上がってきた。四月二〇日に学生大会を開き、「松山経専生徒復興昇格委員会」を結成することを決め、活動を始めた。同時に伊藤校長ら学校側も大学昇格に取り組み始めた。

五月二〇日、伊藤校長は松山経専復興委員会を「復興昇格委員会」に改称し、校舎や研究室、食堂、図書館等の復興計画を策定した。

九月二日、教授会は「大学設置基準」、特に学科目内容及び組織について研究審議をした。

一九四八年（昭和二三）一月一五日の教授会で、「四国総合大学」が話題にのぼるも、本校は従来どおり単科大学で進むこと、また、新田家とも連絡協議することを決定した。

四月一五日、復興昇格計画の、校舎二号館（木造、二階建）、四号館（木造、平屋建）が竣工した。

五月二〇日、教授会は大学設置基本要綱起草委員会を設置し、委員として星野通、大鳥居蕃、増岡喜義の三教授が就任し、大学設置の草案を作成した。教授会は「目的及び使命」「名称」「学部及び学科別学科目」「履修方法及び学位授与」、「暫定学則」等を審議した。また、教員人事についても決めた。

七月二〇日、伊藤校長、大鳥居教務課長、増岡庶務課長の三人が上京し、約一週間滞在し、必要な修補を加えて、七月二八日に文部省に「松山商科大学設置認可申請書」を提出した。その大要は次の通りである。

①目的及び使命

本学は商業、経済を中心とする諸科学の綜合的、専門的研究及び教授を行ふことを目的とし、学識深く教養高き人材を養成して廣く経済文化の発展に寄与することを使命とする

②名称　松山商科大学

③学部及び学科　商経学部経済学科、経営学科

④履修方法、単位数、要卒単位

・前期二年間は一般教養科目及び専門科目中基礎的な科目並びに体育を履修する

・一般教養科目においては人文科学関係三科目以上、社会科学関係及び自然科学関係について各二科目以上履修する

・要卒単位は、四年間以上在学し、一般教養科目一〇科目四〇単位以上、専門科目一五科目八〇単位以上、及び体育四単位、合計一二四単位以上履修取得すること

⑤学士号　商学士

⑥学生定員

学部	学科	入学定員	総定員
商経学部	経済学科	一〇〇名	四〇〇名
	経営学科	一〇〇名	四〇〇名
計		二〇〇名	八〇〇名

⑦設置者　財団法人松山商科大学（現在、財団法人松山経済専門学校）

⑧大学開設の時期　一九四九年（昭和二四）四月一日

一九四九年二月二一日、文部省より松山商科大学の設置が認可され、四月一日松山商科大学が誕生した。

以上述べたように、松山商科大学は、戦後の民主的改革・変革の時代に、経済学と経営学の学問における真理の探究を行なうとともに、さきの戦争の反省の上に、一般教養を重視し、人間性と人格の完成をはかり、世界平和と人類の福祉に貢献し得る人間を育成するという新制大学の理念のもとに誕生した。

以下、松山商大（一九四九年四月〜一九八九年三月）の四〇年にわたる校史を叙述するが、その際の視角・方法論について述べておきたい。

①大学の成長・発展は外形的には学部の増設であるため、時期区分として学部の増設を基準とした。

②学長は学識の長であり、大学の中心であり、大学の方針を学生や構成員、社会に発信する頭脳である。いかなる理念で何を考えて大学運営をしようとしているのかをみるために、学長の就任挨拶や施策、式辞を重視した。

③本学の教育方針である校訓「三実主義」や学風（校風）面についても目配りした。

④大学は人であり、いかなる人物によって大学運営がなされたのかを記した。

⑤学生は「学園協同体」の一翼であり、主体である。そこで、学生の動向、自主的な研究活動について重視した。

⑥校史は、全体として万便なく記述する必要があるために、入試や入学式、卒業式、学長選挙、学部長選挙、評議員・理事選挙等のルーティンワークについても記述した。

⑦資料としては、一次資料として、文部省への申請書や松山商大新聞（学生新聞）を主とし、学生の自主的研究活動については、入江奨ゼミナールの同窓会会報「つくし」を利用した。公刊資料では学内月報、学内報、学園報、温山会報、入試要項、等を利用した。また、聞き取り調査もした。

第一編　商経学部　一学部時代

（一九四九年四月一日～一九六二年三月三一日）

第一章　伊藤秀夫学長時代（一九四九年四月一日〜一九五七年二月一三日）

初代学長
伊藤秀夫

一九四九年（昭和二四）四月一日、松山商科大学が誕生し、伊藤秀夫が松山商科大学初代学長に就任した。そして、財団法人の専務理事も兼務した。この時、六五歳であった。

伊藤秀夫の主な経歴は次の通りである。

一八八三年（明治一六）九月一九日松山藩校教官で久松家の侍講伊藤奚疑の次男に生まれた。松山中学校を経て、一九〇六年早稲田大学文学部哲学科を卒業し、同年岩手県立一関中学教諭となり、一九〇八年帰郷して北予中学校英語科主任教諭、一九一三年（大正二）松山中学校教諭を経て、一九二六年（大正一五）九月から松山高商教授に就任した。一九二九年（昭和四）の六月から翌三〇年八月まで英国に留学していた。一九三四年一〇月より第三代田中忠夫校長の下で生徒課長に就任し、一九四七年二月まで続けた。田中校長が戦後公職追放・教職追放となり、その後を受けて一九四七年二月二〇日、教授会と事務職員会の圧倒的支持を得て、松山経済専門学校校長及び専務理事に就任した。そして、敗戦後の学校復興と大学昇格に取り組み、一九四八年七月二八日に文部省に大学設置認可申請を行ない、一九四九年二月二一日認可を受け、一九四九年四月一日松山商科大学が誕生し、松山商科大学初代学長に就任した。[1] 温厚なリベラリスト、白髪頭の上品な老紳士であった。

〔注〕

（1）拙著『伊藤秀夫と松山商科大学の誕生』ＳＰＣ出版、二〇一八年より。

(一) 一九四九年（昭和二四）度

松山商科大学発足時の校務体制は、教務課長は高商時代以来長く続けていた大鳥居蕃教授（一九三四年一〇月～一九四九年四月）に代わり、新しく太田明二教授が就任した（一九四九年四月一二日～一九五七年四月三〇日）。学生課長は古茂田虎生教授（一九四八年一月～一九五二年五月）、図書課長は星野通教授が引き続き務めた（一九三六年五月一日～一九四九年六月三〇日。七月一日から図書館長名に変更）。また庶務課長も増岡喜義教授が引き続き務め（一九四三年三月～一九五二年六月）、伊藤学長を補佐した。また、財団法人面では星野通教授（一九四六年一二月～一九六三年一二月）と大鳥居蕃教授（一九四七年九月～一九六三年四月）が理事を引き続き務め、伊藤専務理事

を補佐した。(1)

大学発足時の教授陣は次の通りである（生年月日、出身、学歴、就任年、担当科目）(2)。

学長

伊藤　秀夫　一八八三年九月一九日愛媛県生まれ、早稲田大学卒、一九二六年九月。

教授

古川　洋三　一八九八年七月一二日愛媛県生まれ、関西学院高商部、ウィスコンシン大学卒、一九二三年四月、英語、交通論、保険論。

星野　通　一九〇〇年一〇月一日愛媛県生まれ、東京帝大卒、一九二五年四月、民法。

大鳥居　蕃　一九〇一年五月二九日滋賀県生まれ、東京商大卒、一九二五年六月、国際経済論、国際金融論、商業政策。

増岡　喜義　一九〇三年一二月二五日愛媛県生まれ、九州帝大卒、一九二九年五月、財政学。

川崎　三郎　一九〇〇年九月五日愛媛県生まれ、東京商大卒、一九三四年一〇月、経営比較。

浜　一衛　一九〇九年九月二日大阪府生まれ、京都帝大卒、一九三八年四月、第二外国語・華語。

古茂田虎生　一九〇二年一〇月二日愛媛県生まれ、東京商大予科卒、一九四一年四月、英語。

太田　明二　一九〇九年五月三〇日愛媛県生まれ、神戸商業大卒、一九三三年六月、一九四二年八月退職、一九四六年一一月再任、景気論、会計学。

伊藤　恒夫　一九一二年一月三日愛媛県生まれ、京都帝大卒、一九四八年三月、倫理学、教育学。

助教授

山内　一郎　一九〇三年一月一四日愛媛県生まれ、九州帝大卒、一九四七年三月、英語。

二神　春夫　一九〇九年三月三日愛媛県生まれ、九州帝大卒、一九四七年九月、英語、実用英語。

五島　伝　一九〇五年一二月三日愛媛県生まれ、日本体育専門学校卒、一九四八年九月、体育。

講師

高橋　始　一八九九年四月七日愛媛県生まれ、早稲田大学卒、一九二六年四月、政治学。

三好　俊夫　一九二一年一〇月二二日生まれ、神戸商業大卒、一九四六年一一月、生産管理、労務管理。

越智　俊夫　一九二四年一月一一日愛媛県生まれ、東京帝大卒、一九四六年一二月、商法二部、社会法。

作道洋太郎　一九二四年九月二三日愛媛県生まれ、九州帝大卒、一九四七年九月、社会思想史。研究員。

元木　淳　一九二二年二月八日東京府生まれ、東京商大卒、一九四九年三月、財務管理、簿記実践。

そして、大学発足にともない、伊藤学長は四月一日、次のような新しい専任教員を大量に採用した

（生年月日、出身、学歴、経歴、担当科目）[3]。

教授

重松　俊章　一八八三年一一月一八日愛媛県生まれ、九州帝大卒、文学士。元九州帝大教授。歴史学、文化史。

根岸　正一　一八八九年一月一日、神戸高商卒。小樽高商、高松高商、福知山高商教授等。原価計算、会計監査。

藤本　貫一　一八九三年五月一日、大阪高等工業学校応用化学科卒、工学博士。住友鉱業別子鉱業勤務を経て大阪ペイント研究部長。化学。

上田藤十郎　一八九九年一一月一五日高知県生まれ、京都帝大卒、京大農学部講師、昭和高商教授、大阪女子経済専門学校教授、名古屋市史編纂主任等。経済史概論、日本経済史。

山下　宇一　一八九九年一二月一日京都府生まれ、東京商大卒、商学士。元大分経専教授。銀行論、金融経済学。

八木亀太郎　一九〇八年一〇月九日愛媛県生まれ、東京帝大卒、文学士。前東海大学教授。文学、ドイツ語。

助教授

菊池金二郎　一九〇五年七月一一日愛媛県生まれ、東京商大卒、商学士。前兵庫県立神戸経済専門学校教授。簿記実践。

講師
高村　晋　一九〇七年一一月二五日愛媛県生まれ、京都帝大法学部卒、法学士。元京城経専教授。法学。
松木　武　一九一四年一一月一六日愛媛県生まれ、京都帝大理学部卒。理学士。数学、統計学、商業数学。
山本謙一　一九一九年九月二三日生まれ、経済学士。元松山語専教授。英語、実用英語。
岡本真一　生年月不明、東京商大卒。元神戸経専教授。貿易論。

さらに、伊藤学長は大学設置にあたり、次のような錚々たる教授陣を外部講師として招いた。なお、住谷悦治、建林正喜、天野元之助教授は前年の『申請』では専任教員として採用の予定であったが、すでに就職しており、いずれも実現しなかった。

住谷　悦治（同志社大学教授。経済原論・社会政策）
建林　正喜（広島大学教授。計画経済）
長　守善（中央大学教授。経済学史・経済政策概論）
宮本　又次（九州大学教授。西洋経済史）
天野元之助（京都大学教授。東洋経済史）
戸田　義郎（神戸大学教授。経営学総論）
丹波康太郎（神戸大学教授。財務管理・簿記原理）
青山　道夫（九州大学教授。民法）

松山商科大学の第一回入学試験は四月一日から三日にかけて、本校、京都、福岡の三会場で行なわれた。募集人員は、第一学年二二〇名（経済学科、経営学科各約一一〇名）、第二学年二二〇名（経済学科、経営学科各約一一〇名）、松山経済専門学校第二学年一八〇名であった。文部省定員は各一〇〇名であったので、一割増で募集した。また、開学初年度において二年課程まで開講することになっていたので、一年生だけでなく二年生の募集も行なった。さらに、経専の一年生修了者が大部分新制大学一年に横滑り入学することが予想されたので、その補充のために経専二年生も募集した。試験科目は、大学第一年及び経専第二学年志願者は、国語、社会（一般社会及び時事問題、東洋史、西洋史、人文地理、国史）、数学（解析Ⅰ、解析Ⅱ、幾何、又は簿記）、理科（物理、化学、生物、地学）、外国語（英語）の五科目であった。大学第二年志願者は英語（必答）、哲学、西洋史（ルネッサンス以後）、経済、法律、簿記の内より二科目であった。[4]

志願者は大学一年が五七六名（うち、経専二年併願が二四六名）、二年が一四一名、経専二年が二六五名（うち、大学一年併願が二四六名）であった。[5] 予想通り、経専二年生の大半が大学一年を志願した。四月一一日に合格発表がなされた。

四月三〇日、松山商科大学第一回入学式が挙行された。入学者は一年生は三七九名、うち経済学科が二五六名（女子一名）、経営学科が一二三名であった。経済学科は定員が一一〇名であったので約二倍も入学した。経済学科への志望が高かったためであろう。二年の入学者は一一八名で、定員（二二〇名）の約半分であった。また、経専の二年も定員（一八〇名）のうち、わずか七五名しか入学せず、定員を大きく下回った。[6]

伊藤秀夫学長は式辞において、大学昇格に対し新田家を始め各界の努力に感謝すると共に、文化国家日本の建設の大業のために日本人の人間としての再生が必要で、そのためには教育改革が必要であり、特に大学教育における人間育成としての一般教養・体育の重要性を強調し、それにより世界平和、人類福祉の増進に寄与し得るグッドシチズンをつくることができると述べた。(7) それは次の通りで、さきの戦争を反省し、新制大学の理念を踏まえた伊藤学長の本領発揮・歴史的式辞であった。

「創立以来二十五年の歴史を持つ松山経専は去る二月二十一日付を以て本年度から松山商科大学として発足する事を認可された。戦災の復興と時を同じくして大学昇格の準備をした最近一年の学校同僚の努力は実に並々ならぬものがあった。信頼すべき各方面の人々から聞くところによると、随分厳選主義を以て審査に当られた設置委員会を、極めてよき成績をもって通過したとの事であるが、此の名誉はもちろん我々同僚の努力によるものとは雖も、創立以来多年に亘る設立者新田家の特別の援助、先輩校友の築き上げた信用、父兄の他、後援会各位の多大の援助の賜に他ならぬ事を思ひ、今日ここに非常に多数の父兄の方々の御臨席のもとに本学第一回の入学式を挙行するに当り、新たに我が学園に学ぶ諸兄と共に感謝の意を表す次第である。

今や我々は文化国家としての日本を建設するといふ大業を課せられているので有るが、日本人が唯今申し述べた様な日本人である限り此れは不可能であろう。国民の根本的改造、日本人の人間としての再生を必要条件とする。その唯一の方法は教育の精神及び制度の根本的建直し、特に高等教育の精神の改革が必要で有るといふ事が識者の間で叫ばれた。此の時丁度アメリカ教育使節団に依って与へられた勧告は当時の文教当局及び識者の意見と合致し、此処に六三三四制が生れたので有るが、特に高等教育に於て全く面目を改めた点は前に述べた大学教育の第三の使命として人間育成といふ事を重視し、その為に大学教育の重要なる部門として多数の一般教養科目を加へた事である。即ち従来の大学や高専の余りに早く専門に走り、人間として教養を忘れた弊を根本的に改め、従来の狭を専門的立場から見て、一見縁遠く見える所の自然、人生、社会の各部面に多面的に接触し、人間本来の性能を十分に展開させ、それ等の中に於ける自己の位置とそれ等の意義とを正しく覚り、それらの有するあらゆる価値を感受する謙虚なる態度を準備すると共に、他方此れに幻惑して無批判を成し得る如き性格を持つ人物を作る〔筆者注、らぬ〕為の教養に重きを置いた事である。かくしてその土台の上に立って学の蘊奥を究め、又は職業の訓練を受くれば徒に世論に動かされて盲動する学者や、利己的動機からのみ職業に従事する様な者もなくなるであろう。又、一般教養によって開かれた広き視野によってよく世界の事情に通じ、諸国民の長所短所を知り互に理解して善意を以て交はり、以て世界平和、人類福祉の増進に寄与し得る様な人間が作られる。かゝる人間として立派なもの、即ちグッドシチズンを作ることを最大使命として生れたのが新制大学である。故に諸君は自分が生涯専攻したい学科又は将来身を託せんとする職業と没交渉と見ゆる学科を熱心に研究せねばならぬのである。これをもって大学の格下げなど、思ふ者は新制大学生たる資格はない。

新制大学は今迄の高等教育が基礎せまく、且つ弱き真理探求者や職業の公的、道徳的意義に徹せざる職業人やいたずらに心おごり独善的利己的であるために自国の国力を過信して事を構へ、人類の平和を忘れる様な政治家を作った欠点を改めて、広き教養の上に立ち世界的視野をもち豊かなる人間性のある学者、職業人、即ちグッドシチズンに指導せられて初めて日本は再建さるべく、又世界と人類との為に貢献する所ある文化国家たるの名誉を得るのである。

かく人間育成を主とする結果として、今日以後諸君の学園生活は恐らく諸君があこがれて居た大学生活よりも一層地味で着実なものであろう。学ばねばならぬ科目は必ずしも自分の趣味と一致しないであろう。かかる学科をも重要科目として学習せねばならぬことは決して愉快なものではない。かくせねばならぬことによって得らるゝ精神的訓練もそのものも新制大学の目標の一つである。従って教授は諸君の怠慢を戒め勤勉忠実なる努力の習慣を養ふことを重視し、苟も立派な人間形成に必要なる道徳的補導を怠らない。新制大学の重要な任務としてガイダンスという事がかゝげられている所以はこゝにある。学生の勤惰について大学が特別の関心を持っていることは当然である。

かくして諸君の大学生活は或は今迄夢に描き来ったロマンチックなものとは大分色の違う散文的なものであろうことを覚悟すべきである。

次に又新制大学の他の一つの特色は高尚な専門科目や一般教養科目とは全く同列に位する他の独立の科目として、体育を重視して居るという点である。体育科の内容は種々のスポーツの練習及び理論と公衆衛生講義である。

これは健全なる肉体が完全に育成せられたる人間の重要な要素であること、又かゝる人間の生活の社会性にかんがみ、又他方ではスポーツによって養わるゝフェアプレーを生命とするスポーツマンシップが上に述べた大学に於て育成せらるゝグッドシチズンの道徳的内容の主たるものであることを思へば容易に理解出来る筈である。

新制大学に於けるスポーツは一つの面白い勝負事として徒らにファンを喜ばすものであってはならぬ。此意味に於て諸君は或る従来のスポーツ観を改め、新しき熱意を以て体育に精進することを要請せらるゝであろう」

この第一回の入学者の学生の中に、今井瑠璃男（一九二八年一月一四日松山市生まれ。旧制中学卒、旧海軍経理学校敗戦中退、一九四九年旧制松山高等学校卒。二年編入生。後、愛媛新聞社社長）や水木儀三（一九二九年生まれ。陸軍士官学校敗戦中退。二年編入生。後、伊予銀行頭取）などがいた。

松山商科大学発足と共に「松山商科大学学友会」が発足した。「松山経専校友会」を改称したものであった。(8)

また、大学発足と共に学生運動も活発化し、このとき文部省より出されていた大学法案＝大学管理法案に対して、政治意識の高い経専自治会は五月二四日抗議ストを行なうなどした。しかし、その後経専自治会は一般学生の意識と乖離し、解散するが、六月二四日新しい自治会が発足した。(9)

一九四九年度の『学生便覧』が五月末に配布された。その中に「将来計画として法学部をできるだけ早く設置する」(10)旨の記載があった。『大学設置認可申請書類』の一四「将来の計画」で「A　法学部増設は県市各方面より要望せられているので、財政上及び教授選任上より当分困難であるが、出来得る限り早く実現したい」と記していたが、それを『学生便覧』に盛り込んだものであった。

五月二九日、伊藤学長は故新田長次郎の誕生日を期し、松山商科大学開学記念式典を挙行した。愛媛県、松山市、各種団体代表者、本学財団関係者、温山会関係者等多数列席し、一橋大学教授・歴史学者の上原専禄（京都市の生まれだが、小学校、中学校時代松山に居住）が記念講演を行なった。(11)

六月、教授会は「指導教授制度」を制定した。この指導教授制度は新入生をして在学中の指導者として専任教員一人を選び学習その他をこの指導教授に相談せしめる制度であった。(12)

九月一五日、理化学室が竣工した（四号館の南側）。

九月、中国語の中心教授であった浜一衛教授が退職し、一一月、伊藤学長は中国語の嘱託講師として小原一雄（一九一三年一〇月埼玉県生まれ、東京外国語学校卒、大連高等商業学校教授等をへて松山外国語専門学校教授）を採用した。(13)

一九五〇年一月、『松山商大論集』第一号が商経研究会（会長は伊藤秀夫学長）により創刊された。商経研究会の歴史について触れると、松山高商時代の一九三三年（昭和八）四月商事調査会として発会し、一九三八年（昭和一三）「商経研究会」に再組織され、同年一二月「松山高商論集」第一号（創立一五周年記念号）を刊行、一九四四年（昭和一九）に校名変更に伴い、「松山経専論集」に改め、第七号（一九四九年二月）まで刊行された。そして、一九四九年四月大学昇格と共に「松山商大論集」に改名された（題字は伊藤秀夫学長）。一九五〇年一月に第一号「開学記念論文集」が創刊されたのである。

伊藤学長が「開学記念論集に寄す」と題し、新制大学における一般教養の重要性への認識ととももに、新制大学における大学教授の三つの使命・任務―①学者として真理の探求、②教師として学生をグッドシチズンたらしめる養成、③師匠として学生に真の職業人たらしめる技術的訓練―について論じている。(14) 校訓「三実主義」の教授版のようである。

一九五〇年度の入試は三月中旬に行なわれた。志願者は三三〇名（内女子一名）で前年度の五七六名に比し大きく減少した。前年度より「広き門」となった。ドッジ不況が続いていたことも一因であろう。

一九五〇年三月、第二五回（経専）卒業式が挙行され、一七八名が卒業した。(15) 伊藤学長の式辞は松山大学総務課になく、未見である。

〔注〕

（1）『六十年史（資料編）』一二九頁。学生課長、生徒課長名には歴史があり、松山高商発足時には学生課長名であったが、一九三三年五月より生徒課長名となり、一九四九年四月大学開設と同時に再び学生課長名に改めた。

（2）『松山商科大学申請書類』、『三十年史』の「補遺　松山高等商業（経済専門）学校、松山商科大学現（旧）教職員名」、『三十年史』八四～八五頁など。

（3）『愛媛新聞』一九四九年四月一〇日。『三十年史』一三〇、一三一、一四一、一四二頁、『三十年史』の「補遺、松山高等商業（経済専門）学校、松山商科大学現（旧）教職員名」、『松山商大新聞』第二三号、一九四九年五・六月分合併号、一九四九年六月一日。

（4）『三十年史』一二二、一二三頁。

（5）同、一二二頁。

（6）同、一一三、一一八、一四三頁。

（7）『松山商大新聞』第二三号、一九四九年五・六月分合併号、一九四九年六月一日。『五十年史』二五二～二五四頁。

（8）『五十年史』二五四頁。

(9)『松山商大新聞』第二三号、一九四九年五・六月分合併号、一九四九年六月一日。同二四号、一九四九年七月一日。ただし、自治会はその後自然消滅する。
(10) 一九四九年度の『学生便覧』。
(11)『三十年史』一三五頁。
(12)『五十年史』二五四頁。
(13)『三十年史』一四一頁。『松山商大新聞』第六〇号、一九五四年一二月一七日。
(14)『松山商大論集』第一号「開学記念論文集」一九五〇年（昭和二五）一月。
(15)『三十年史』一一三頁。なお、『六十年史（資料編）』では一八五名、『温山会名簿』では一八四名である。卒業生数の違いは、追試、再試で卒業したものと思われる。

(二) 一九五〇年（昭和二五）度

開学二年目・伊藤学長二年目である。本年度の校務体制は、前年度と同様である。

この年は、冷戦体制が激化し、六月二五日朝鮮戦争が起り、八月一〇日警察予備隊が創設され、日本の再軍備が進められた時代である。そして、特需景気により、日本経済は好景気に入る。

伊藤学長は本年度も次のような新しい専任教員を採用した。[1]

助教授

大野武之助　一八八九年一〇月二八日愛媛県生まれ、松山中学卒。今治中学、松山中学教諭等歴任。教科教育法、英語担当。

岩本　猛　一九〇八年五月一五日生まれ、一九二九年三月文部省指定日本体操学校高等科卒。愛媛県立師範学校教授、松山南高等学校教諭等歴任。体育担当。

講師

山枡　忠恕　一九二二年生まれ、一九四五年神戸経済大学卒。会計学、会計監査担当。

今井　源良　一八八七年一二月二六日生まれ、一九一四年七月東京帝国大学法律科卒。朝鮮銀行勤務をへて弁護士開業。商法担当。

広田　喜作　一九〇〇年五月二六日京都府生まれ、京都帝大文学部卒。フランス語、文学担当。

四月、入学式を行ない、二四五名（内女子一名）が入学した。経済学科は一二五名（内女子一名）、経営学科は一二〇名であった。(2)

一〇月一三日、公職・教職追放されていた、前高商校長・前経専校長の田中忠夫の追放が政府発表により正式に解除された。(3)後、田中は大学に復帰する。

一一月一八日、私立学校法の実施に伴い、従来の財団法人は学校法人に組織変更が行われることになり、本財団では理事会を開き、新寄附行為の原案を決定した。それによると、理事、監事を置くのは従来通りだが、専務理事を理事長とし、また、新たに評議員会を復活し、評議員には教職員、温山会、学識経験者から一六名を選任し、理事会の諮問にこたえ、また理事会は評議員会に予算案等に意見を聞かなければならないというもので、評議員会の機能・役割を重視するものであった。(4)

そして、一二月一五日、伊藤専務理事は文部省に対し、財団法人を学校法人に組織変更を申請し、翌一九五一年三月五日、文部省から財団法人を学校法人に組織変更認可を受け、四月から施行されることになった。(5)この新寄附行為の特徴は次の通りである。

①第三条の目的において、「教育基本法及び学校教育法に従い、商業経済に関する専門的教育なら

びに研究を行うことを目的とする」とあり、旧寄附行為には明記されていなかった教育基本法、学校教育法の文言を入れた。

②第五条において、理事の定員を九名以内から七名に減らし、学長が理事長になることを規定していることである。学長＝理事長については松山高商〜経専時代以来の伝統・慣習を明文化し、確認した。

③新田家との関係について、旧寄附行為の第五条では「合資会社新田帯革製造所代表社員ハ本財団法人ノタメ……寄附ヲ為ス」と設立者名を明示していたが、その規定を削除した。すなわち、財団法人から学校法人に組織変更にあたって、設立主体が新田帯革製造所から学校法人松山商科大学に変わったことである。そして、その代わりに、新田家関係は第九条で理事に二名入ること、第一〇条で監事に入ることが規定された。

④第十二〜十六条で、新たに評議員会を置いたことである（復活）。評議員には教員八名、事務職員二名、温山会二名、学識経験者四名、合計一六名でもって組織し、理事会の諮問にこたえ、また予算等に意見を述べるとした。これは理事会をチェックする機能・役割を重視するものであり、民主的運営の現れと評価できるが、決算については除外されており問題が残った。

⑤第二十条において、積立金の運用に関し、「確実な有価証券を購入するか、又は郵便貯金若しくは定期預金として理事長が保管する」とし、堅実経営を明記した。それは、設立者の新田長次郎や初代校長の加藤彰廉の経営方針を踏襲したもので、高く評価できる。

一九五一年三月一日、松山経済専門学校第二六回卒業式を挙行した。経専最後の卒業式で、一三一名が卒業し、後の再試で七五名が卒業した。(6) この時の卒業生の一人に明関和雄（後、マルトモ社長、温山会副会長）がいる。

一九五一年度の入試は三月中旬に行なわれた。募集定員は経済学科、経営学科各一一〇名（文部省定員は各一〇〇名）、志願者は六〇二名（内女子一名）で前年度の三三〇名に比し大きく増えた。朝鮮戦争による特需景気も一因であろう。

伊藤学長は新教員として、三月、経済学史の講師として入江奨（一九二三年六月広島県生まれ、一九四七年九月大阪商科大学卒、一九四九年八月広島大学助手）を建林正喜教授の推薦で採用した。(7) 長守善（中央大学教授、兼任）の担当科目の後任であった。

〔注〕

（1）『三十年史』の「補遺　松山高等商業（経済専門）学校、松山商科大学現（旧）教職員名」、『三十年史』八四〜八五頁。大野武之助教授退職記念号略歴より。

（2）『三十年史』一四三頁。

（3）『松山商大新聞』第二八号、一九五〇年一一月二四日。

（4）『松山商大新聞』第二九号、一九五〇年一二月一五日。

（5）『三十年史』二二二〜二二九頁。

（6）『三十年史』一三三頁。なお同書一一三頁では一二二名、『六十年史（資料編）』では一三〇名、『温山会名簿』では二一六名である。その後の再試で卒業したものである。

（7）入江奨退職記念号の略歴より。入江教授については拙稿「評伝　入江奨先生の人と学問（その一〜その七）―ある経済学史研究者の真摯な人生―」『松山大学論集』第三二巻第二号〜第三三巻第二号、二〇二〇年六月〜二〇二一年六月、参照。

(三)一九五一年(昭和二六)度

開学三年目、伊藤学長三年目である。本年度の校務体制は前年と同様である。

伊藤学長は本年度の新教員として、四月に研究員の元木淳(一九二一年二月東京生まれ。東京商大卒。一九四九年三月松山経専教授、同、松山商科大学研究員)を財務管理の講師として採用した。(1)

本年四月一日、私学法が施行され、学校法人制度となった。伊藤学長は理事長となった。理事は学長の伊藤秀夫、評議員から選出された星野通、大鳥居蕃、新田家から推薦の高橋賢吾、新田愛祐、温山会から推薦の牧野龍夫、田村清寿。監事は新田長三、新田元温であった。そして、新たに復活し、設けられた評議員に、教育職員から星野通、大鳥居蕃、増岡喜義、八木亀太郎、太田明二、古川洋三、古茂田虎生、山下宇一の八名、事務職員から野間清茂、黒田芳郎の二名、温山会から間島正俊、新野進一郎の二人、学識経験者として武智鼎、上原専禄、岡部義雄、仲田包寛の四名、計一六名であった。(2)

四月、入学式を挙行し、三三七名(内女子二名)が入学した。経済学科は一七六名(内女子一名)、経営学科は一六一名(内女子一名)であった。志願者が多かったこともあり、文部省定員各一〇〇名、募集定員各一一〇名を大幅に上回って入学させた。(3)

本年特筆すべきことは、学生の自主的な研究活動団体である経済学研究会が結成されたことである。入江奨先生の調査「学生の自主的研究活動の動向の一齣」によると、一九五一年度に小寺広道(三年生)が中心となり、経済学研究会(学友会公認前の組織)を組織した。(4)小寺は一九四九年四月入学し、一九五一年四月太田ゼミに入り、一九五三年三月商経学部を卒業した学生である。(5)

そして、この経済学研究会を指導したのは、赴任したばかりの入江奨講師であった。一九五一年四月に入学した菅晴美（一九五三年四月入江ゼミ）の回想を紹介（大要）しておこう。

「〔入学〕当時、本館の屋上には俗称『高天原』と呼ぶ一室があり、学友会の社研・経研・雄弁が同居していた。私が出入りを始めたのは入学直後、雄弁会に入会したからである。俗称の一室は、インテリ猛者の激論が飛ぶ毎日であった。何故か経研・雄弁のメンバーは少なく、しかも大半の者は他サークルを兼ねていたから有名無実に近い状態であった。詳細は省略するが、この後、私は紆余曲折をしながら、次第に経研・雄弁の責任を持つようになる。

メンバーが少ないと活動も研修も不十分、烏合の集と化す。メンバーが増強されて合目的集団となる。つまり、『経研』発展の出発点は先ずメンバーを集めることであった。入江先生を顧問に迎え、メンバーを集め、活発な話あいを進め、課題を見つけ、やがて学究の徒にふさわしい『経済学研究会』の誕生となる。

期せずして全員参加の取り組みが始まり、その結果得た成果が学園祭で発表となる、私は『近代経済学誕生の系譜』の大作を展示。大勢の質問者、熱心な問答の遣り取り、会場の下馬評は上々。その出来映えと『経研』の存在が認められた証左であろう。当時を彷彿とさせる写真は今も大事にしまっている。」(6)

四月三〇日、田中忠夫の公職追放が前年一〇月に解除されたので、伊藤学長は田中忠夫を松山商科大学教授に復帰させた。経済原論の担当で、一九四九、一九五一年度は住谷悦治（同志社大学教授、非常勤）が担当していたが、一九五二年度から専任の田中忠夫が担当することになった。[7]

六月、作道洋太郎講師（経済史）が大阪大学経済学部の助手に任用され、退職した。四年たらずの勤務であった。[8]

七月には、水泳プールが竣工した。

本年の特筆すべきことは、夜間の短期大学部の設置認可申請であった。夜間、労働者に対し教育を施すことは、松山高商以来の伝統であり、『松山商科大学設置認可申請書』の将来の計画の中にも短大の設置が盛り込まれており、伊藤学長等も積極的であり、昨年も申請の準備をしていたが、財政の事情から中止していた。しかし、本年春から夏ごろにかけて、本学に対し、定時制商業学校の在学生有志や民間の勤労学生から夜間短期大学を設置してほしいと期成同盟会を結成し、熱心な要望があり、また、九月末に警察予備隊員の代表が伊藤学長を訪問し、陳情もしていた。[9]

そこで、大学側は愛媛県、松山市に助成を働きかけたところ、県・市当局も短大設置に賛同し、援助を惜しまぬ旨の内意があったので、勤労者の希望に応えるべく、夜間の短期大学部の設置を決め、一〇月六日、文部省に対し『松山商科大学短期大学部設置認可申請書』を提出した。この『申請書』の大要は次の通りである。[10]

①目的及び使命

本学は主として勤労者に対し、商業経済の実際的な専門職業に重きを置く大学教育を施し、同時に良き社会人を育成して広く経済文化の発展に寄与することを目的とする

②名称　松山商科大学夜間短期大学部
③学科　商学科
④定員　一学年一〇〇名、総定員二五〇名
⑤要卒単位　五六単位以上
⑥開設　一九五二年四月
⑦専任教員として、松山商科大学教員である次の六名を置く。
　広田　喜作（文学・仏語）
　二神　春夫（英語）
　高村　晋（法学）
　高橋　始（政治学）
　入江　奨（経済学）
　岩本　猛（体育）
また、短大の新教員として次の四名を講師として採用する。
　井上　幸一（商業通論）
　稲生　晴（銀行及金融）
　元山　義久（簿記及会計学）
　原田光三郎（商法）

本年の特筆すべきことは、一九五二年（昭和二七）一月、松山商科大学の教授会規則を制定したことである。この「教授会規則」は、原型の意味で極めて重要な資料である。(11)

この「教授会規則」の特徴は次の通りである。

①大学発足時に学則の第二十八条～三十条で教授会の規定が設けられたが、僅か三カ条にすぎなかったが、これによってより詳しい教授会規則が設けられ、民主的運営がはかられるようになったことである。

②教授会は戦前高商・経専時代には校長の「諮問機関」にすぎなかったが、これにより名実共に「議決機関」となったことである。

③教授会にはじめて人事権（任免、昇格）が盛り込まれたことである。

④教授会が一般教授会（全教員）と特別教授会（教授以上）に分けられ、昇格を含む人事権は特別教授会が有し、一般教授会には報告のみであり、その点ではなお「民主的」ではなかったことである。

⑤学長の選出については、一般教授会にも権限が付与されていたことである。

一九五二年（昭和二七）一月三一日、五号館（平屋建て、四教室、三三二・二三平方メートル）が竣工した。五号館は、本館の南側で松山北高等学校に接していた。

三月五日、前年一〇月に設置申請をしていた「松山商科大学短期大学部（商科第二部）」が文部省より認可を受けた。(12)

一九五二年度の入試は三月中旬に行なわれた。志願者は一〇一五名（経済六五二名、内女子八名、経営三六三名、内女子二名）で前年の六〇二名を大幅に上回った。朝鮮特需の影響だろう。

一九五二年三月二五日、大学第一回卒業式を挙行し、一三四名が卒業した。[13] 一九四九年四月に二年次に入学した学生たちである。この第一回卒業生のなかに今井瑠璃男（山枡ゼミ）、水木儀三（山枡ゼミ）、森川正俊（大鳥居ゼミ、後、温山会副会長）などがいる。

一九五二年三月三一日には根岸正一教授（原価計算、会計監査）が退職している。[14] 短い勤務であった。

〔注〕

（1）元木淳退職記念号の略歴より。
（2）『松山商大新聞』第三二号、一九五一年七月三日。『三十年史』一三三頁。
（3）『三十年史』一四三頁、なお、志願者のうち女子が一名とあるが、二名の誤植と思われる。
（4）入江奨「学生の自主的研究活動の動向の一齣」『六十年史（写真編）』二四七～二四八頁。
（5）『温山会卒業者名簿』四九頁。正確には「経済学研究会」。
（6）菅晴美「思い出の青春『経研』」入江ゼミ同窓会誌『つくし』第一八号、一九九三年三月三一日、二頁。
（7）『六十年史（資料編）』一四九頁。
（8）『三十年史』の「補遺　松山高等商業学校（経済専門）、商科大学現（旧）教職員名」では一九五二年の一月退職となっている。
（9）『松山商大新聞』第三三号、一九五一年一〇月二〇日。
（10）『松山商科大学短期大学部設置認可申請書』
（11）『三十年史』一三六～一三七頁。『五十年史』二六八～二六九頁。
（12）『三十年史』一四〇頁。
（13）『六十年史（資料編）』。なお、『温山会名簿』では一三五名の卒業である。
（14）『三十年史』の「補遺　松山高等商業（経済専門）学校、松山商科大学現（旧）教職員名」。

㈣一九五二年（昭和二七）度

開学四年目、完成年度の年、伊藤学長四年目である。本年度の校務体制について、教務課長は太田明二教授が引き続き務めた（一九四九年四月一二日〜一九五七年四月三〇日）。学生課長は古茂田虎生教授が本年五月まで務めたが、その後六月から八木亀太郎教授に代わった（一九五二年六月〜一九五三年八月）。図書館長は星野通教授が続けた。庶務課長は一九四三年三月以来増岡喜義教授が長らく務めていたが、七月から菊池金二郎教授に代わった（一九五二年七月〜一九五七年四月）。増岡は七月から事務局長に就任し、伊藤学長を支えた。[1]また、学校法人面では、星野、大鳥居教授が理事を続け、伊藤理事長を支えた。

四月上旬、入学式を挙行し、三二二名（内女子七名）が入学した。経済学科は二〇九名（内女子五名）で、志願者が多く、定員を大幅に超えて入学させた。経営学科は一一三名（内女子二名）であった。[2]このときに入学した中に、安井修二、星川順一、相原陽、山崎全正らがいる。

伊藤学長は新入生に対する贈る言葉を『松山商大新聞』第三八号に載せた。そこで、伊藤学長は、新制大学の使命、すなわち、世界的視野に立ち、平和な民主社会に貢献し得る人を育成することであると詳細に論じ、人格の完成をはかり良き市民たれと激励した。[3]

また、本年度の特筆すべきことは、四月一日、短期大学部（商学科二部）が開校したことである。短期大学部学長は伊藤秀夫が兼ねた。そして、短期大学部の専任の新教員として井上幸一（一九二一年愛媛県西宇和郡川之石生まれ、神戸経済大学卒。松山商業学校教諭をへて、一九四九年五月松山商科大学研究員。商業通論の担当）を講師として採用した。[4]

四月五、六日の両日、短期大学部の入学試験を行なった。志願者は二九四名（内女子八名）で意外に多かった。そして、一八六名（内女子七名）の合格発表を行ない、二二日午後六時より県、市当局等の出席を得て開学式を兼ねて入学式を挙行した。学生の大部分は勤労者であった。[5] この内の一人に坂和武重（後、高校教員、後、温山会副会長）がいる。短大の入学者について『松山商大新聞』第三八号は、一八歳から四二歳まで多士済々と報じている。[6]

松山商科大学の方に戻ると、本年度から暫定措置として教職課程を設置した。これにより、高等学校教論二級の普通免許状（商業、英語）、中等学校教論一級普通免許状（職業、英語）取得の道が開かれた。[7]

五月八日、学生が学生大会を開き、昨年四月旧自治会を解散して以来、一年有余にして学生自治会を再建した。そして六月一二日に役員を選出した。初代自治委員会委員長に大本喜久（四年）が選出されている。[8]

一〇月三〇日、学生ホール・食堂（二階建、二号館の南側）が落成した。

一九五三年一月、伊藤学長は『松山商大新聞』第四六号に年頭所感を寄せた。それは、本年就職難であるが、信念をもち勉学に専念せよというものであった。[9]

三月、経済学研究会の一翼として、資本論研究会が結成されている。三月一〇日より隔日に研究会がもたれた。講師は入江奨講師であった。[10]

一九五三年度の入試は三月一三、一四日に本学、京都、福岡の各試験場で行なわれた。志願者は五八五名（経済四一一名、経営一七四名、内女子各一名）で、前年の一〇一五名に比し大幅に下回った。志願者が急減したのは、①県内学生の都会への進出、②他県の志願者の三分の一への急減、③試験科目の増加、④高い授業料によるものと推定されている。[11] そして、三月一九日合格発表があり、経済学科一九二名、経営学科八八名、計二八〇名（内女子二名）の合格者を出した。

三月二五日、午前一〇時より本学五一番教室にて、第二回卒業式を挙行した。一九四九年四月に大学開校年に一年生として入学した学生たちで、二六九名が卒業した。この時卒業した学生の中に小寺広道（太田ゼミ、経済学研究会）、鉄本作一（太田ゼミ、文芸部）、桂芳男らがいる。桂は、神戸大学大学院に進学し、後、同大学教授となる。伊藤学長は式辞で「君子和而不同、小人同而不和」の論語を引用して卒業生に多大の感銘を与えた。[12]

三月、山枡忠恕助教授（会計学、会計監査）が神戸商科大学に転任のため退職した（のち、慶応大学教授に就任する）。僅か三年の勤務であった。[13]

〔注〕

（1）『六十年史（資料編）』一二九～一三〇頁。

（2）『三十年史』一四三頁。

（3）『松山商大新聞』第三八号、一九五二年四月三〇日。

（4）井上幸一退職記念号の略歴、『松山商大新聞』第五五号、一九五四年五月等より。

（5）『三十年史』一四〇頁。

（6）『松山商大新聞』第三八号、一九五二年四月三〇日。

（7）『三十年史』一三七頁。

（8）『松山商大新聞』第三九号、一九五二年五月二〇日。同、第四〇号、六月二〇日。
（9）『松山商大新聞』第四六号、一九五三年一月二〇日。
（10）『松山商大新聞』第四七号、一九五三年三月二〇日。
（11）同。
（12）『松山商大新聞』第四七号、一九五三年三月二〇日。なお、その後、追試験、再試験で卒業したものがいて、『六十年史（資料編）』では二八〇名、『温山会名簿』では二七〇名が卒業となっている。
（13）『三十年史』の「補遺　松山高等商業（経済専門）学校、松山商科大学現（旧）教職員名」。

㈤一九五三年（昭和二八）度

伊藤学長五年目である。本年度の校務体制は、学生課長は八木亀太郎教授が八月まで続け、九月から大野武之助教授に代わった（一九五三年九月～一九五七年四月）。他は前年と同様である。

本年は大学開学五年目、創立三〇年目にあたる記念すべき年である。伊藤学長・理事長ら学校当局は次のような三〇周年記念事業を計画した。(1)

①記念式典を今建設されている講堂にて行う。
②星野教授を委員長に本学全教授の記念論集を刊行する。
③田中忠夫前校長を主筆とした松山商科大学三十年史を刊行する。
④中央より学者その他の知名人を招き、記念講演会を行う。
⑤愛媛の地方産業・経済の実態調査を行う。
⑥先輩諸兄、戦没者の慰霊祭を行う。

短期大学部の方であるが、四月、伊藤学長は開学二年目の短期大学部の専任の新教員として次の二人を講師として採用した。(2)

稲生　晴　一九二五年三月愛媛県生まれ。旧姓梶原。一九四五年松山経済専門学校卒。一九四九年九州大学経済学部卒。一九五二年大学院特別研究生修了、九州大学経済学部助手。銀行及び金融論担当。

神森　智　一九二七年九月広島県生まれ。一九四七年三月松山経済専門学校卒、旧大蔵省税務講習所広島支所教官、簿記担当。山枡助教授の後任。松山商科大学経営学科の会計監査も担当。

四月、大学の入学式を挙行し、三三八名が入学した（内女子二名）。経済学科は二三一名（内女子一名）、経営学科は一〇七名（うち一名）であった。(3)このように、経済学科は前年と同様に文部省定員、募集定員を大幅に上回った。

また、本年度から若干の学則改正を行なった。それは第五条の改正（一般教養科目の人文、社会、自然科目について、それぞれ三科目一二単位以上取得すること等）、第七条の改正（単位数一二四単位を一四〇単位以上に）、第二一条の改正（授業料九六〇〇円を一万五六〇〇円に）等であった。(4)

一一月二〇日、三〇周年記念事業の一つ、『松山商科大学三十年史』が刊行された。編集兼発行人は田中忠夫であった。

『三十年史』は本学関係者による本格的な校史である。高商～経専時代の歴史を教授・校長として最もよく知っている田中忠夫が多く執筆している（総記の大部分）。第二章の教務課の箇所は、教務課長を長らく務めた大鳥居蕃教授が大半を執筆、第三章の生徒課の箇所は、本来は生徒課長を長らく務めた伊藤秀夫が執筆すべきであるが、現学長であり、代わりに戦前期を田中忠夫が、戦後期を学生課長である古茂田虎生が執筆している。また、法人関係は増岡喜義、図書館は星野通が執筆するなど、その道の最も適任者が執筆し、優れた校史となっている。しかし、つぶさに見てみると、この『三十年史』には種々の問題が見られる。

①誤植があまりに多いことである。正誤表も入っているが、それでも漏れが多い。

②時代区分に関し、第一章の総記と第二章の教務で調整がなされていないことである。総記の第四節「躍進時代」は昭和九年から一八年まで、第五節「戦時統制の強化」は昭和一五年から終戦までとなっているが、第二章の「教務」は第二節「躍進時代（その一）」が昭和九年から一五年まで、「躍進時代（その二）」が昭和一五年から終戦までとなっていて、「躍進時代」について齟齬があり、統一されていない。

③総記の第四節「躍進時代」（昭和九年～一八年）と「戦時統制の強化（の時代）」（昭和一五年～終戦）は重なっているが、戦時統制の強化は昭和一五年よりもっと早く日中戦争前後から始まっており、また田中校長の軍国主義・全体主義への迎合が始まっているのでもっと早くした方がよい。また、昭和一七年以降は、一般的に戦時統制の強化というよりも、戦争による「学園機能の喪失・崩壊の時代」とするのが良いであろう。

④松山高商の創立経過に関し、両加藤（加藤拓川と加藤彰廉）の関係について、総記の田中忠夫の

説明に誤りがある。同書の二頁で田中忠夫は「加藤彰廉氏はこの一文（筆者注：北川淳一郎の海南新聞記事「私立高等商業学校設立私案（上・下）」）に共鳴して早速北川氏を訪ねて懇談し、是非実現に力を尽くそうということで加藤恒忠氏に相談したのであった」と書いているが、逆で、加藤拓川が加藤彰廉に働きかけたのが真実である。

⑤財団法人松山高等商業学校の文部省への申請日と認可日に関して、同書の九頁で田中忠夫は「かくて成った寄附行為は大正十一年十二月二十六日に文部省の認可を得た」と記しているが、大正一一年一二月二六日は文部省への申請日であり、認可日は翌大正一二年二月二二日で、間違っている。同様の間違いは第五章の財団関係を書いた増岡喜義にもみられる。同書の二一七頁で、「新田長次郎氏の美挙と、これを扶ける加藤恒忠、加藤彰廉二氏らの献身的な努力によって、実際の着手以来僅か半歳足らずで、大正十一年十二月二十六日、財団法人松山高等商業学校が誕生したのである」と間違いを踏襲している。

⑥校訓「三実」の宣言日に関してである。加藤彰廉校長は大正一五年三月八日の第一回卒業式で校訓「三実」を宣言するが、田中忠夫は『三十年史』において、加藤校長がいつ宣言したのか、確定できなかったことである。

⑦田中忠夫自身が行なった、校訓「三実主義」の定義の明文化の年月に関し、間違いが見られることである。正確には「昭和一六年度の生徒要覧」であるのに、「昭和一五年度の生徒要覧」と誤って述べていることである。そして、いまだに本学園では「昭和一五年生徒要覧」説が誤って引用され続けており、『三十年史』の責任は大きい。

⑧第二代校長渡部善次郎に関して、田中ら『三十年史』は大変評価が低く、且つその就任時期も誤っていることである。

一一月二一日には、去る七月以来七〇〇万円を投じて建設中の新講堂（一部二階建て、五三八平方メートル、現在の五〇年記念館の位置）が完成した。

そして、一一月二一日から三日間、三〇周年記念事業が盛大に行われた。二一日には記念祭の最初を飾って午前一〇時から完成したばかりの新講堂にて、学習院大学院長の安倍能成が「大学の自由」、同政経学部長舞出長五郎が「世界平和と日本経済」、学習院女子短大学長小宮豊隆が「ゲーテの畏敬」と題し講演会を行なった。[5] 安倍は伊藤学長の幼友達である。

一一月二二日、創立三〇周年記念式典が安倍能成、久松定武知事、黒田政一松山市長ら多数の来賓を迎え、新講堂にて盛大に挙行された。

伊藤秀夫学長は、その式辞において、大正一二年春松山高商として発足以来三〇年、その間の道は決して平坦なものではなく、戦時、戦後において致命的危機に見舞われたこと、また、大学昇格にあたり、その難関を突破することができたのは、新田家の援助、教職員の和、温山会、父兄会等の援助の賜であると感謝し、今後校運をますます隆々たらしめ、志を達成したいと抱負を述べた。

伊藤学長の式辞は次の通りである。

「本日本学創立三十周年記念式典を挙行致しますにつき、文部大臣御代理其他多数の貴賓の御参列を恭うしました事は本学の非常な光栄であります。こゝに本学園を代表致しまして謹んで御礼申上げます。

大正十二年春松山高商として発足以来三十年、順次成育致しまして今日では併設の夜間短期大学をも含め学生数一千余名の大規模な松山商科大学となり、我国教育界に一つの重要なる存在となるに至りましたが、其の間に経過した道は決して平坦なものではありませんでした。

戦時中下に於ても可能なるあらゆる方法によって学生を督励し学術の研究と品性の修養とを忘れしめなかったのでありますが、当時かく迄の努力と苦心とを払っていた学校は必ずしも多かったのではありません。戦後一時は学園の本義も多年の伝統も全く失われんとする致命的危機もありましたが、これは全国の学校の運命であって決して我学園だけの問題ではありませんでしたけれども、恐らく三十年の歴史中最も心痛すべき時でありましたろう。又焼失した諸設備の復興は学校自体の財政事情と国内に於ける資材欠乏の結果至難中の至難でありました。加えて丁度新制度のもと大学に切りかえねばならぬと云う大問題が起りまして、之が為には法人の根本的改革、設備の充実、教授陣の強化などでありましたが、何れも完全に克服し得まして、難関を突破する事ができました事は、第一に創立者新田家が三十年間真に終始かわらざる援助を与えられた事であり、第二に我学園の教職に在る己が同僚が三十年来その酬いられるところ薄きにも拘わらず、実によく三実主義を中心とする建学の精神に徹し、伝統の美風を重んじ、天おだやかな日も波高き日も常によく一致和合して進路あやまたず、一人として私の為に全体の和を破らんとする如き人のなかった事である事を思う時、此の様な伝統を樹てられた先人諸先生に対して謹んで感謝の意を表します。第三には戦災復興及び併行して行わねばならぬ大学昇格の要する金額は少なくなかった。新田家、温山会、父兄会等が始めて後援会を組織し寄附金を募集する事と致しました。その他、県が設けたる大学期成同盟会よりの援助、なお又文部省よりの戦災復興資金等により学園の復興と大学昇格に絶対的の力となった事は申す迄もありません。第四に年々の卒業生の就職状況が良好である事は社会各方面からの本学に対する信用と好意とによるのは申す迄もありません。

私はここにこれ等四、五の主たる要因を述べ、今更めかしき事柄ながらその何れに対しても心からなる謝意を表し、其の言葉の足らざるを嘆する次第であります。之らの力のお蔭で我学園は漸くにして三十年の齢を重ねました。併し我国新制大学にはなお改めらるべき点多きのみならず、現在要求される基準から見ても我学園が十分なものでないのは申す迄もありません。之を充足し本来の使命を全うする為にはなお幾多の改善拡充を必要とするのでありますが、之を支弁する財政に就ては実に心痛に堪えぬものがあります。御承知の如く新学制と同時に私学は学校法人の設立するものとなり、その性質著しく公共性を帯び、而も私人又は私的団体の利益の為という色合を除去し、その職能も又官公立と同様視される事になりました。私は三十年の歩みを回顧し、現在及び将来を通じ先輩の跡をたどって校運の益々隆々たらん事を期すると共に、前に述べました諸方面のかたがたがこの学園の志を達成せしむる為に従来にかわらざる好意と援助とを与えられん事を懇願にたえません。

本日は多数のお客様のお出を願いおきながら、其の前をはばからず愚痴に類する懐旧にふけり、甚だ恐縮至極でありますが、此の良き日に過去を顧み、先人の功を追慕し、又学園の好意と援助を与えられた皆様方に満腔の謝意を表する次第であります」(6)

一九五四年度の入試は三月中旬に行なわれ、志願者は九七八名（前年五八五名、前々年一〇一五名）で、前年大きく落ち込んだが、回復した。そして、三三四名の合格者を発表した。競争率は二・九倍であった。(7)

一九五四年三月上旬、大学第三回卒業式が挙行され、二二七名が卒業した。(8)この時、卒業した中に、渡部孝（後、松山商大教授）がいる。

一九五四年三月二〇日、伊藤学長が理事会により再任された。このとき、六七歳であった。

〔注〕

（1）『松山商大新聞』第四六号、一九五三年一月二〇日。同五一号、九月二〇日。
（2）『三十年史』の「補遺　松山高等商業（経済専門）学校、松山商科大学現（旧）教職員名」。稲生晴教授退職記念号、神森智教授退職記念号より。
（3）『三十年史』一四三頁。なお、合格発表数より入学者が多いのはその後、補欠で入学させたものである。
（4）同、一三八頁。
（5）『松山商大新聞』第五三号、一九五三年一一月二〇日。
（6）『松山商大新聞』第五三号、一九五三年一一月二〇日。簡略したものが『五十年史』二七七頁。
（7）『松山商大新聞』第五五号、一九五四年五月二〇日。
（8）『六十年史（資料編）』。なお、『温山会名簿』では二三六名。

㈥一九五四年（昭和二九）度

伊藤学長六年目である。本年度の校務体制は、前年度と同様である。

四月、入学式が挙行された。

この時代の商大生のレベルは高く、勉強熱心であった。その一端を紹介しておこう。経済学研究会に参加していた安井修二（一九五二年四月入学、一九五四年四月太田ゼミ、一九五六年三月卒業）は次のように回想している。

「筆者は約四〇年前、松山商科大学（現、松山大学）の学部生の時期に経済研究部（筆者注：この時は経済学研究会）に所属し、入江教授の指導でヒックス『価値と資本』を輪読する機会に恵まれた。ゼミナール（太田明二教授）で学んだケインズ『一般理論』とともに、とにかくこの二つの古典に学部生としてふれえたことは幸いであった。経済学史の講義を含めて、入江先生に感謝の念を覚えている（一九九四．一・二〇）」[1]

もう一人、資本論研究会に参加していた星川順一（一九五二年四月入学、一九五四年四月入江ゼミ、一九五六年三月卒業）の回想を紹介しよう。

「当時入江先生を中心に資本論研究会が催されていた。……私の学生時代の想い出は主としてこの資本論研究会を軸にして形成されているようである。現在愛媛新聞社の沢田俊典氏、南海放送の山崎全正氏、渡部、平木、横山の諸氏や橋本博氏などそれぞれ個性的な面々がそこに集まっていたようである。

これらの人々が大学の授業にたいして真面目な学生であったかどうか私は知らない。おそらく私をふくめてそうでない確率のほうが高かったのではないかとも思われる。それはそういう時代であったのかもしれないが、大学の成績にこだわる風潮はこの研究会に関するかぎりは存在しなかったように思われる。だが研究会のほうは大変な熱気をはらんでいたことは事実である。毎週一回夕刻より入江先生のお宅で研究会が始まる。夜を徹し、朝日が上がるころようやく帰途につくことも数多くあった。議論の途中で疲れるとだれかがねむり、他のだれかは議論を続けていた。ひと時のねむりをとるとその人は再び議論のなかに入っていったようである。その日のうちに帰るときは、よくかれらと一緒に屋台に立ち寄る習慣がついていた。安酒をくみながらの議論も学生時代の得がたい想い出である」(2)

このように、この時代の学生達は、マルクス、ケインズ、ヒックス等にとりくんでいたことがわかる。

本年の学生の自主的研究活動の特筆すべきことは、第一三回経営研究会西部部会が一二月一八日、一九日の二日間、本学で開催されたことである。本大会は、日本学生経営学研究会活動の一環として、関西各大学の経営研究会が一同に会し、日頃の研究の成果を発表し、討論するものであった。今大会に一七校、約一五〇名が参加した。一八日午前に、本学の川崎三郎教授の「現代企業経営に於ける根本問題」、元木淳助教授の「統合体による経営」の演題の講演会があり、ついで午後と翌一九日に次のような研究発表がなされた。神戸商大「自己金融について」、関西学院大「科学としての経営経済学」、香川大「労働組合と経営関係」、和歌山大「企業の弁証法的構造」、山口大「近代的経営における賃金の性格」、大阪市立大学「原価償却よりみたる固定資産再評価問題に関する一考察」、福岡商大「会社利益金の処分」、そして、松山商大「青色申告に対する一考察」であった。(3)

さらに、経営学研究会の活動に刺激をうけて、一二月一九日、経済学研究会（能田孝也会長、太田ゼミ）は、西日本の各大学に相互に研究成果を交換、討議するために、西日本学生経済学研究会を結成したいと、各大学に手紙を出した。(4)

以後、経済学研究会は五回にわたり、西日本の各大学と連絡をとった。本学の経済学研究会が発案して、西日本の大学に呼びかけるなど、意識水準の高さ、リーダーシップぶりが窺われる。

一二月一六日、教授会は来年度から単位制度の改革を決めた。その大要は次の如くであった。(5)

①受験資格について。従来の受験資格は履修届けを出し受講すればその年度にかかわらず受験資格が与えられたが、新制度では当該年度のみとした。

②卒論と演習について。卒論（四単位）と演習一部、二部（八単位）を重視し、必修とした。もし例外的に卒論、専門演習が履修できない場合にはその単位の二倍（二四単位）を履修しなければ卒業できないとした。

③一年間の履修単位について。今まではなるべく四二単位を超えないよう履修する事が望ましいであったが、新制度では一年間の履修単位は五〇単位を超えて履修することはできないとした。

④二年間の履修単位数について。今までは四年間を通じて一四〇単位履修すればよかったが、今後は二年間で六五単位以上は履修しなければならない、即ち、二年間で六五単位以上履修していないと四年間で卒業できないことにした。そして、この新制度は新入生から実施することにした。

一九五五年三月上旬、第四回卒業式が行なわれ、二九〇名が卒業した。(6)

一九五五年度の入試は三月中旬に本校、京都、福岡の三会場で行われた。募集定員は経済、経営ともに各一二五名（文部省定員は各一〇〇名）であった。

〔注〕

（1）安井修二「ジョン・ヒックスはなぜＩＳ－ＬＭ分析に満足出来なかったか」の後記（『松山大学論集』第五巻第五号、一九九三年一二月、四七頁）。

（2）星川順一「研究会の想い出」『つくし』第二号、一九六九年三月一〇日、八頁。

（3）『松山商大新聞』第六〇号、一九五四年一二月一七日。

（4）『松山商大新聞』第六二号、一九五五年六月二日。

（5）『松山商大新聞』第六〇号、一九五四年一二月一七日。

（6）『六十年史（資料編）』。なお、『温山会名簿』では二九三名。

(七)一九五五年（昭和三〇）度

伊藤学長七年目である。本年度の校務体制は、前年と同様である。

四月、入学式がなされた。

本年度から卒業論文と専門演習が必修となった。

本年の特筆すべきことは、本学での第一回西日本学生経済学研究会の開催である。七月一日から三日間、本学経済学研究会の半年以上にわたる努力が実を結び、第一回西日本学生経済学研究会が本学で開催された。参加校は九州大学、福岡商大、西南学院、山口大学、関西大学、立命館大学、和歌山大学、神戸商大、大阪商業大学、同志社大学、近畿大学、松山商科大学等一四校で、百数十名が参加した。七月一日は代表者会議で、本学経済学研究会が起草した規約原案が承認された。二日午前九時より結成大会が開かれ、経過報告、規約朗読がなされ、そして講演に移り、本学の太田明二教授が「経済自立と経済学の動向」と題した講演を行なった。そして、二日、三日に共同研究（討論会）と各大学特殊研究発表がなされた。共同研究は「日本経済自立に関する諸問題」で、その総合司会を安井修二が務めた。各大学の特殊研究の発表では、和歌山大「ヒックス景気循環論についての一考察」、大阪商大「マルクス価値論とその歴史的使命」、神戸商大「日本に於ける戦後の貿易構造」、西南学院「ケインズ経済学の一考察」、福岡商大「資本効果について—カルドア景気循環論についての一考察—」、関西大学「アジアの将来と人口問題」、山口大学「景気変動論の貨幣論的研究」、同「経済成長理論の一考察—ハロッド体系をつく—」、松山商大「社会会計について一考察」が報告され、二日間にわたって行なわれた。(1) 松山商大の報告者は、経済学研究会の寺尾賢次であった（安井修二先生より）。

この時の写真を掲載しておこう（安井修二先生より提供）。

さらに、一二月二日から五日まで、第二回日本学生ゼミナール大会（インゼミ）が神戸大学にて開

第一回西日本学生経済学研究会（一九五五年七月二日、三日）

催された。松山商科大学からは経済学研究部の高木英和（入江ゼミ）が経済政策部門「経済政策における理論の実践」において、ウェーバーの実証主義を高く評価すると共にその限界について報告している。(2)

一一月八日、伊藤秀夫理事長は、文部省に対し、教員の免許状授与の所要資格を得させるための課程認定の申請（中学校の職業、英語、高等学校の商業、英語）を行なった。(3)

月日は不明だが、伊藤学長は脳軟化症を患い、軽い言語障害で臥せった。しかし、その後快方に向っている。(4)

一九五六年度の入試は、三月一二日、一三日に本校、京都、福岡の三会場で行われた。募集定員は経済、経営ともに各一二五名であった。

一九五六年三月下旬、松山商大第五回卒業式が挙行され、二九〇名が卒業した。(5)このときの卒業生の中に、藤原保（山本ゼミ、E.S.S.）、安井修二（太田ゼミ、経済学研究部）、相原陽（太田ゼミ、資本論研究会）、星川順一（入江ゼミ、資本論研究会）らがいる。安井修二は神戸大学大学院に、相原陽は九州大学大学院に、星川順一は大阪市立大学大学院に進学する。卒業式の前日、大学院進学が決まったこの三人のために、太田、入江、稲生の三先生が宴を開き、祝った。(6)

〔注〕

（1）『松山商大新聞』第六四号、一九五五年七月六日。なお、経済学研究会は一九五五年六月に部に昇格し、経済学研究部となった。『六十年史（写真編）』一〇〇頁は、西日本学生経済学研究会の写真を載せているが、一九五六年となっているが、一九五五年の間違いである。

（2）『松山商大新聞』第六八号、一九五六年一月二一日。

（3）文部省への『申請書類』より。
（4）『松山商大新聞』第六八号、一九五六年一月二二日。
（5）『松山商科大学（経済学部、経営学部）設置認可申請書類』（一九六一年九月七日）より。『六十年史（資料編）』では二九二名。なお、『温山会名簿』では二八九名（一九五五年一〇月卒業を含む）。
（6）安井修二「入江先生への思い出」『温山会報』第六二号、二〇二〇年二月。

(八) 一九五六年（昭和三一）度

伊藤学長八年目である。本年度の校務体制は、前年度と同様である。

本年度、次のような教員を採用した（生年月、出身、学歴、科目）[1]。

野田　義高　一八九五年六月愛媛県生まれ、一九二三年三月東京高等師範卒、松山外国語短期大学等勤務。教授として採用。教職担当。

望月　清人　一九三二年一月福岡県生まれ、一九五五年三月神戸大学大学院経済学研究科修士課程修了、同年四月神戸大学助手。講師として採用。工業政策担当。

安井　修二　一九三三年六月滋賀県生まれ、一九五六年三月松山商科大学卒業、神戸大学大学院経済学研究科修士課程進学。助手補として採用。

星野　陽　一九二九年一〇月愛媛県生まれ、星野通の長男、一九五六年三月九州大学大学院史学科課程修了。研究員として採用。

井出　正　一九二二年二月愛媛県生まれ、広島文理科大学卒、愛媛県の中学、高校の教員、県教育研究所所員。一〇月に講師として採用。教職課程の要員で、教育心理学、

　　青年心理学、教育実習を担当。

四月はじめ、入学式がなされ、経済学科二二〇名、経営学科七五名が入学した。[2]

七月、第二回西日本学生経済研究会が京都で同志社・立命の共同主催で行われている。[3]

八月二一日に教職課程の認可を受けた（一九五六年四月に遡及）。

一九五七年二月一三日、かねて、病気であった伊藤学長は学長職を辞職した。そこで、星野通教授（理事）が学長職務代理に任命された。

松山商科大学を誕生させ、草創期の大学の基礎づくりに貢献された伊藤秀夫学長時代（一九四九年四月〜一九五七年二月）の歴史について、特記すべきことをまとめておこう。

第一に、勤労者のために夜間の短期大学部が開設された（一九五二年四月）。

第二に、教学面の充実がはかられた。

①優秀な教員が大量に採用された。また、優秀な卒業生が教員として採用された。

②松山商大論集が創刊された（一九五〇年一月）。

③教授会規則が制定された（一九五二年一月）。

④教職課程が設置され、教員免許の道が開かれた（一九五二年、一九五六年）。

第三に、施設面の建設がはかられた。

①新校舎の建設。

・旧二号館、旧四号館（一九四八年四月）
・理化学室（一九四九年九月）。
・旧五号館（一九五二年一月）。
②研究室の建設
・加藤会館の一、二階（一九四八年七月）。
・本館の一、二階（一九五一年一〇月）。
③水泳プール（一九五一年七月）。
④学生ホール・食堂（一九五二年一〇月）。
⑤新講堂（一九五三年一一月）。

第四に、『三十年史』が刊行された（一九五三年一一月）。

第五に、法人面で、私立学校法制定に伴い、財団法人が学校法人に組織変更され、寄附行為が制定された（一九五一年三月）。

〔注〕
（1）『三十年史』、井出正退職記念号より。
（2）『松山商大新聞』号外、学園案内号、一九五六年四月一三日。
（3）『六十年史（写真編）』一〇〇頁の写真は一九五六年となっているが、一九五五年の間違い。

第二章　星野通学長代理・学長時代（一九五七年二月一三日～一九六二年三月三一日）

第二代学長
星野　通

一九五七年（昭和三二）二月一三日、伊藤秀夫学長病気辞任を受けて、法人理事の星野通教授が学長職務代理に任命された。

星野通の主な経歴は次の通りである。

星野通は一九〇〇年（明治三三）一〇月一日、伊予郡郡中町の神官星野章太郎・クラ夫妻の五人兄弟の長男として生まれた。一九一四年（大正三）四月愛媛県立松山中学校に入学、一九一九年三月卒業し、同年九月松山高等学校に入学し、一九二二年三月卒業。同年四月東京帝国大学法学部法律学科独法科に入学、一九二五年三月同大学を卒業した。そして、同年四月松山高商教授に就任した。担当は民法、債権総論等であった。星野通は赴任当初から専ら法学の教育・研究に専念し、一九四二年（昭和一七）八月、一一月に松山高等商業学校商経研究会の研究彙報『民法典論争資料集（上、下）』を、一九四三年九月ダイヤモンド社から『明治民法編纂史研究』を、一九四四年六月日本評論社から『民法典論争史』を刊行し、一九四八年三月には九州大学より法学博士の学位を得た。本校初めての博士号取得者となった。一九四六年一二月からは法人理事を務め、伊藤秀夫専務理事を支え、一九四七年五月には、大学昇格のための「松山経専復興昇格委員会」の委員長を務め、大学昇格に尽力した。一九四九年四月には松山商科大学が誕生し、その教授になり、初代図書館長となり、また法人理事を続けた。また、学界では、一九五二年から慶応大学法学部教授の中村菊男・手塚豊との間で明治民法典論争を繰り広げ、全国的にも著名な学者であった。(1)

さて、星野通学長代理の最初の仕事は、学長選挙制度作り・「学長選考規程」の制定であった。具体的には、「事務局長の木村真一郎さんが、色々と他の大学のことを調べて、候補者推薦委員会方式により、そこで、推薦された者について有権者の投票にかける、という原案を作りました。この時は、事務職員は、一部の役付きだけが選挙権者でした。その後拡大して、全員選挙権を持つこととなりました」（神森智先生より聞き取り）

そして、三月七日、「松山商科大学学長選考規程」が制定された。推薦委員会方式であり、候補者三名以内を推薦する制度で、投票権者は、教員は助手以上、職員は役付以上であった。学長選考規程の条文は『五十年史』に掲載されている。(2)

星野学長代理下の一九五七年度の入試は、三月一一日、一二日の二日間にわたって、本学、京都、福岡の三会場にて行なわれた。募集人員は経済学科、経営学科各一二五人、合計二五〇人で、試験科目は、国語（筆答）、社会（一般社会、時事問題、日本史、世界史、人文地理、商業経済）、理数（物理、化学、生物、地学、一般数学、解析Ⅰ、解析Ⅱ、幾何、簿記）、外国語（英語、筆答）の四科目であった。(3) 志願者は八〇六人であった。

三月下旬、第六回卒業式が行なわれ、三三〇名が卒業した。(4) 星野学長代理は卒業式の式辞のなかで、心と言葉の不一致の背徳性を説き、言行一致の率直さ、正直さが人生において必要であることを強調した。(5)

三月、新設された学長選考選考規程に基づき、推薦委員会（教育職員七名、事務職員二名、温山会二名）を開き、学長候補者に規程では三名以内であるが、星野通教授一人だけが推薦された。そして、三月三〇日、学長候補者に推薦された星野通に対する単記無記名の選挙が行なわれ、星野教授が選出された。反対票は一票であった（神森智先生より聞き取り）。

〔注〕

（1）星野学長については、拙著『評伝　法学博士星野通先生』日本評論社、二〇一九年、より。
（2）『五十年史』二九〇～二九二頁。
（3）『松山商大新聞』第七三号、一九五七年二月七日。
（4）『松山商科大学（経済学部、経営学部）設置認可申請書類』（一九六一年九月七日）より。『松山商科大学六十年史（資料編）』では三一八名、『温山会名簿』では二八九名。
（5）『温山会報』第二号、一九五八年九月。

㈠一九五七年（昭和三二）度

一九五七年四月一日、星野通教授が第二代松山商科大学学長兼理事長に就任した（任期は一九六〇年一二月三一日まで）。また、松山商科大学短期大学部学長を兼ねた。このとき星野通、五六歳であった。

星野通学長は「第二代学長に就任して」の学生向けの辞を出し、その中で、自分は研究分野では相当の寄与したと自負しているが、学校の管理者としての能力には大きな疑問をもっている。だが、引き受けた以上、至誠と善意で事に当りたいと述べ、大学の目的・使命、校訓「三実主義」を論じ、学生諸君に学園ルールの尊重、礼節をわきまえた人間になってほしいと要請した。

このうち、校訓「三実主義」について、星野学長は次のように述べた。

「次に学生徳育の目標として、改めて伝統の三実主義を諸君とともに再認識したいと思う。校歌にもうたわれる三実であるが、最近の学生には案外その真精神をよく知らないものが多いらしく、きざな表現であるが学園の行く手を照らすこの炬火も今や忘却の彼方に薄れ去ろうとしていると感じられる。だがこの平凡な三実のスローガンこそは永く学園精神生活の支柱となるべき不滅の実践道徳的原理ではないだろうか。初代高商校長加藤彰廉先生によつて創唱され、三代田中校長になつて一段とその尊重さるべき所以がべートネンされた、この真実、忠実、実用の三実原則は少なくとも近年にいたるまで学園人の心の糧となつて、多数の人材を輩出する因素となった。真実とは常に真理を追究して心中確固たる信念を把持すること、また忠実は人と交つて、終生節操を忘れないことであり、また実用とは自己職域を通じて国家社会に奉仕する有能な人材となることである。わが学園出身者の多くが一般に、信念固き人間、信用のおける人間、有能な人間として社会各方面で評価され信頼されているのは三十年の風雪に耐へ生命を保て来たこの三実精神という生活指標の薫化によるものと大言して敢て過言ではないだろう。

私はいま改めて、諸君とともにこの三実原理を再吟味し再認識して、向後の学園人の守るべき第一道徳原理とすることを提唱したいと思うのである」(1)

このように、星野学長は「三実主義」の再興を唱え、学園人の守るべき道徳原理としてあらためて宣言している。その際、加藤彰廉校長は実用→忠実→真実の順であったが、田中校長が真実→実用→忠実の順に変更し、さらに、星野通が真実→忠実→実用に変更していることである。星野学長は変更理由を示していないが、学校教育法第五二条の「大学は、学術の中心として、広く知識を授けるとともに、深く専門の学芸を教授研究し、知的、道徳的及び応用的能力を展開させることを目的とする」との文言が頭の中にあったものと推測される(神森先生の指摘)。

本年度、次のような新しい教員を採用した。

星野　　陽　一九二九年一〇月愛媛県生まれ、星野通の長男、一九五六年三月九州大学大学院史学科課程修了。一九五六年四月から研究員。講師として採用。ドイツ語、歴史。

岩国　守男　一九三〇年一〇月広島県生まれ、一九五七年三月一橋大学大学院商学研究科修士課程修了。助手として採用。

四月初め入学式が行なわれ、三三〇名（経済学科二五四名、経営学科七六名）が入学した。経済学科は募集定員の約二倍が入学した。

星野通は学長兼理事長に就任するや、校務体制の変更、学内諸規程の制定による大学の民主的運営、新図書館等の建設、学内の施設拡充、また校訓「三実主義」の再興等に精力的に取り組んだ。

四月一日、星野学長は「松山商科大学名誉教授規程」を制定し、伊藤秀夫前学長に名誉教授の称号を授与した。名誉教授第一号であった。(2)

五月一日、星野新学長はそれまでの校務体制を変更した。事務局長を事務職員とし、事務局長には木村真一郎が就任した（一九五七年五月一日〜一九七三年三月三一日）。また、教務課を教務部に、学生課を学生部に変更した。教務部はそれまでの太田明二課長に代わって、菊池金二郎が新教務部長に就任した（一九五七年五月一日〜一九六一年四月九日）。学生部はそれまでの大野武之助課長に代わって、八木亀太郎が新学生部長に就任した（一九五七年五月一日〜一九六一年一月三一日）。また、新図書館長は山下宇一が就任した（一九五七年五月一日〜一九六一年四月二日）。学校法人面では、大島居蕃が理事を続け（一九四七年九月二三日〜一九六三年四月二八日）、また、新しく増岡喜義が新理事に就任し（一九五七年四月一日〜一九六八年一二月三一日）、星野理事長を支えることになった。(3)

七月一日から三日間、第三回西日本学生経済研究会が関西学院にて開催された。松山商大も参加した。一日は講演会、二日は自由テーマによる発表会、三日は共通テーマによる発表会で、統計学・計量経済学、経済哲学、理論経済、金融、財政学、変動論、経済史、経済学史、経済政策、国際経済、ジュニヤ（貿易の日本経済に於ける意義）など多彩に開催された。本学の経済学研究部、ゼミ等も発表したと思われるが、詳細は不明である。(4)

一九五七年一二月、星野理事長は経費増のため、授業料・入学金の値上げを決めた。一九五八年度より年間二万円の授業料を二万四〇〇〇円に、入学金も六〇〇〇円から八〇〇〇円に上げることにした。なお、維持費は六〇〇〇円のままで変更はない。(5)

一九五八年一月、星野学長・理事長は、就任二年目を迎えて学園発展のため一段と張り切りたいと考え、大学開設十年記念を来年に控へ、近代的な新大学図書館の建築に着手したい、学生の利用度の高い加藤会館を整備していきたいとの抱負を述べた。(6)

一月二六日、高橋始（号一洵）が急逝した。享年五九歳であった。高橋始は一九二五年早稲田大学を卒業し、一九二六年松山高商教授となり、フランス語等を担当し、一九四九年松山商科大学発足とともに講師として政治学を担当、一九五四年には助教授になった。高橋始は仏文学、仏教の研究家として知られ、俳人として故種田山頭火や井水泉とも深い交遊関係があった。高い教養、逸話の多い人として知られ、政治学の講義は哲学的色彩を持った名講義として学生間に定評があった。(7)なお、松山市御幸一丁目二八一の長建寺（浄土宗）の境内には、高橋一洵の石碑、句碑がある。

一九五八年二月、「学科成績考査規程」が設けられた。その大要は次の通りである。(8)

①学科成績は優、良、可、不可とし、優は八〇点以上、良は六〇点以上、可は五〇点以上、不可は五〇点未満とする。

②不正行為をした者は停学とする、当該年度間に得た成績は無効とする。

③最終年度の試験につき已むを得ない理由により受験できなかった者に追試験を行ないその成績は原点の八掛けとする。
④卒業時、八単位以内の単位不足のため卒業資格をえることのできない者に対し再試験を行なう。

本年度の就職状況は好景気のため好成績で、希望者の九〇％程度が就職先が決まっている。[(9)]

一九五八年度の入試は三月一一日、一二日、本学、京都大学、九州大学の三会場で行なわれ、募集人員は二五〇名（経済、経営学科各一二五名）で、志願者は七一九名（前年八〇六名）、受験者は六九八名（女子三名）で前年より減少した。三月一七日に三〇一名の合格発表（経済学科は二〇五名、経営学科は九六名）がなされた。競争倍率二・四倍であった。[(10)]

一九五八年三月二五日、本学講堂にて商経学部第七回卒業式が挙行され、学部三〇八名が卒業した。[(11)]星野学長は式辞において、校訓「三実主義」の精神を強調し、はなむけの言葉として、ラグビー精神を述べ、ラグビー精神こそ人間特性の基本的在り方を示すものとして、不撓の闘志、高貴な自己犠牲の精神、一致協力の団結心、レフェリーの判断への絶対的尊重を説いた。[(12)]

三月三一日、田中忠夫教授（六〇歳）が退職した。愛光学園の校長に専念するためだった。

〔注〕
（1）星野通「第二代学長に就任して」『松山商大新聞』第七四号、一九五七年五月二七日。
（2）『五十年史』二九二～二九三頁。なお、これは、一九六六年の四月の改正規程である。
（3）『六十年史（史料編）』一二五～一三一頁。
（4）『松山商大新聞』第七四号、一九五七年五月二七日。同八二、八三合併号、一九五八年五月二五日。

(5)『松山商大新聞』号外、一九五七年一二月一七日。
(6)『松山商大新聞』第七九号、一九五八年二月一五日。
(7)同。
(8)『五十年史』二九五〜二九六頁。
(9)『松山商大新聞』第八〇号、一九五八年三月二五日。
(10)『松山商大新聞』第七九号、一九五八年二月一五日。第八〇号、一九五八年三月二五日。
(11)『松山商科大学(経済学部、経営学部)設置認可申請書類』(一九六一年九月七日)より。『六十年史(資料編)』も三〇八名。
(12)『温山会報』第二号、一九五八年九月。

(二)一九五八年(昭和三三)度

星野学長二年目、本年度の校務体制は前年と同様である。

四月一日、大学は退職した田中忠夫教授に名誉教授の称号を授与した。伊藤秀夫教授につぐ二人目であった。

四月一日、「学校法人松山商科大学就業規則」が施行された。職員とは常勤の教育職員、事務職員をいい、職員は職務に忠実であり、その部署について責任を負い、職制に定められた所属長の指示命令に従い、その職務を遂行することが規定された。(1)

また、四月一日、履修要領の改正を行い「学科履修規程」が制定された。その結果、準学年制の採用、必修科目の増加、選択必修科目の設定、最低総単位数の増加(要卒単位が一四〇単位から一五〇単位に増大)がなされた。(2)

さらにまた、四月「学校法人松山商科大学外国留学規程」と「内地留学規程」が制定された。(3)

四月一一日、午前一〇時より本学講堂にて新入生三三〇名、三年編入七名を迎えて入学式が行なわれた（新入生が増えているのは補欠合格のためだろう）。この時の入学生の一人に岩田裕がいる。星野学長は式辞において、学校の歴史、使命、校訓「三実主義」を述べ、学生は学ぶものであり、まず学問第一主義を貫き、その余暇にはレクレーションにも通じ、充実した学生生活を送ってもらいたいと、激励した。

「諸君は、只今諸君の代表者が宣誓書に署名されたことによりまさしく、松山商科大学の学生たる身分を取得されました。

ここに、諸君の永年の御努力に対し敬意を表し、あらためて祝意を述べると共に、まず、諸君が四年間の学生生活を送らんとする我が松山商科大学の歴史、性格などについて簡単に紹介したいと思います。

本学は、大正十二年松山高等商業学校として、当地出身、大阪在住の有名なる財界人新田長次郎翁によって設立されたものであり、初代校長は、大阪高商校長として令名をはせた加藤彰廉先生でありました。加藤先生はわが国教育界の最長老の一人で、その人格から来る質実、堅実な経営方針は本学百年発展の基礎を築いたのであります。そして非凡なる経営手腕の持主、次の田中忠夫校長の代になって、本学は飛躍的発展を遂げ、志願者も年々増加し、多い時には、実に四八〇〇名もの学生が入学を争ったこともありました。以後、規模、内容が逐次大をなし、学生数も増し、東の大倉高商＝現東京経済大と共に、官学高商に勝る共劣らない私立高商の雄と謳われたものです。

昭和十九年には学制改革により松山経済専門学校と改称されましたが、これは特に戦時中商業というものの営利企業的性格が軽視されたためでした。

そして、終戦後、昭和二十四年の画期的な学制改革により、新制松山商科大学として発足したものであります。

爾後、大学として卒業生を送り出すこと七回、高商・経専時代も合せますと約六千名もの卒業生が、中央に地方に、各々所を得て、指導者として或いは中堅として活躍しております。

さて、次に本学の建学の精神、目的、使命は、学則第一条にあるように『商業経済を中心とする諸科学の綜合的研究及び教授を行うことを目的とし、学識深く教養高き人材を養成して広く経済文化の発展に寄与する』ことであります。

そして本学には、初代加藤校長により提唱され、田中校長により強調された人間形成に関する校訓として『三実主義』があります。すなわち、「真実・忠実・実用」の三実であります。

「真実」とは真理に対する忠誠であり、常に旺盛なる科学的精神を持って、真理を愛し、真理をおそれ、真理のためには敢然として虚偽と闘うことであります。

次に「忠実」とは人間関係に於て、まことを貫き、如何なる時にも表裏なく終生節操を変えないことです。

更に「実用」とは、諸君が自ら体得した学識、自ら培養した創造性を実用化し、社会のためこれを有益に実践することであります。

すなわち、本学では信念の固い、有能な、人に信頼される商大マンを養成したいのです。この点を諸君はよく認識されて、学生生活を送って頂きたい。

学生とは学ぶものである。諸君には、まず学問第一主義で生活されるよう強く望みます。勿論、諸君の若さ、青年らしさを抑へようというのではありません。学業のかたわら文化活動に、或は運動クラブでの活動に大いに打ち興じ励み、学生たる身分を忘れない範囲で、花も実もある充実した学生生活を送って、学識豊かな、しかも情操のあふれる商大マンになって頂きたいものであります。そしてまた諸君は、学内の経済研究所、附属図書館、消費生活協同組合、学友会などの諸設備、諸機関を充分に活用して頂きたい。経済研究所は教授、学生の研究を助け、その成果を世に発表するところであり、『松山商大論集』その他の書物も刊行しております。附属図書館は現在蔵書数は約六万冊、内外の基本的図書は殆ど揃っています。また、消費生活協同組合は最近法人格を得たきわめて組織化されたもので、学生諸君の福利厚生に非常に役立っています。

要するに、学生は学ぶものであります。まず学問第一主義を貫き、その余暇にはレクレーションにも通じ、充実した学生生活を送ってもらいたいということ、これが諸君に対する私の最大の希望であることを繰返し申上げたいと思います（要旨）[4]」

この式辞について、少しコメントしておこう。「学問第一主義を貫ぬけ」とは星野学長らしい式辞である。そして、校訓「三実主義」（真実・忠実・実用）の簡明な定義・説明も要を得ており、さすがと評価できよう。ここでは、加藤彰廉校長の忠君報国の戦前「三実主義」、田中忠夫校長の「挺身職域奉公」の戦時「三実主義」から解放されており、戦後「三実主義」と言い得よう。

本年は創立三五周年を迎える、また来年は大学開設一〇周年を迎える。そこで、星野学長・理事長は新図書館と新食堂の建設を決めた。新図書館は現在の図書館が手狭になったので本館前の東の空地(テニスコート)に新築するもので、敷地二〇〇坪、鉄筋コンクリート二―三階建の建物である。新食堂は現在の有師寮の西側の田に木造平屋建て七〇、八〇坪の予定である。(5)

七月五日から三日間、第四回西日本学生経済学研究会が香川大学で行なわれた。(6)一日目は講演会と討論会、二日目は自由テーマによる発表会、三日目は部門別共通テーマによる発表会で、理論経済学、計量経済学、計画経済、変動論及び恐慌論、経済政策、国際経済学、経済史、金融論、財政学、保険論、交通論、ジュニアの各部門に分かれて発表会が行われた。本学からも経済学研究部が発表したが、詳細は不明である。

一九五九年度の入試は三月上旬に行なわれ、募集人員は二五〇名(経済、経営学科各一二五名)であった。本年度から授業料等のうち、授業料は二万四〇〇〇円で据え置きであったが、維持費を六〇〇〇円から七二〇〇円に、入学金を六〇〇〇円から八〇〇〇円に引き上げた。

三月二〇日、第八回卒業式が行われ、二八〇名が卒業した。(7)

星野学長は式辞において、昨年はスポーツマンシップの精神を説いたが、今年はイギリス人のプライヴァシーを尊重する精神を説き、また、地方大学出身者にあり勝ちのコンプレックスを持たず、何人にも負けない自信を持ち、自由闊達な気持ちで巣立つて行かれることをのぞみ、そして、早くみめうるはしく気だてやさしい佳人を得てよき家庭つくられんこと、よき家庭、健全な家庭こそは自らの

生活、魂の平安を守る城であり、人生のオアシスであり、明日の活動力の源泉となるから、とはなむけの言葉を述べた。(8)

〔注〕

（1）『五十年史』二九六〜二九八頁。
（2）同、二九八〜三〇〇頁。
（3）同、三〇〇〜三〇二頁。
（4）『松山商大新聞』第八一号、一九五八年四月二〇日。
（5）同。
（6）『松山商大新聞』第八二、八三合併号、一九五八年五月二五日。
（7）『松山商科大学（経済学部、経営学部）設置認可申請書類』（一九六一年九月七日）より。『六十年史（資料編）』も二八〇名、温山会名簿では二八一名。
（6）『温山会報』第三号、一九五九年一一月。

(三) 一九五九年（昭和三四）度

星野学長三年目、本年度の校務体制は、前年と同様である。

四月、『松山商科大学職員定年規程』が制定された。職員の定年は教育職員満六五歳、事務職員男子満六二歳、女子五七歳とされた。教育職員については再雇用規程が設けられ、再雇用は三年以内とし、必要に応じて満七〇歳まで延長できる旨が定められた。(1) 当時、二〇歳台及び三〇歳台の教授からなるジュピター会と称するグループがあったが、このグループから再雇用制度反対を申し込んだが、通らなかったという（神森先生よりの聞き取り）。

四月上旬、入学式が挙行され、三五四名が入学した。星野学長の式辞は未見である。

五月二三日、二四日の両日、本学創立三五周年・大学昇格一〇周年を記念して、社会経済史学会全国大会が開催された。上田藤十郎教授らが中心となり世話した。(2)

九月、本学創立三五周年・大学昇格一〇周年記念事業の一つとして進められていた新図書館が総工費二三〇〇万円をかけて完成した（本館の東側、鉄筋コンクリート、二階建）。現在図書は五万七〇〇〇冊在庫しており、毎年三〇〇〇冊増えているが、新しい書庫の収容能力は一〇万冊であるので、今後一〇年間は間にあうことになった。(3)

一一月一四日午前一〇時半より講堂において新図書館の落成式と正門の設置が、学生、教職員、久松知事、愛大図書館長、工事関係者の出席により挙行された。(4)

一一月、星野学長は今後の施設拡充を推進させるために学園長期計画委員会を設置した。委員会の構成は次の通りである。大鳥居蕃を委員長とし、教育・研究分野の委員として古川洋三、山下宇一、菊池金二郎、八木亀太郎、太田明二、伊藤恒夫、元木淳、河野貫四郎の各氏、財政・経済分野の委員として増岡喜義、越智俊夫、井上幸一、神森智、木村事務局長、野間清茂の各氏とした。(5)

一九六〇年一月、真部正規（一九二七年二月愛媛県生まれ、東京外国語学校仏語科卒、松山外国語短期大学助教授）を職員（事務）として採用した。

一九六〇年度の入試は、三月一一日、本学、京都、岡山、広島、福岡の五会場で行なわれ、募集人員二五〇名（経済、経営学科各一二五名）に対し、志願者は一二四五名で史上最高であった。(6) 授業料、維持費は据え置いたが、入学金を八〇〇〇円から一万円に引き上げた。

三月二一日、第九回卒業式が行なわれ、商経学部二五四名が卒業した。(7)

星野学長は式辞において、昨年はプライヴァシィの尊重について述べたが、今年は人生における読書の意義について述べたいとして、人生路線の如何を問はず、職業人必須の専門書、人生勉強に必要な教養書、群書を凌ぐ第一級の書、古典書を味読して、すぐれた専門知識と視野と生活のひろがりを持ち、強い心棒の通った豊かな人物になって頂き度い、と激励した。(8)

〔注〕

（1）『五十年史』三〇四頁。
（2）同、三〇四～三〇六頁。
（3）『松山商大新聞』第九四号、一九五九年一一月一四日。
（4）同。
（5）同。
（6）『松山商大新聞』第九六号、一九六〇年四月三〇日。
（7）『松山商大新聞』第九六号、一九六〇年四月三〇日。『松山商科大学（経済学部、経営学部）設置認可申請書類』（一九六一年九月七日）では二九九名（その後の再試等のため）、温山会名簿では三〇〇名。
（8）『温山会報』第四号、一九六〇年一二月。

(四) 一九六〇年（昭和三五）度

本年は岸信介内閣の安保条約改正に反対する国民的運動が高揚し、学生運動も高揚する年である。

星野学長四年目、本年度の校務体制は前年と同様であるが、学校法人面では、大鳥居蕃と増岡喜義が理事を務め、また、一〇月からは八木亀太郎が理事に新しく就任し（一九六〇年一〇月三一日～

一九七一年一二月三一日)、星野理事長を支えた。

本年度の教員人事面では江口順一（一九三六年一月東京生まれ、一九六〇年三月京大法学部法学研究科修士課程修了。商法手形小切手担当）を助手に採用した。

四月、星野通学長・理事長は、前年制定の「内地留学規程」により星野陽講師を一年間東京大学への国内留学をさせた。(1)

四月一一日、午前一〇時より本学講堂において第一〇回入学式が挙行された。入学者は四〇八名(内女子三名)で経済学科が三〇九名、経営学科は九九名であった。相変わらず、経済学科の学生が多く入学した。

星野学長は式辞において、本校は学識深く教養高き人材を養成し、経済文化の発展に寄与することを使命としている。その使命を達成するため、校訓「三実主義」を身につけてもらいたい。そして、諸君は学生であることを自覚して、政治活動、学生運動などはつつしんでもらいたい、などと述べた。(2)

学長が式辞で政治活動、学生運動を慎むよう訓示するなど、少し異常である。その背景に安保条約反対の国民運動があり、それに本学学生達も参加していたことであろう。だが、学長の制止にもかかわらず、学生達は運動に参加した。

五月一九日、岸内閣と自民党は衆議院に警官隊を導入し、新安保条約を成立させるため会期五〇日延長を強行採決した。

五月二〇日、午後五時より県庁前で安保阻止県民会議主催の抗議集会が開かれ、本学からも四〇余名の学生が参加した。後、デモに移った。デモ参加は本学では空前であった。(3)

そして、この日の夜、愛媛大学・松山商科大学の教授グループである大学人が中心になって「愛媛安保批判の会」結成準備会がつくられている。委員長は愛媛大学の小林登であった(4)。この時の松山商大の教員も何人か参加している。

五月二五日、午後二時半より松山商大の弁論部主催・新聞学会後援の「新安保条約研究集会」が講堂にて開催された。約三〇〇名が参加し、盛況であった。講師は伊藤恒夫「安保改定と民主政治」、入江奨「安保改定の経済的背景」であった。午後五時からは国鉄前で松山地区の青年学生共闘会議主催の抗議集会が開かれ、本学の学生七〇名が参加し、注目を浴びている(5)。

このとき三年生であった岩田裕（太田ゼミ）もデモに参加している。その回想（二〇〇四年）によると「この年次の思い出はなんといっても安保反対闘争であろう。『安保条約の国会強行採決が議会制民主主義を破壊する』ものでけしからんというのが、反対の街頭デモに参加した当時の私達の一致した見解であった。デモ参加を呼びかけたのは、同じゼミ生の○君だったと思うが、ゼミ生のほぼ三分の一が参加したと記憶している。太田先生とはこの問題で激論となり、先生いわく『君たちは一部のひとに利用されている。街頭デモはよしなさい』とまで言われたが、そんなことで血気盛んな若者たちを説得できるわけはなかった。街頭デモに参加して、感激した。そこには、松山商大の先生方や愛媛大学の先生方の顔があったが、なんと伊藤恒夫先生（元商大教授学長、故人）、入江先生の姿を発見したことである。両先生への尊敬感は相当に高まったと思う(6)」と述べている。

六月五日、午後一時より「愛媛安保批判の会」結成準備会は松山商工会館ホールにて正式の発会式を挙行した。参会者は約二〇〇名。松山商大教授伊藤恒夫と愛大助教授篠崎勝の記念講演の後、伊藤恒夫（松山商大）、黒田幸弘（愛媛大学）、坂本忠士（劇作家）、伊達泰介（青年経済同友会）らを常任世話人とし、事務所を木原鉄之助弁護士事務所におき、幅広く県内知識人・文化人を結集した安保反対の運動を始めた。(7)

以上のように、岸内閣の新安保条約に対しては、本学の伊藤恒夫、入江奨、望月清人らの各先生らも学生達も激しい憤りを持ち、運動に参加していたことがわかる。

六月、本学は伊予三島・川之江の経済・社会実態調査を始めた。この調査は前年一二月愛媛新聞社からの依頼を受けて、本学が四月調査団を結成して始めた。調査団は、名誉団長が星野通、団長が太田明二、産業経済班が入江、望月、稲生、社会文化班が伊藤、八木、井出、産業構造班が太田、増岡、山下、製紙経営班が川崎、菊池、元木、井上、神森の各氏であった。そして、一二月一日〜三日も現地に行き本調査した。(8)

七月一日〜三日、第六回西日本経済研究会が神戸商科大学で開催され、一四大学が参加した。テーマは「日本経済と技術革新」「経済学における数学の役割」で、商大からも研究発表がなされた。(9)

一二月一五日、一二月末で星野学長の任期が終了するので、学長選考規程により次期学長を決めるための学長選挙が行なわれた。学長候補者推薦委員会（教育職員七名、事務職員二名、温山会二名）は星野通教授一名を推薦し、助手以上の教職員、課長以上の事務員、各課から一名の代表者で投票がなされ、三分の二以上の得票により再任された。(10)

星野学長は学長再選の談話として、大学を更によき研究の場、よき教育の場たらしむるよう努力したい、先生方には一層よき研究業績をあげ、一層、学則の精神、伝統的三実精神に徹した理想的商大マンの育成に専念していただき、また学生諸君には一層快適に勉学にいそしんでもらえるよい環境をつくり出すよう努力したい、と述べた。今後、校地の拡張、研究室の整備、中小企業研究室設置を含む経済研究所の拡充、スシ詰講義解消のための鉄筋新大教室の建築、或は経済伸長、技術革新に伴う経済経営二学部併置などを実現したいとの抱負を述べた。(11)

星野理事長・学長ら学校当局は、来年度の授業料等の値上げを決定した。授業料は現行の二万四〇〇〇円を二万五〇〇〇円に引き上げ、維持費も七二〇〇円を一万円に引き上げた。また、入学金は一万円を二万円に引き上げた。大幅な値上げであった。(12)

一九六一年一月一日、二期目の星野通学長・理事長が就任した。

一月三日の『愛媛新聞』に「発展する郷土大学」として松山商大と愛媛大学の紹介がなされている。そのなかで、一〇年後の創立五〇周年を控えその実現に向けた壮大な夢が記されている。例えば、経済学科、経営学科を一、二年に経済学部、経営学部に昇格させ、一〇年を待たずに法学部、工業経営学部をつくる、教員も四〇名から一〇〇名に増やす、学生数も一学部一学年三〇〇名とし、四学部で四八〇〇名とする、研究室、教室、図書館、体育館、武道館を建設する、また、中小企業研究所、地域社会研究所も作る、グランドも拡大する、他県に分校をつくる、海外大学との提携を行ない、研究交流、学生交換をする、等々。(13)

一月三一日、学生部長を務めていた八木亀太郎が途中辞任し、越智俊夫が二月一日に新学生部長に就任した。しかし、越智学生部長は三月三一日に辞任しているが、(14)それは入試に関係する問題が原因のようである。

一九六一年度の入試は、三月一〇日、本学、京都、岡山、広島、福岡の五会場で行なわれ、募集人員二五〇名（経済、経営学科各一二五名）に対し、志願者は一二七一名で昨年度（一二四五名）を少し上回り、史上最高となった。三月一六日、合格者発表がなされ、三五八名を発表した。経済学科が二九一名、経営学科は六七名であった。(15)

一九六一年三月二〇日、第一〇回卒業式が行なわれ、商経学部二六一名が卒業した。(16)

星野学長は式辞において、これまで、スポーツマンシップの崇高性、人間相互のプライヴァシィの尊重、また人生における読書の意義を餞のことばとして述べてきたが、今年は、人の噂について述べたい。世の中の噂のなかに無辜を傷つけ、社会を害する悪質なものが頗る多い、噂は誇張され、尾ヒレがつき、場合によっては歪曲され、真実とはかけはなれた別内容のものとなって伝播していくとして、卒業生諸君は、身につけた高い教養と徳性により、個人の尊厳、相互の連帯責任を痛感し、人を傷つける風聞には関心示さず、また不用意に他に言いふらさないようしていただきたいと述べた。また、卑屈感、劣等感をもつことなく、誇り高き精神と母校愛を以て、自由闊達に人生を巣立って行かれんことを切に祈ると述べた。(17)

〔注〕

（1）『松山商大新聞』第九六号、一九六〇年四月二〇日。
（2）同。
（3）『松山商大新聞』第九七・九八号、一九六〇年五月二〇日。
（4）島津豊幸編『愛媛県の百年』山川出版社、一九八八年、三二一頁。

（5）『松山商大新聞』第九七・九八号、一九六〇年五月三〇日。
（6）岩田裕「入江先生と私の青春時代」『つくし』第二八号。
（7）島津豊幸編『愛媛県の百年』山川出版社、一九八八年、三三一頁。
（8）『松山商大新聞』第一〇九号、一九六二年四月三〇日。
（9）『松山商大新聞』第九九号、一九六〇年七月七日。
（10）『松山商大新聞』第一〇一号、一九六〇年一二月一九日。
（11）『松山商大新聞』第一〇二号、一九六一年二月一日。
（12）『松山商大新聞』第一〇一号、一九六〇年一二月一九日。
（13）『愛媛新聞』一九六一年一月三日。
（14）『六十年史（資料編）』一二八〜一二九頁。
（15）『松山商大新聞』特別号、一九六一年三月二〇日。
（16）『松山商大新聞』特別号（一九六一年三月二〇日）。『松山商科大学（経済学部、経営学部）設置認可申請書類』（一九六一年九月七日）では三〇六名（その後の再試等のため）、『六十年史（資料編）』も三〇六名。
（17）『温山会報』第五号、一九六一年一一月。

(五) 一九六一年（昭和三六）度

二期目の星野学長下の校務体制は、教務部長は菊池金二郎に代わって元木淳が新しく就任した（一九六一年四月一〇日〜一九六六年六月一〇日）。学生部長は短期で辞任した越智俊夫に代わって再び大野武之助が務めた（一九六一年四月一〇日〜一九六四年四月三〇日）。また、図書館長は山下宇一に代わって上田藤十郎が就任した（一九六一年四月一〇日〜一九六四年三月三一日）。事務局長は事務職員の木村真一郎が引続き務めた。学校法人面では、大鳥居蕃、増岡喜義、八木亀太郎が引続き理事を務め、星野理事長を支えた。

本年度、星野学長・理事長は来年度二学部開設を見越して、次のような新しい教員を採用した。(1)

川中　建雄　一九〇一年一月愛媛県生まれ、広島文理大卒、前愛知学院大学教授、六〇歳、教授、商品学・工学担当。

林　　薫雄　一九〇二年一二月岡山県生まれ、関西学院高等商業部卒、五八歳、講師。貿易経営・実用英語担当。

上野　雅和　一九三一年四月福岡県生まれ、九州大学大学院博士課程、三〇歳、講師。民法物権担当。

高沢　貞三　一九三二年一月栃木県生まれ、一橋大学商学部大学院修士課程、二九歳、講師。生産管理担当。

J・Dマンクマン　一九一五年九月英国生まれ、英国陸軍少佐、四五歳、講師、英会話担当。

伊達　功　一九二四年四月愛媛県生まれ、京都大学大学院修士課程修了、島根大学文理学部助手を経て、済美高校教諭。経済研究所事務兼研究員として採用。

四月一〇日、午前一〇時より本学講堂にて入学式が行なわれ、四〇六名（内女性六名）が入学した。この時の入学生の一人に山口卓志がいる。

六月に、「経済研究所規程」が制定され、目的や事業が定められ、所長、次長、事務員、運営委員、研究委員が置かれた。所長に川崎三郎教授が就任した（一九六一年四月一〇日～六二年三月三一日）。経済研究所の前身は松山高商時代の一九三三年四月につくられた商事調査会であり、一九三八年四月に商経研究会に改組し、戦後大学昇格とともに商業経済研究所とし（後、経済研究所に改称）、研究活動や論集の発刊をしていた。[2]

六月三〇日～七月二日、第七回西日本学生経済学研究会が和歌山大学で開催され、本学を含め二一校が参加した。第一日目が一般討論会「日本経済の高度成長と自由化」、二日、三日目が部門別討論会で、経済政策部門「我経済成長と雇傭」（三年の大崎、檜垣）、ジュニヤ部門「経済学における価値論の意義」（二年の仙波ら）、理論経済学A部門「独占理論の再考察」（三年の蛯原、守谷ら）が報告している。本学からはいずれも経済研究部が発表した。[3]

七月、二学部設置委員会で経済学部、経営学部の設置計画が進められている。委員長は増岡喜義で、副委員長は元木淳、委員は大鳥居蕃、太田明二、八木亀太郎、伊藤恒夫、菊池金二郎、木村真一郎であった。[4]

八月、学園長期計画委員会で検討していた中小企業経営研究所が設置された。所長に井上幸一助教授が就任した。[5]

また、九月、夏休みに入るとともに始められた二号館、四号館、学生ホールの移転工事が完了した。学生ホールは加藤会館の西側に、二号館は旧学生ホール跡に、四号館は体育教官前に移された。[6]

九月七日、星野理事長は文部省に対し、現在の経済学科と経営学科を経済学部と経営学部に昇格させる『松山商科大学（経済学部、経営学部）設置認可申請書』を提出した。[7]

この『設置認可申請書』について、その大要・特徴は次の通りである。

①目的及使命

松山商科大学は、経済、経営を中心とする諸科学の綜合的専門的研究および教授を行う事を目的とし、学識深く教養高き人材を養成して広く経済文化の発展に寄与することを使命とし、経済学部経済学科および経営学部経営学科を設置しようとするものである。

②学部学科

経済学部経済学科

経営学部経営学科

③修業年限　四箇年

④履修方法、要卒単位

・一般教養科目を一般教育科目に名称変更した。

・一般教育科目は、人文科学関係、社会科学関係、自然科学関係、各三科目一二単位以上履修すること。

・外国語科目は、一九四九年学則では人文科学関係の中に入っていたが、独立させた。単位数も英語一二単位、第二言語六単位に増やした。

・体育は、四単位と変化がなかった。

・専門科目の単位は、一九四九年学則では八〇単位以上であったが、七六単位以上（必修六〇単位以上、選択一六単位以上）にした。

・演習、卒論は一九四九年学則では選択であったが、一九五四年度から必修となっており、必修とした。

・要卒単位は、一九四九年学則では一二四単位以上であったが、一三四単位以上に増やした。

⑤学生定員

経済学部経済学科　一学年一五〇名　総定員六〇〇名

経営学部経営学科　一学年一五〇名　総定員六〇〇名

商経済学部では経済学科、経営学科各一〇〇名であったが、各五〇名増やした。

⑥学士号　経済学士、経営学士

⑦開設時期　一九六二年四月

一〇月一二日、長期学園拡充計画の第二期である三号館の建築工事の地鎮祭が行われた。鉄筋コンクリート二階建の建物で総工費四一〇〇万円の予定である。請負は清水建設であった。(8)

一一月、学校当局は一九六二年度から二学部になる見込みに伴い、入試科目を一部変更することをきめた。従来は①国語、②英語、③社会、④理科・数学より一科目の四科目であったが、来年度から①国語、②英語、③社会・理科・数学より一科目の三科目とすることにした。受験生の負担を軽くする、受験生を増やすことなどが目的であった。(9)

一九六二年一月二〇日、文部省に申請していた、学部設置について、文部省から通知があり、認可がおりたが、(10)留意事項がついた。

その通知・留意事項は次の如くであった。(11)

「　大学学部の増設について（通知）

昭和三六年九月三〇日付けで申請のあった松山商科大学学部増設のことは、別紙のとおり認可になりましたが、下記の事項に留意の上その実施に遺漏のないよう願います。

記

一、建築中の校舎は計画どおり完成すること

二、専門図書については更に増強整備すること、特に経営学部の外国文献、標準的な図書を増強整備すること

三、機械器具を更に増強整備すること

四、経営学部の教員組織については、経営各論担当教員を補強すること」

一九六二年二月二〇日、今年四月発足予定の経済、経営学部の学部長選挙を行なった。その結果、経済学部長に大鳥居蕃教授（六〇歳）、経営学部長に菊池金二郎教授（五六歳）が選出された。

一九六二年度の二学部体制となる入試が、三月八日、本学、京都、岡山、広島、福岡の五会場で行なわれ、募集人員は経済学部二〇〇名、経営学部二〇〇名（定員は各一五〇名だが多く募集）に対し、経済学部は一四二九名（第一志望一一五四名、第二志望二七五名）であり、経営学部は一二三二名（第一志望五六六名、第二志望六六六名）、相かわらず経済学部志望者が多かったが、経営学部も増大した。競争率は約七倍であった。[12]

三月二〇日、本学第一一回卒業式が本学講堂にて挙行され、商経学部二四八名が卒業した。[13]この時

の卒業生の一人に岩田裕（太田ゼミ、経済研究部）がいる。岩田はこのあと、神戸大学大学院に進学する。

星野学長は卒業の式辞において、二年後にオリンピックがあるが、スポーツには、イギリス的スポーツとアメリカ的なそれがあり、両者を比較しながら、スポーツにおけるフェアプレイ精神と連帯意識を説き、それが人間形成に大きく役立っていることを述べ、学窓を去った後も事情許す限り、何等かのスポーツに親しんで頂きたいと激励した。(14)

〔注〕

（1）『松山商大新聞』一〇三号、一九六一年四月二八日。

（2）「経済研究所規程」は『五十年史』三一四〜三一五頁。研究所の変遷は『三十年史』二一〇〜二一六頁。歴代の研究所の所長は『六十年史（資料編）』一二八頁。

（3）『松山商大新聞』第一〇六号、一九六一年九月一四日。

（4）『松山商大新聞』一〇五号、一九六一年七月八日。

（5）『五十年史』三一五〜三一六頁。『松山商大新聞』一〇六号、一九六一年九月一四日。

（6）『松山商大新聞』一〇六号、一九六一年九月一四日。

（7）『松山商科大学（経済学部、経営学部）設置認可申請書』

（8）『松山商大新聞』一〇七号、一九六一年一一月九日。

（9）同。

（10）『六十年史（資料編）』五二頁。

（11）松山商科大学（経済学部、経営学部）設置認可申請書』

（12）『松山商大新聞』特別号、一九六二年三月二〇日。

（13）『松山商大新聞』特別号、一九六二年三月二〇日。なお、『六十年史（資料編）』では二八一名。『温山会名簿』も二八一名（一九六一年一〇月卒業を含むため）。

（14）『温山会報』第六号、一九六二年。

第二編　経済・経営 二学部時代

（一九六二年四月一日〜一九七四年三月三一日）

第一章　星野通学長時代（一九六二年四月一日～一九六三年一二月三一日）

(一) 一九六二年（昭和三七）度

本年四月一日から経済学部、経営学部の二学部体制となった。学長は星野通が続け、経済学部長は大鳥居蕃、経営学部長は菊池金二郎が就任した。全学の校務体制は、教務部長は元木淳（一九六一年四月一〇日～一九六六年六月一〇日）、学生部長は大野武之助（一九六一年四月一〇日～一九六四年四月三〇日）、図書館長は上田藤十郎（一九六一年四月一〇日～一九六四年三月三一日）が引き続き続けた。研究所長は川崎三郎に代わって、新しく山下宇一（一九六二年四月一日～一九六五年三月三一日）が就任した。事務局長は木村真一郎が引続き務めた。学校法人面では、大鳥居蕃、増岡喜義、八木亀太郎が引続き理事を務め、星野理事長を支えた。

また、二学部発足に伴い、次のような新しい教員が採用された。[1]

経済学部

高橋　久弥　一九三一年一月島根県生まれ、三一歳、山口大学経済学部卒、九州大学大学院博

士課程、同大学経済学部助手。講師として採用。経済政策概論担当。

藤田貞一郎　一九三五年二月朝鮮平壌府生まれ、二七歳、和歌山大学経済学部卒、大阪大学大学院博士課程在学。助手として採用。

経営学部

中川公一郎　一九三三年九月兵庫県生まれ、二八歳、神戸大学経営学部卒、同大学大学院修士課程修了。助手として採用。

二学部発足時の教授会メンバーは次の通りであり、生年月日、出身、学歴、就任年月、担当科目も掲げておこう。

経済学部教授会

教授

菊池　清治　一八八六年一月愛媛県生まれ、東北帝大卒、一九五五年六月、物理学。

古川　洋三　一八九八年七月愛媛県生まれ、関西学院高商部、ウィスコンシン大学卒、一九二三年四月、交通論、保険論。

大野武之助　一八九九年一〇月愛媛県生まれ、松山中学卒。一九五〇年四月、英文学。

上田藤十郎　一八九九年一一月高知県生まれ、京都帝大卒、一九四九年四月、経済史概論、日本経済史。

大鳥居　蕃　一九〇一年五月滋賀県生まれ、東京商大卒、一九二五年六月、国際経済論、国際金融論。

清家　唯一　一九〇三年一一月愛媛県生まれ、関西大学大学院、政治学、国際公法。
増岡　喜義　一九〇三年一二月愛媛県生まれ、九州帝大卒、一九二九年五月、財政学。
五島　伝　一九〇五年一二月愛媛県生まれ、日本体育専門学校卒、一九四八年九月、体育。
太田　明二　一九〇九年五月愛媛県生まれ、神戸商業大卒、一九三三年六月〜一九四二年七月、一九四六年一一月、景気変動論、経済原論。
伊藤　恒夫　一九一二年一月愛媛県生まれ、京都帝大卒、一九四八年三月、倫理学、教育学。
入江　奨　一九二三年六月広島県生まれ、大阪商科大大学院修士課程中退、一九五一年三月、経済学史。

助教授
松木　武　一九一四年一一月愛媛県生まれ、京都帝大卒、一九四九年四月、統計学総論、統計学、商業数学。
稲生　晴　一九二五年三月愛媛県生まれ、松山経専卒、九州大学大学院修了、一九五三年四月、金融論。
望月　清人　一九三二年三月兵庫県生まれ、神戸大大学院修士課程修了、一九五六年四月、工業政策論。

講師
J・Dマンクマン　一九一五年九月英国生まれ、英国陸軍少佐、一九六一年四月、英会話。
高橋　久弥　一九三一年一月島根県生まれ、九州大学大学院博士課程、一九六二年四月、経済政策概論。

安井　修二　一九三三年六月滋賀県生まれ、松山商大卒、神戸大学大学院修士課程修了、一九五六年四月、産業連関論、計量経済学。

江口　順一　一九三六年一一月東京府生まれ、京都大学帝大大学院修士課程修了、一九六〇年四月、商法総則商行為、商法小切手。

助手

藤田貞一郎　一九三五年二月朝鮮生まれ、大阪大学大学院博士課程在学、一九六二年四月。

経営学部教授会

教授

野田　義高　一八九五年六月愛媛県生まれ、東京高等師範卒、一九五六年四月、教育原理、教育行政。

橋本　吉郎　一八九六年三月広島県生まれ、東北帝大卒、一九五〇年二月、自然科学概論。

仙波　光三　一八九六年六月愛媛県生まれ、京都帝大卒、一九六二年四月、化学。

山下　宇一　一八九九年一二月京都生まれ、東京商大卒、一九四九年四月、銀行経営論、企業形態論。

川崎　三郎　一九〇〇年九月愛媛県生まれ、東京商大卒、一九三四年一〇月、会計学原理、原価計算、教科教育法。

川中　建雄　一九〇一年一月愛媛県生まれ、広島文理科大卒、一九六一年四月、商品学、工学、工業概論。

古茂田虎生　一九〇二年一〇月愛媛県生まれ、東京商大予科卒、一九四一年四月、英語、英文法、近代英文学、近代米文学。

菊池金二郎　一九〇五年七月愛媛県生まれ、東京商大卒、一九四九年四月、経営財務論、簿記原理、商業実習。

村山　敏雄　一九〇六年一二月新潟県生まれ、長岡工業学校卒、一九五七年四月、事務管理論。

八木亀太郎　一九〇八年一〇月愛媛県生まれ、東京帝大卒、一九四九年四月、言語学。

二神　春夫　一九〇九年三月愛媛県生まれ、九州帝大法文学部卒、一九四七年九月、英語、英作文、英文学史、現代英文学、現代米文学。

元木　　淳　一九二二年二月東京府生まれ、東京商大卒、一九五一年四月、経営学総論、経営管理総論、教科教育法。

越智　俊夫　一九二四年一月愛媛県生まれ、東京帝大卒、一九四六年一二月、商法会社、労働法。

助教授

井上　幸一　一九二一年七月愛媛県生まれ、神戸経済大卒、一九五二年四月、商学総論、商業経営論。

井出　　正　一九二二年九月愛媛県生まれ、広島文理科大卒、一九五六年一〇月、心理学、数学、職業指導、教育心理学、青年心理学。

神森　智　一九二七年九月広島県生まれ、松山経専卒、一九五三年四月、会計監査論。

星野　陽　一九二九年一〇月愛媛県生まれ、九州大学大学院史学科修了、一九五六年四月、歴史、ドイツ語。

講師

林　薫雄　一九〇二年一二月岡山県生まれ、関西学院高等商業部卒、一九六一年四月、貿易論、実用英語。

岩国　守男　一九三〇年一〇月広島県生まれ、一橋大学商学部大学院修士課程修了、一九五七年四月、経営労務論。

高沢　貞三　一九三二年一月栃木県生まれ、一橋大学商学部大学院修士課程修了、一九六一年四月、生産管理、一般経営史。

上野　雅和　一九三一年四月福岡県生まれ、九州大学大学院博士課程、一九六一年四月、民法物権。

助手

中川公一郎　一九三三年九月兵庫県生まれ、神戸大学大学院修士課程修了、一九六二年四月、工業経営論。

二学部体制に伴い、四月「松山商科大学合同教授会規則」が定められた。合同教授会は、民主的かつ能率的な運営によって本学教育の使命達成に資することを目的として、学長及び両学部の専任教授をもって構成され、教授会が必要と認めたときは構成員以外の専任の助教授および講師をもって審議に参加させることができるとされた。そして、付議事項は入学に関する事項、教務に関する各学部共通の事項、学生の厚生補導、賞罰に関する事項、その他各学部共通の事項、等と規定した。

また、経営学部教授会規則も合同教授会規則と同時に制定された。経営学部教授会は学部所属の専任教授をもって構成され、教授会が必要と認めたときは構成員以外の専任の助教授および講師をもって審議に参加させることができるとされ、各付議事項を決めた。

経済学部教授会規則は、遅れて一九六三年（昭和三八）一月に制定され、第一教授会と第二教授会に分けられ、第一教授会は専任の教授、助教授および講師をもって構成され、第二教授会は専任の教授をもって構成され、それぞれに付議事項が定められた。[2]

これらの教授会規則の特徴は次の如くである。

①基本的に一九五二年の商経学部時代の教授会規則の規定を踏襲し、専任教授のみの教授会と助教授以下を含めた教授会の二つに分けていることである。とくに経済学部の場合には、第一教授会（全員）と第二教授会（教授のみ）と規定した。そして、教授だけの教授会が人事権（教員の採用、昇格等の任免権）や学科目担当者の決定権を有していることである。それらは、教授だけの教授会が審議し、助教授以下を含む教授会には報告のみであり、その点では「民主的」ではなかったことである。

②学長の選出については、助教授以下全教員にも権限が付与されていたことである。

四月一〇日、入学式が行なわれた。経済二五二名、経営学部二五八名が入学した。星野学長は式辞において、大学の沿革、歴史を述べ、とくに、田中忠夫校長時代には「東の大倉、西の松山」と言われるまでに発展したこと、本学の「三実主義」を紹介し、その精神を身につけ、信念の固い、人から信頼される有用な人物になってもらいたい、学生時代は学問研究を第一とし、集団的な政治運動はやめてほしい、などの希望を述べた。(3)

本年度、特筆すべきことは、星野学長は新入生向けの『学生便覧』に校訓「三実主義」（真実・忠実・実用）を掲げ、次のように説明したことである。(4)

「本学には初代高商校長加藤先生が創唱し、二代（筆者注：三代の間違い）田中校長により、その意義が確認強調された三実主義という校訓がある。四十年間学園とともに生きて今日に至った人間形成の伝統的原理であって、本学或は前身の高商・経専の卒業者が中央に地方に高い人間的評価を受けているのは、この校訓の薫化による処が多い。三実とは真実、忠実、実用の三つであって、その意義は次の如く解明されるであろう。

真実とは　真理に対するまことである。皮相な現象に惑溺しないで進んでその奥に真理を探り、枯死した既成知識に安住しないでたゆまず自から真知を求める態度である。

忠実とは　人に対するまことである。人のために図っては己を虚しうし、人と交わりを結んでは終生操を変えず自分の言行に対してはどこまでも責任をとらんとする態度である。

実用とは　用に対するまことである。真理を真理のままに終わらせないで、必ずこれを生活の中に生かし社会に奉仕する積極進取の実践的態度である」

この星野学長の説明は、一九四一年（昭和一六）の『生徒要覧』における田中忠夫の「三実主義」の定義・説明の前半部分をそれぞれ二行程度に簡略・簡明化したものである。本来ならば、戦後民主主義の立場から、表現・内容を民主的・現代的に変更する必要があったと思われるが、星野学長はしておらず、田中忠夫の定義の単なる簡略・簡明化に過ぎなかった。以後、この星野学長の簡略・簡明化した校訓「三実主義」の配列・定義が、五〇年以上にわたり、卒業式、入学式で繰り返し述べられ（但し、稲生晴学長時代を除く）、『学生便覧』、ホームページ等に掲載され定着することになった。

四月、本学の教員が一昨年より調査研究していた、伊予三島・川之江経済社会実態調査の報告書が刊行された。(5)

五月一二日、三号館が完成した（本館の西側、鉄筋コンクリート、二階建）。外部、内部ともにすばらしい設計で、総工費四五〇〇万円、近代的でスマートな建物であった。

六月二日、二学部新設祝賀会と兼ね、三号館の落成式が三号館の五〇〇人合併教室で行なわれた。学外からの招待者、教職員、学生ら約二〇〇名が出席した。星野学長の式辞、木村事務局長の経過報告等が行なわれた。引続き、祝賀会が催された。(6)

五月三一日から六月三日まで、第八回西日本学生経済研究大会が福岡大学で開かれ、二三大学、二〇〇〇人が参加した。松山商大からは統一テーマ「日本経済の構造とその将来」に経済研究部が発表し、また、理論経済学部門、計量経済学部門、経済学史部門、日本経済部門、商学一般部門で、い

ずれも経済研究部メンバーが報告するなど、その活動ぶりは目をみはるものがあった。(7)

本年度の特筆すべきこととして、六月二一日、ゼミナール連合協議会（略称ゼミ連）が発足したことである。その間の事情、経緯について、『松山商大新聞』は次のように記している。

「過去数回、実現を見ずに終り、昨年度始めにも発足寸前にまでいき（本紙一〇三号参照）やはりだめだったゼミナール連合協議会は今年度清水、大村ゼミ連発起人らの尽力により下準備が進められた。そして五月十四日の学生総会に同好会に承認されて正式に発足の運びとなり、ついに念願が果せられたわけである。

同協議会会則の原案をもとに六月二十一日各ゼミの代表委員会を開き、原案修正の検討や今年の行事予定を決定した。

一、全日本学生経済ゼミナール大会への参加

一、連合誌発行

一、学内ゼミナール発表会

一、親睦をはかるための諸活動、ピクニック、ゼミ対抗野球等」(8)

ゼミ連の会長は直接ゼミを担当していない教授、ということで経営学部の井出正助教授（教育学）が選ばれている。

ゼミ連の行事中、全日本学生経済ゼミナール大会（インゼミ）への参加はこれまで、経済研究部、

経営研究部が中心となり参加していたが、ゼミ連発足によりその世話で各ゼミが出席参加するようになった。(9) また、ゼミ連が学内ゼミナール大会を主催するようになった（第一回は一九六四年一二月）。なお、西日本ゼミや中四ゼミへの参加は、従来どおり、経済研究部や経営研究部が中心となり、参加している。

九月二六日、学生寮の地鎮祭が行なわれた。

一〇月、来年度は創立四〇周年にあたるので、星野学長・理事長は創立四〇周年記念事業準備委員会を発足させた。委員長は増岡喜義が就任した。(10)

一一月上旬には第二回中四ゼミ、下旬には第九回全日ゼミ（インゼミ）が富山大にて開催された。

一二月、「松山商科大学教員選考基準」を定められた。そこでは、教授、助教授、講師、助手となることのできるものの資格が定められ、選考は教授会で審査委員を原則三名選び、審議を行ない教授会に報告、教授会で決定し、学部長から学長に報告されることになった。「松山商科大学教員選考基準」については『五十年史』に掲載されている。

一二月、星野理事長ら学校当局は来年度からの授業料等の値上げを発表した。授業料を年間二万五〇〇〇円から三万円に、設備拡充整備費を五〇〇〇円から一万五〇〇〇円に引き上げる、というものであった。(11)

一二月、温山会総会が開かれ、温山会は創立四〇周年にあわせて、三恩人の銅像の復元、学生の奨学金の設立などを決めた。(12)

一二月三〇日、伊藤秀夫前学長が亡くなった。七九歳であった。星野学長は「伊藤先生を憶う」を

『松山商大新聞』に載せ、終戦直後学園復旧に尽くされた先生の功績、また、オールド・リベラリスト、品のいいゼントルマンであり、人情に厚い暖かな性格の持主であり、山越の長建寺での住谷博士や高橋一洵、古川洋三、木場深定らと豆腐をつついて清談をしたことなどのなつかしい思い出を書いている[13]。

一九六三年度の入試は、前年と同様、三月八日、本学、京都、岡山、広島、福岡の五会場で行なわれ、募集人員は経済学部二〇〇名、経営学部二〇〇名（定員は各一五〇名）に対し、志願者は経済学部は一四二九名（前年一四二九名）、経営学部は一二三四名（前年一二三二名）で前年とほぼ同一、競争率は経済七・二倍、経営六・三倍で、本年も経済学部への志望が多かった[14]。

一九六三年三月二〇日、本学講堂において商経学部第一二回卒業式が行なわれ、商経学部二七二名が卒業した[15]。

〔注〕

（1）『松山商大新聞』第一〇九号、一九六二年年四月三〇日。
（2）『五十年史』より。
（3）『松山商大新聞』第一〇九号、一九六二年四月三〇日。
（4）一九六二年（昭和三七）度の『学生便覧』。
（5）『松山商大新聞』第一〇九号、一九六二年六月一一日。
（6）『松山商大新聞』第一一一号、一九六二年六月一一日。
（7）『松山商大新聞』第一一一号、一九六二年六月一一日。同一一二号、七月六日。
（8）『松山商大新聞』第一一二号、一九六二年七月六日。
（9）同。
（10）『松山商大新聞』第一二〇号、一九六三年六月二九日。

(11)『松山商大新聞』第一一五号、一九六二年一二月一四日。
(12)『松山商大新聞』第一二二号、一九六三年一一月五日。
(13)『松山商大新聞』第一一六号、一九六三年一月二五日。
(14)『松山商大新聞』第一一七号、一九六三年三月二〇日。
(15)同。

(二) 一九六三年（昭和三八）度

学長は星野通が続け、経済学部長は大鳥居蕃、経営学部長は菊池金二郎が引続き務めた。

全学の校務体制は、教務部長は元木淳、学生部長は大野武之助、図書館長は上田藤十郎、研究所長は山下宇一が引続き務めた。事務局長は木村真一郎が引続き務めた。学校法人面では、増岡喜義、八木亀太郎が理事を引続き務め、五月から菊池金二郎（一九六三年五月一〇日～六六年四月一九日）と元木淳（一九六三年五月一〇日～七一年一二月三一日）が新理事となり、星野理事長を支えた。

本年度も次のような新教員を採用した。(1)

経済学部

小原　一雄　一九一三年一〇月埼玉県生まれ、四九歳、東京外大卒、大連高商助教授、松山外国語短期大学教授等歴任。一九五二年四月から本学短大事務職員兼非常勤講師を務めていた。助教授として採用。中国語担当。

松野　五郎　一九一七年一〇月愛媛県生まれ、四五歳、東京帝大卒、松山経専、松山女子商業高校教諭等歴任。講師として採用。統計学担当。

経営学部

渡部　孝　一九三一年七月愛媛県生まれ、三一歳、松山商科大学卒。米国北ダゴダ州立教育大学院修了。講師として採用。英語担当。

越智　武　一九二〇年四月愛媛県生まれ、日本体育大学卒、四三歳、松山東高校教諭等歴任。講師として採用。体育担当。

四月一〇日、入学式が本学講堂にて行なわれ、経済学部三三五名、経営学部二六六名が入学した。星野学長は式辞において、学校の歴史、沿革を述べ、校訓「三実主義」の精神を次のように簡潔に紹介した。真実は真理を探求し、不屈の批判精神を養う意味、忠実は人としての節操を常にまもり自己の言動にはいかなるときも責任を持つことの意味、実用とは自己の認識し、到達した真理を単なる枯死した真理、真知に終わらしめることなく、これを社会生活に有用有益に活用する実践的生活態度であること、一言で要約せば信念固く、人から信用される有用有益の人材を作ることと説明した。そして、最後に諸君は学生だから、その本分は学問研究であり、それを忘れて政治的社会的団体活動に狂奔する如きないようとの自重を促した。(2)

四月二五日に、有師寮の東側に学生寮が完成し、落成式が行なわれた。星野学長が南溟寮（なんめい）と名付けた。この寮は学園拡充計画の一環で、図書館、三号館につぐ建物であった。鉄筋コンクリート三階建て、入寮者は六二名。二人一室であった。(3)

本年は創立四〇周年にあたる。前年一〇月に準備委員会が設置されていたが（委員長増岡教授）、記念事業予定は次の通りである。(4)

①記念祝典（一一月九日）
②祝賀行事（一一月九日を中心に大学祭を行なう）
③記念論文集の発行
④日本商品学会中四国支部部会（一〇月六日）
⑤中四国商経学会（一二月上旬）
⑥記念講演会（一一月上旬）
⑦中四国学生政経ゼミナール（一一月上旬）
⑧日本学生経営学会西部部会（一一月下旬）
⑨学生記念顕彰論文の募集
⑩厚生施設山の家又は海の家の設置

本年の学生の自主的研究活動面では、六月一四日から一六日までの四日間、第九回西日本学生経済研究大会が長崎大学にて開催され、本学は経済研究部が一八部門中七部門（経済原論A部門〔テーマ、経済成長下における技術進歩、資本蓄積、所得分配をめぐる諸問題〕、経済原論B部門〔テーマ、日本独占資本の体質―戦前戦後の比較を通して―〕、日本経済部門〔テーマ、設備投資と経済成長〕、経営経済部門〔テーマ、産業経営に於ける人づくりの問題〕、労務管理部門〔テーマ、中小企業の労務管理〕、ジュニア部門〔テーマ、近代経済における分析方法―所得分析と価格分析―〕）に参加し、報告を行なっている。[5] 経済研究部の学生達の旺盛な研究ぶりが判明しよう。

一〇月、創立四〇周年記念論文集が刊行された。経済編八編、経営編六編、法律編六編、人文編六編、語学編三編、体育編一編の三〇本の論文が載せられた。

一一月九日、創立四〇周年記念式典が本学講堂に行なわれた。卒業生、教職員、来賓等四五〇名が出席した。星野学長は式辞において、加藤彰廉校長、田中忠夫校長、伊藤秀夫校長・学長らの功績を讃え、一九六二年には経済、経営の二学部体制となり、関西私立大学の雄となった学園の道程を述べ、今後、研究、教育を推進し、日本文化の発展に貢献せんとする抱負を述べた。その式辞は次の通りである。

「わが松山商科大学は、その前身松山高等商業学校の創立以来、年を閲することここに四〇有星霜、時運の進展と社会の要望に応へて、学問研究および、人材養成の府として、輝かしい業績を築いてまいりました。

まことにローマは一日にしてならず、わが学園のたどった道もまた必ずしも坦々たるものではなくて、その間、幾多の難境を経て参りましたが、ただ不屈不撓、一難を経る毎に一歩を進め、もって校運隆々、本日ここに創立四〇周年の記念式典を挙げ得る運びにいたったのであります。

これ創立者新田家はいうに不及、県内県外各界諸彦の賛助と卒業生諸君の支援と、且つは又教職員各位、全学生の一致協力の結果にほかならず、顧みて衷心ふかく欣佩に堪えないところであります。

さて、わが大学の前身松山高等商業学校が当松山出身の一代紳商新田長次郎先生の拠金に基き、時の松山市長加藤恒忠先生の斡旋をわづらわし、元大阪高等商業学校長加藤彰廉先生を初代校長として誕生したのは、遠く大正一二年でありまして、当時、加藤先生が校長であられた北予中学校の校舎の一部を借り受けて、本県最初の専門学校として授業は初められたのであります。

かくて、加藤校長の大いなる徳望と卓越した指導精神と、さらにはまた一代の教育者が晩年円熟の熱情を傾け、骨をけずり肉をそぐがごとき努力を重ねた育成とによって、学園百年の基礎は確立せられたのであります。

次いで、学園の歴史に画期的な発展の足跡を印したのが、田中忠夫校長の時代でありまして、学生定員、教授定員の増加をはじめ、校舎の増築、校地の拡張その他に驚異的な躍進を示したのであります。

すなわち、渺たる家塾的私学にすぎなかったわが学園は田中氏就任を機とし大きく発展をとげ、やがて、全国多数ある高等商業学校の中でも優秀校に属するものと評価されるにいたり、ことに私学高等商業学校中にあってまさに日本最高クラスとさえたたえられたことは、私ども学校関係者の心ひそかに大きい喜びとする所でありました。しかも戦時下学校再編成により昭和一九年松山高等商業学校は松山経済専門学校と改組、改称され、非常時下の我が国経済専門教育に大きい役割を果たしたのであります。

不幸にして戦争末期、はげしい戦災を受けて、本館、加藤会館等一部鉄筋建築を除く、全校舎と教具、器具類の一切が焼失するという壊滅的な打撃を被りましたが、幸いにして灰塵のなかからよく不死鳥の如く立ち上がることが出来たのでありました。

すなわち、敗戦による社会的混乱と物質的欠乏の真っ只中にあって伊藤秀夫校長が牽引車となって一路直進した全教職員、および学生の不退転の努力は豊かな実を結んでやがて復興となり、つづいて真理探求と高度の学識技能をそなえた近代的経済人産業人養成とを職能とする大学となって以後一五年この間、教授陣は逐次充実し、一方校地は大拡張され、講堂、図書館、教室、寄宿舎等も相次いで建設されました。誠にいま秋空に亭々として聳える銀杏並木の両側に大小数組の建物が整然とたちならぶキャンパスの風景は相当の景観といえばいえるでしょうか？

また、大学改組と同時にその研究的使命達成のため経済研究所が設置されて全学的機関として機関紙の発行、或は、共同調査などに大きい業績を挙げて参りましたが、特に一昨年は中小企業研究所を併置し、日本企業の九割以上をしめる中小企業の専門的、理論的研究を行うとともに地域社会の中小企業の発展振興、近代化に奉仕して一層地方大学としての使命達成と近時のキャッチフレーズたる産学協同の精神の実践に努力することになりました。しかも昭和三七年には急速なる経済伸長と著しき技術革新に即応して従来の単科大学を発展的に改組、経済学部、経営学部二学部制の複合大学となし、新買収地には近く経済研究所、中小企業研究所、全教員研究室等を綜合する一大研究センターを建設せんとする計画も熟しつつあり、かくて本学は関西私立大学一方の雄として確固たる地歩を占むるに至ったのであります。

また特記すべきは昭和二七年商業経済学に関する短期大学部が設置されたことであります。当時の県下定時制高校生諸君、および各方面勤労青少年諸君の熱心な願望にこたえて、本学が愛媛県および松山市両当局の物心両方面にわたる支援を得て開設したものであり、開設後一〇年余、順調なる発展をとげて今や県下唯一の勤労青少年短期専門教育機関として大きい役割を演じつつあります。多数の短大卒業生が、全県下にわたり各々そのところを得て活躍しつつあるのはこれまたひそかに私どもの喜びとせねばならないところであります。

以上がわが学園の歩んだ四〇年の道程であり、また歴史でありまして、卒業生を世に送ること実に八三〇〇人、いづれも縁に順い、機に応じて産業界、経済界に大いなる活躍をなしつつありますことは、いささか私どもの自ら慰め安んずるところであります。

しかしながら、百里の道を行くものは九〇里をもって半ばとすべしとか申します。これを建学の大精神に照らし、ひるがえってまた現在および将来の世界の大勢とわが国情にかんがみ、私どもの大学が研究および教育の二つにしてしかも不可分なる使命達成を通じ日本文化の発展に貢献せんことなお前途遼遠であって、決して小成に安すんべき秋ではないと思うのであります。

今後設立者、卒業生諸君、或は各界諸彦の協力と相まち、愈々建学の真面目を発揮し、勇猛精進、もって大学としての使命達成を期せんとする次第であります。願わくば、大方の諸彦また深厚なる協力を賜わり、これを指導鞭撻せられんことを。

ここにはるかなる建学の昔を偲び、改めて創立三恩人、その他、諸彦諸先輩につきぬ感謝を捧げるとともに、所懐と抱負の一端を述べて式辞といたします。

昭和三十八年十一月九日

松山商科大学学長　星野　通」(6)

そのあと、温山会から学校に対し、三恩人の銅像贈呈式が行なわれ、新田長次郎翁は本館前に、加藤彰廉先生は図書館前に、加藤拓川翁は三号館前に置かれた。(7)

そして、この時、三恩人のプロフィールが星野通学長によって書かれた。それは次の如くであった。

新田長次郎翁

「温山新田長次郎翁は松山市山西の産。弱冠志をたてて大阪にいで当時至難とされた帯革製造業を創始し日本産業発展に大きい寄与をした。勤労を尚び虚偽を斥けるよきひととなり万人に敬愛されたが、翁また青年を愛し学問を愛し巨費を投じて故山に松山高等商業学校を創設した。温山会は創立四十周年に当り学園創立の父温山翁を偲んで胸像を再建し、永くその功績を後世に伝えんとするものである。

昭和三十八年十一月九日　　星野　通撰文

大暁　澤田茂雄謹書」

加藤拓川翁

「拓川加藤恒忠翁は松山藩儒者大原観山の三子であり、俳人子規の叔父にあたる。幼にして伝統の家学に親しみ、長じてフランスに学び外務省に入って大公使を歴任後貴族院議員となる。後年請われて松山に帰り市長となったが、松山高等商業学校創立に当っては新田温山翁を説きよく学園誕生の産婆役を果たした。ここに温山会は創立四十周年を迎えるに当り翁を偲んで胸像を再建、永くその功を讃えんとするものである。

昭和三十八年十一月九日　　星野　通撰文

大暁　澤田茂雄謹書」

加藤彰廉先生

「加藤彰廉先生は松山藩士宮城正修の次子として生る。長じて東京大学に学び西欧の新思潮を身につけたが、卒業後は教育界に入り山口高等中学校教諭を経て大阪高等商業学校長となった。晩年松山に帰り北予中学校長となる。松山高等商業学校創立に当っては請われて初代校長となり、学園百年の礎を確立した功績は至大である。ここに創立四十年に当り温山会は胸像を再建、先生の遺徳を永く後世に伝えんとするものである。

昭和三十八年十一月九日　　星野　通撰文

大暁　澤田茂雄謹書」(8)

この星野通の三恩人の紹介文は、三恩人の経歴をそれぞれ一八〇字程度に短くまとめ、簡にして要を得たもので、その後の原型という意味において極めて重要な資料である。しかし、いくつか不備・問題点が見受けられる。例えば、①三恩人の生年月、没年が無い、また、②両加藤には出自があるが、長次郎には無い、さらに③彰廉には学歴を記しているが、長次郎と拓川には無い、また、④両加藤には衆議院議員の経歴があるのに欠けている、等々である。

一一月一〇日、一一日の両日、四〇周年記念事業の一環として、本学において第三回中四国政経ゼミが開かれた。経済研究部が主催し、一一月一〇日は一般討論「世界経済のブロック化と我国の立場」、一一日は部門別討論で理論経済学部門「経済成長と技術進歩」、日本経済A部門「低金利政策下における貿易為替自由化」、日本経済B部門「経済成長と物価変動」、経済学史部門「ケインズの経済思想」、マーケッティング部門「流通の中に於ける広告の役割と効果」、経営管理部門「技術革新の進展下に於ける労務管理の諸問題」、民法部門「農村に於ける均分相続の是非」、憲法部門「基本的人権の侵害に対する憲法学的救済を論ずる」、商法部門「新産業秩序と独占禁止法」、政治部門「大衆国家（大衆デモクラシィ、大衆政治）の現状について」、ジュニア部門（価値論の意義）、一一部門が開設され、経済研究部から八チーム、入江ゼミから二チーム、太田、安井、高沢、越智、高村の各ゼミ、商品学研究会、社会科学研究会から各一チームが参加した。加盟校六大学（広大、広商大、香川大、高知大、愛大、本学）に加え関学、近大を加え、参加八大学であった。参加状況からみて、松山商大の比重は抜群であった。(9)

一一月下旬には、一〇回全日本学生経済ゼミナール大会（インゼミ）も開かれ、本学からも参加したと思われるが、不明である。

一一月二一日、第二次池田内閣下の第三〇回衆議院選挙が行なわれ、自民党は議席を少し減らしたものの、大勝した。この選挙に関し、二二日の新聞に松山商大生四名が公選法違反の疑いで任意出頭、取調べ中という記事が出て、本学は大騒ぎとなった。

『松山商大新聞』は一一月二八日、号外を出した。その大要は次の如くである。

「衆議院選挙の開票結果を知ろうと一一月二二日の新聞を目にしたとき異様な記事に驚いた。松山商大生四人が公選法違反の疑いで取調中というものであった。我々はこの事態を知り、関係学生の非常識さに憤慨の念を抑えることができなかった。記念すべき創立四〇周年をこのような不祥事件で汚点を残すとは全く残念なことである。この不祥事件は単に関係学生の問題としてだけでなく、現在の商大生のあり方についても再検討する必要にせまられていよう。本学学生全体としての統一の欠如ー学生間の交流ー及び政治経済等における問題意識の欠如が最大の問題であろう。

我々は学生課を訪れ、真相を聞いた。それによると、商大生四人は自分たちの入場券を含めて学生から三二枚、一般市民（おもに友人）から九枚、計四一枚を集めて選挙事務所二カ所に売り込みに行った。その入手方法は『ちょっと貸してくれ、晩までには返す』とか『入場券があれば選挙アルバイトがやりやすいのだ』とか言われ、安易な気持ちで貸したとのこと。そこでは先輩関係とか、いつも面倒をみてくれているからという気持ちで貸したらしい。彼等はどうして金欲しさの手段として学生として恥ずべき行動をとったのか。以前、彼等は選挙事務所でアルバイトしたことがあり、そこで選挙の腐敗を知り容易に金が入ることを知ってやったのではないか。入場券を貸した学生は色々の関係から断れなかったといっているが、義理人情で　自分の権利を放棄し民主主義を踏みにじった行為は問題である。

民主主義国家国民の最高の権利行使である衆議院選挙の機会に、我々商大生の一部から最高学府に学び国家の将来を背負って立つべき国民として最も恥ずべき出来事が起こったことは遺憾である。起こってまったこの出来事は過去の出来事として胸に刻み『罪を憎んで人を罰せず』の精神で、その出来事を将来の良き教訓として生かす道を見出すために一人一人が自覚し、努力することが我々に与えられた最大の課題であろう」[10]

星野学長はこの不祥事の責任を痛感し、任期終了を待たずに辞意を表明した。しかし、慰留された。

一一月二六日に星野通学長の任期が本年一二月末で満了となるために、次期学長候補者を選ぶための推薦委員会を開いた。推薦委員は太田明二教授ら七名の教授、事務局から二名、そして温山会から愛媛新聞社長の高橋氏、愛媛県総務主幹二宮氏の二名からなり、満場一致で増岡喜義教授を学長候補者に決めた。

一二月一〇日、学長選挙がおこなわれた。信任投票で、三分の二以上の信任により増岡喜義が次期学長に決定した。[11]

一二月三一日、星野学長は任期満了により、学長・理事長職を退いた。

◇  

松山商科大学を「拡張発展」させた第二代目の星野通学長時代（一九五七年二月～一九六二年三月）の歴史における特記すべき事項をまとめておきたい。

第一に、学内の諸規程の整備がなされた。

①学長選考規程の制定（一九五七年三月）

②名誉教授規程の制定（一九五七年四月）
③学科成績選考規程の制定（一九五八年二月）
④就業規則の施行（一九五八年四月）
⑤学科履修規程の制定（一九五八年四月）
⑥外国留学・内地留学規程（一九五八年四月）
⑦職員定年規程の制定（一九五九年四月）
⑧聴講生・委託生規程の制定（一九六一年四月）
⑨経済研究所規程の制定（一九六一年六月）
⑩合同教授会規則の制定（一九六二年四月）、経営学部教授会規則の制定（一九六二年四月）、経済学部教授会規則の制定（一九六三年一月）
⑪教員選考規準の制定（一九六二年一二月）

第二に、施設面の充実がすすんだ。

①新食堂の建設（一九五九年一月）
②新図書館の建設（一九五九年七月）
③三号館建設（一九六二年六月）
④寄宿舎・南溟寮の建設（一九六三年四月）
⑤新しい正門の建設

第三に、教学方針面では、校訓「三実主義」を再興・復活し、真実→忠実→実用の順序となり、その定義が簡明に定式化された（一九六二年四月）。この星野学長の説明がその後の大学の校訓「三実主義」の説明となり、定着した。

第四に、一九六二年四月、商経学部を発展的に解消し、経済学部と経営学部として独立した。

第五に、一九六三年の創立四〇周年記念事業にあわせて、温山会が三恩人（新田長次郎、加藤拓川、加藤彰廉）の胸像を寄贈し、長次郎翁が本館前、拓川翁が三号館前、加藤彰廉先生が図書館前に置かれた。そして、星野学長が三恩人の碑文を記し（一九六三年一一月）、三恩人を顕彰した。

〔注〕

（1）『松山商大新聞』第一一八号、一九六二年五月一三日。
（2）同。
（3）同。
（4）『松山商大新聞』第一二〇号、一九六二年六月二九日。
（5）同。
（6）『温山会報』第七号、一九六四年。『六十年史（資料編）』三〇二～三〇四頁。
（7）『松山商大新聞』第一二三号、一九六三年一二月一八日。
（8）三恩人の星野通学長の紹介文は『松山商科大学六十年史（写真編）』一一五頁に全文が掲げられている。
（9）『松山商大新聞』第一二二号、一九六三年一〇月一〇日、一二三号、一九六三年一一月五日、入江奨「学生の自主的研究活動の動向の一齣」『六十年史（写真編）』二四七～二五〇頁。
（10）『松山商大新聞』号外、一九六三年一一月二八日。
（11）『松山商大新聞』第一二三号、一九六三年一二月一八日。

第二章　増岡喜義学長時代（一九六四年一月一日〜一九六八年一二月三一日）

第三代学長
増岡喜義

一九六四年（昭和三九）一月一日、増岡喜義教授が第三代松山商科大学学長兼学校法人松山商科大学理事長に就任した。同時に松山商科大学短期大学部学長も兼務した。このとき、六〇歳であった。増岡は卒業生学長の第一号であった。

増岡喜義の主な経歴は次の通りである。

一九〇三年（明治三六）一二月二五日松山市に生まれ、一九一八年（大正七）四月愛媛県立松山商業学校に入学、一九二三年（大正一二）三月同校を卒業し、同年四月、創立一年目の松山高等商

業学校に入学し、一九二六年三月卒業した。学生時代には経友会、新聞学会で活躍した。一九二六年四月、九州帝大法文学部に進学し、一九二九年（昭和四）三月同大学を卒業した（経済学士）。そして、一九二九年五月、加藤彰廉校長により松山高等商業学校に講師として採用され、一九三〇年四月助教授となり、一九三一年六月から教授となった。一九四四年四月松山経済専門学校（校名変更）教授をへて、一九四九年四月、松山経済専門学校が松山商科大学に昇格するや同大学教授に就任した。担当は財政学であった。校務面では一九四三年三月から庶務課長に就任し（～一九五二年七月）、また、一九五二年七月からは事務局長に就任し（～一九五七年四月）、さらに、一九五七年四月から学校法人理事を務め（～一九六八年一二月）、学校行政の中心人物の一人となっていた。さらに、一九六一年七月、星野通学長時代、商経学部を経済学部と経営学部の二学部に改組する設置委員会の委員長に就任し、九月『設置認可申請書』を文部省に申請し、一九六二年一月に認可がおり、同年四月経済学部と経営学部の二学部が発足するが、その貢献者であった。そして、一九六二年四月から経済学部教授となり、商経学部教授を兼務し、法人理事を引き続き務め、一九六二年一〇月には創立四〇周年記念事業準備委員会委員長に就任し、各種の記念事業を企画し、一九六三年には創立四〇周年の記念事業を成功させていた。(1)

〔注〕

（1）増岡喜義退職記念号、『六十年史（資料編）』一二五～一三〇頁、等より。

(一) 一九六四年（昭和三九）一月一日〜三月末

増岡喜義学長・理事長が就任した当時の校務体制は次の通りであった。経済学部・経営学部は二年目で、経済学部長は大鳥居蕃（一九六二年四月一日〜一九六四年三月三一日）、経営学部長は菊池金二郎（一九六二年四月一日〜一九六四年三月三一日）が務めていた。全学の校務体制は、教務部長は元木淳（一九六一年四月一〇日〜一九六四年四月三〇日）、学生部長は大野武之助（一九六一年四月一〇日〜一九六四年四月三〇日）、図書館長は上田藤十郎（一九六一年四月一〇日〜一九六四年三月三一日）、研究所長は山下宇一（一九六二年四月一日〜一九六五年三月三一日）、事務局長は木村真一郎（一九五七年五月一日〜一九七三年三月三一日）が務めていた。学校法人面では、八木亀太郎（一九六〇年一〇月三一日〜一九七一年一二月三一日）、菊池金二郎（一九六三年五月一〇日〜一九六六年四月一九日）、元木淳（一九六三年五月一〇日〜一九七一年一二月三一日）が理事を務めていた。(1)

増岡新学長は学生向けに就任の辞を出した。それは、①松山商大に入学して良かったと心から満足できるような学園づくりをしたい、②その理想を実現するために具体的な学園づくり（研究センターの建設、優秀な教員の採用、研究活動の活発化、鉄筋コンクリートの校舎建設、寄宿舎、食堂、学生ホール、体育施設の充実、綜合グラウンドの建設、海の家建設等）をしたい、③そのために全学協力一致、教授と学生の意思疎通、学生同志の意思疎通を強調し、学長と学生との定期的な懇談会を提案したい、④また、星野前学長が再興した校訓「三実主義」を受け継いでいきたい、⑤最後に昨年の不祥事を反省し、禍を転じて福となすよう叡知と勇気をもっていってほしいと、述べた。(2)

二月二〇日に、大鳥居蕃経済学部長と菊池金二郎経営学部長の二年間の任期が一九六四年三月末で満了するので、学部長選挙が行なわれた。この時の学部長選挙は、まず両学部に所属する教授、助教授、講師が各学部二名の候補者を選ぶ予備選挙を行ない、この中から教授だけの決戦投票により学部長を選ぶ方式がとられていた。(3) その結果、新経済学部長に上田藤十郎教授（六四歳、経済史概論、日本経済史）、新経営学部長に古茂田虎生教授（六一歳、英語）が選ばれた。

一九六四年度の入試は三月一〇日に、本学、京都、岡山、広島、福岡の五会場にて行なわれ、募集人員は経済学部二五〇名、経営学部二五〇名（定員は各一五〇名だがそれぞれ一〇〇名も多く募集）で、経済学部の志願者は一四三五人（前年一四二九名）、五・七四倍、経営学部の志願者は一三一九人（前年一二三四名）、五・二八倍で、ともに前年より増えた。三月一七日に合格発表を行ない、経済学部三二三名、経営学部二八〇名、計六〇三名を出し、定員をかなりオーバーして発表した。(4)

三月二一日、午前一〇時より本学講堂にて商経学部第一三回並びに短期大学部第一一回卒業式が挙行され、商経学部三二五名、短期大学部七〇名が卒業した。

増岡学長は式辞において、今後国際的にも国内的にも自由競争が熾烈となり、この苛烈な競争に打ち勝たねば国民経済の発展は望み難く、技術革新や経営の近代化も必要であるが、それだけではなく、優秀な頭脳と精緻な人間労働が必要である。また、近年労働力不足が激しくなっており、量的不足を質でカバーしなければならず、諸君には人一倍働き、社会経済発展の原動力になってほしい、と叱咤激励し、社会に出る際の心構えについて、第一に商大出身者として、誇りと自信を以て働いてほしい、第二に三実主義を堅持してほしい、真実の原則に従って卒業後も読書、勉強し、研究的態度で仕事に取り組んでほしい、万事に忠実であってほしい、そして経験と研究成果を実際に適用して役立たせて貰いたいと、述べ、最後に見目麗しい才女を迎え幸福な家庭をつくってほしいと、訓辞した。(5)

三月三一日、経済学部の古川洋三（交通論等）が定年により退職した。また、経営学部の川中建雄（商品学等）が依願退職した。(6)

〔注〕

（1）『六十年史（史料編）』一二五～一三一頁。

（2）『松山商大新聞』第一二四号、一九六四年三月二一日。

（3）同。

（4）同。

（5）総務課所蔵の増岡学長の式辞より。『松山商大新聞』第一二四号、一九六四年三月二一日。卒業者数について、『六十年史（資料編）』では三八〇名、『温山会名簿』では三八三名。

（6）『松山商大新聞』第一二六号、一九六四年五月二五日。

（二）一九六四年（昭和三九）度

経済・経営学部の二学部体制は三年目に入った。増岡喜義学長一年目である。経済学部長には新しく上田藤十郎、経営学部長には古茂田虎生が就任した。

全学の校務体制に一部変更がみられた。教務部長は元木淳に代わって、新しく太田明二が就任した（一九六四年五月一日～一九六六年六月一〇日）。学生部長も大野武之助に代わって、新しく高村晋が就任した（一九六四年五月一日～一九六六年一月九日）。図書館長は経済学部長に就任した上田藤十郎に代わって新しく大鳥居蕃が就任した（一九六四年四月一日～一九六七年三月三一日）。他は前年

と同様であった。(1)

本年度、次のような新教員が採用された。(2)

経済学部

伊達勇〔功〕　一九二四年四月愛媛県生まれ、京都大学卒、同大学院修士課程をへて、島根大学文理学部助手、一九六一年四月松山商大経済研究所事務兼研究員を務めていた。講師として採用。社会思想史担当。

宮崎　満　一九三六年一月愛媛県生まれ、一橋大学商学部卒、日東商船株式会社に勤務をへて、助手として採用。

経営学部

倉田　三郎　一九三六年一〇月山口県生まれ、神戸大学大学院経営学研究科修士課程修了、助手として採用。

四月一〇日、午前一〇時より本学講堂にて入学式が行なわれ、経済学部三三三名、経営学部二九四名、合計六二七名が入学した。(3)

増岡学長は式辞において、今日まで四〇年間、校訓「三実主義」をもって着実に歩んできた本学の沿革、概略を述べ、新入生に対し、これからの大学生活における学問、思想、行動にわたる注意を述べた。注意とは、星野前学長と同様に、学生としての本分を守って、政治運動よりも学問にエネルギーを、というものであった。(4)

四月二一日、新聞学会（石戸信一編集委員長）は、増岡学長、木村事務局長と会見し、新学長に本

年の大学側の方針を聞いた。増岡学長ら大学側の考えがよくわかるので、その大要を紹介しよう。(5)

（新聞学会）学長に就任してまず片づけたい問題は何か？

（学長）学生が勉強できるような環境、学園体制をつくりたい。

（新聞学会）マスプロ授業に対し学生の不満があるが？

（学長）教育的見地から学生は少ない方がよいが、私立では経営的に難しい。しかし、今年も教員を四人増やしたが、今後も増やす予定である。また、施設の拡充も考えている。その他、講義を年二回にするなどを考えている。

（新聞学会）施設の拡充について

（学長）現在の講堂を改装する、また西長戸に運動部専用の総合グラウンドを設ける、研究センターを今年中に建てる、学生ホール、食堂の拡張もする積もりである。

（新聞学会）学生部からの注意事項として、政治活動を禁止し、これに関連する集会や掲示はゆるさないことについて

（学長）星野前学長の意思をひきついで、学生である間は実践活動は好ましくない。投票権もあるから政治的無関心はよくないが、学生としての本分を守り、学問研究にエネルギーを使ってほしい。

（新聞学会）学生と教授との接触が少ないが？

（学長）本学は昔から家庭的ムードがあったが、今日では教授と学生の接触が少なく遺憾なことである。そのため、経済学部では今年から希望する先生が教養ゼミを開設する。

（新聞学会）　定期懇談会を提案されているが？

（学長）　二月に第一回を行なったが有意義であった。月に一回学長、学生と懇談会を持つことを考えている。

（新聞学会）　昨年の不祥事から学生自治会設立が問題になっているが。

（学長）　学生の横のつながりがないことがあのような事件を起こした原因かもしれないが、自治会ができてもよくなるという問題でもない。自治会が政治活動ばかり目を向けるなら賛成しかねる。学生のためになるなら問題はない。現在の総務を強化するのも一案だろう。

（新聞学会）　本学の三実主義の浸透度について？

（学長）　真実・忠実・実用の三実主義を具体的に生活面にいかすよう努力してほしい。また、放送施設の整備により三実主義の談話を時ある度にＰＲしたいと思う。

以上のように、増岡学長らはマスプロへの対応、学生と教員との対話、施設の拡充等については積極的であったが、学生の政治活動禁止条項の廃止や自治会の結成の動きについては相変わらず保守的な姿勢を示していたといえよう。

前年一一月の不祥事件（第二二回衆議院選挙における選挙違反事件）を契機に、学生が集会を開き、自治会を設置しようなどと自覚が盛り上がっていたが、冬休み、春休みが続き、本年度の学内は泰平ムードになっていた。

本年五月七日、学友会は定期総会を開いた。出席者は昨年来の学生集会とかわり二百数十名で盛り上がりに欠けた。この総会では総務委員長（越智幸雄、増岡ゼミ）以下新委員を決め、そして、自治会を設置するにせよ、総務部を強化するにせよ、学園を改善していくべく「学園刷新委員会」を設置することを決めた。この「学園刷新委員会」は各クラブ一名、ゼミⅠ、ゼミⅡ各一名、学友会総務部三名、新聞学会一名、監査委員一名、一、二指導教授単位グループより一名、総勢一〇〇余名からなる委員会であった。そして、七月六日の第一回刷新委員会で役員を選び（委員長は伊丹宏宣、望月ゼミ三年）、そこで、自治会設置案、学友会総務部強化案等を検討した。(6)

八月、前、星野学長時代に計画された学園長期計画の一環である研究センターの着工が始まった。研究センターは現在の各教授の研究室、経済研究所、中小企業研究所が手狭であり不備であるため、これらすべてを含む設備の拡充した施設にしようと、現在の図書館及びテニスコートの東側の土地約二五〇〇平方メートルに建設せんとするものであった。(7)

本年度も、学生の自主的な研究活動ならびにその発表の場である、第四回中四国政経ゼミ（一一月、広島）、第一〇回西日本ゼミ、第一一回全日ゼミが開催され、経済研究部や経営研究会等が積極的に参加した。(8) ゼミ連の大塚潮治（入江ゼミ）の回想によれば全部参加したと述べている（大塚潮治より聞き取り）。

そして、本年の特筆すべきことは、ゼミ連（顧問は本年度から井出正から入江奨に交替）が主催して、一二月六、七日の両日、第一回学内ゼミナール大会を開催し、一四のゼミが参加、発表している。(9)

一二月一五日に臨時学友会総会が講堂にて開催された。その中心議題は去る五月に成立した学園刷新委員会の答申案の審議であった。総会には五〇二名が出席し、学園刷新委員会の伊丹宏宣委員長がそれまでに検討を続けてきた刷新委員会の経過を報告し、答申案を提案した。それは、自治会の設置ではなく、学友会の規約の改正、代議員会の新設であり、それが満場一致で可決された。[10]

一九六五年一月一一日、増岡学長は年頭に当たって、午後講堂において約三〇分間、談話を行なった。講堂にはかなりの学生と教授陣一〇数名が参列した。増岡学長は就任後一年間の回顧と今年度の抱負を大要次のように述べた。[11]

㈠　学生刷新委員会等ができ、学生間に盛り上がりがあり、受講、受験、服装にも改善が見られた半面、時間の不履行、入部強制、図書紛失、不勉強等満足出来ぬ点も多かった。

㈡　学園環境整備について、研究センター、新運動場の建設、講堂の整備、図書の一部開架、ベンチ、食堂の増築等改善した。

㈢　指導教授制の強化、クラブ活動の活発化、学長と学生との懇談会などを行なったが不十分な点が多い。

㈣　今年の抱負について。

①学園の美化・緑化を推し進める。

②「三実主義」のうち、特に真実を強く打ち出したい。

③六月に研究センターができるので、その後の余った校舎を学友会の部室に使用させたい。

④教育面で教員を数十名増やし、一講義の履修を少なくし、教育効果を上げたい。

⑤カウンセラー制度については指導教授制の改善によって行なう。そして、学生は学校側の意図を理解し、協力して学園発展のために努力しよう。希望や意見は積極的に学校に申し出て

ほしい、というものであった。

二月、大学側は「松山商科大学就職指導委員会」を設置した。本学卒業生の就職に関し適切な指導援助を行うためのものであった。[12]

一九六五年度の入試は、二月二日に、松山、京都、岡山、広島、福岡の五会場にて行われた。募集定員は経済学部、経営学部各二五〇名（文部省定員は各一五〇名で各一〇〇名オーバーして募集）で、経済学部の志願者は一五八九名（前年一四三五名）、経営学部の志願者は一五〇二名（前年一三一九名）でともに前年を上回った。そして二月二七日に合格発表を行ない、経済学部三六〇名、経営学部三八八名、合計七四八名の合格者（前年は六〇三名）を出した。[13] それは、高校生の大学進学者激増に対応したものであった。なお、学費について、理事長ら大学当局は一九六五年度入学生から大幅値上げした。それは、授業料を三万円から五万円に、維持費を一万円から二万円に、施設拡充費を一万五〇〇〇円から二万円に大幅値上げした。理由は、現在建設中の研究センターの建設費や人件費等のためと大学側は説明した。[14]

三月四日、「松山商科大学学部長選考規程」が制定施行された。従来のように、最終決定は教授のみ、という規程は廃止された。民主化の現われであった。この規程は『五十年史』に掲げられている。[15]

三月、上田藤十郎経済学部長（一八九九年一一月生まれ）が一九六五年三月末で六五歳の定年になるので、次の学部長選挙が行なわれ、伊藤恒夫教授（五三歳、哲学、倫理学、教育学）が選出された。

三月二〇日発行の「松山商大新聞」に増岡学長は卒業生に対し、「実業人であることよりもまず人間であれ」との別れの挨拶を寄せた。その大要は次の通りである。

「卒業生諸君、諸君は多年の蛍雪の功なって、卒業の栄冠をかちとられ、いよいよ実社会に門出せられることになりました。卒業は業を終えるとともに新しい人生の出発点であります。四年間の商大生活で身につけた高い教養と高潔な人格を基礎に新生活に出発してください。

実社会は決して生易しいものではなく、幾多の苦難が待ちかまえており、厳しさは想像以上であると覚悟しなければなりませんが、学生時代よりももっと努力し、根性の限りをつくし突進してほしい。

今日の我国において最も必要としているものは金でも物でもなく、優秀な人材である。どうぞ社会の期待に添う人物となり、社会の一人一人の幸福に何物かをプラスする人生をおくり、国際的視野にたち近代的な意味で国を愛する人間になってほしい。その所以は世界中で一番自由な国、一番住みやすい国は日本であるからです。この国の文化と産業をさらに発展させ、一層住みやすい国に育てていくのは諸君の責任であります。

最後に諸君は実業人として産業戦線の第一線で働くことになると思いますが、大いにハッスルしなさい。しかし、実業人であることよりもまず人間であることが大事であることを忘れないで。さらば。」[16]

三月二〇日、松山商大商経学部第一四回並びに短期大学部第一二回の卒業式が行なわれ、商経学部三六九名、短期大学部一二三名が卒業した。商経学部最後の卒業式であった。このとき卒業した一人に山口卓志（入江ゼミ、新聞学会編集委員長）がいる。山口卓志は神戸大学大学院に進学する。

増岡学長は式辞において、諸君が入る実社会は決して生優しいものではない、幾多の困難が諸君の前途にたちはだかっている、その例として、理想と現実、理論と実際の矛盾をあげ、理想と現実を適切に調整し、優れた判断力を以て正しく分析し、その結論に対し、強い意志と根性とたくましいエネルギーで立ち向かって貰いたい。と述べた。また、社会と個人の関係について、社会を優先する全体主義、個人を優先する個人主義の対立を論じ、両思想の弊害を指摘し、弊害の除去と改善のために働いて欲しい、卒業生諸君は有識階級であり、社会の指導階級であり、率先して社会の推進役になって貰いたいと述べ、最後に健康で見目麗しい立派な女性を娶られて幸福な家庭をに入られることを祈念すると、(17)述べた。

三月三一日、上田藤十郎が定年により退職した（四月からは嘱託教授）。また、江口順一（商法）が依願退職した。(18)

〔注〕

（1）『六十年史（資料編）』一二六～一三一頁。
（2）『松山商大新聞』第一二六号、一九六四年五月二五日。
（3）『六十年史（資料編）』一七三頁。『松山商大新聞』第一二五号、一九六四年五月四日では六二六名。
（4）『松山商大新聞』第一二五号、一九六四年五月四日。
（5）同。
（6）『松山商大新聞』第一二六号、一九六四年五月二五日。『松山商大新聞』第一二九号、一九六四年一月一九日。
（7）『松山商大新聞』第一二七号、一九六四年七月四日。
（8）入江奨「学生の自主的研究活動の動向の一齣」『六十年史（写真編）』二五〇頁。『松山商大新聞』第一三一号、一九六五年三月二〇日。
（9）『松山商大新聞』第一三〇号、一九六五年一月一九日。

(10)『松山商大新聞』第一三〇号、一九六五年一月一九日。
(11)『松山商大新聞』第一三一号、一九六五年三月二〇日。
(12)『五十年史』三三〇～三三一頁。
(13)『六十年史（資料編）』の一七三頁。なお、『松山商大新聞』第一三一号、一九六五年三月二〇日では、受験者は経済学部一二四四名、経営学部四九五名、合計一七三九名で少なく、途中経過であると思われる。
(14)『松山商大新聞』第一二九号、一九六四年一一月一五日。『六十年史（資料編）』二九四頁。
(15)『五十年史』三三一～三三二頁。
(16)『松山商大新聞』第一三一号、一九六五年三月二〇日。
(17)総務課所蔵の増岡学長の式辞より。なお、その後、再試で卒業生は増えた。また、『六十年史（資料編）』では三七二名。『温山会名簿』では三七四名（前期卒業生を含む）となっている。
(18)『松山商大新聞』第一三一号、一九六五年三月二〇日。

㈢一九六五年（昭和四〇）度

経済学部、経営学部は四年目、完成年度の年である。増岡喜義学長二年目である。経済学部長には新しく伊藤恒夫が就任し、経営学部長は古茂田虎生が続けた。全学の校務体制は、研究所長が山下宇一に代わって、新しく井上幸一が就任した（一九六五年五月一日～一九六六年五月三一日）。他は前年と同様であった。[1]

本年度、次のような新任教員が採用された。[2]

経済学部

岩田　裕　一九三八年一一月愛媛県に生まれ、一九六二年三月松山商大商経学部卒、同年四月神戸大学大学院経済学研究科修士課程に入学、一九六四年三月同課程を修了、

同年四月博士課程に進学。助手として採用。

佐藤　幸夫　一九三三年長野県生まれ、同志社大学法学部卒、神戸大学大学院に進み、一九六二年三月博士課程を単位取得し、神戸大学助手。講師として採用。商法担当。佐藤は江口順三の後任である。

経営学部

真部　正規　一九二七年二月愛媛県生まれ、東京外国語学校仏語科卒、松山外国語短期大学助教授。一九六〇年一月職員として採用していたが、助教授として採用。フランス語の担当。

四月九日、二学部に分かれて入学式が挙行された。経済学部は三三番教室、経営学部は講堂において挙行された。経済学部は三三三名、経営学部は三〇六名が入学した。

増岡学長は式辞において、学校の沿革、歴史を述べ、校訓「三実主義」の内容を説明し、大学での学問は真理の追求であり、学問研究に努めるとともに苦しさや困難に打ち勝ち、有意義な学生生活を送ることを希望すると激励した。(3)

四月二一日、新聞学会編集部は、増岡学長、木村事務局長と会見した。本年の大学の当面している諸問題がわかるので、紹介しておこう。その主な点は次の通りである。(4)

(新聞学会)　本年の教育方針は？

(学長)　本年は経済、経営、教養の教員を数名増やしたい。

(新聞学会)　選択科目の履修がしにくいが？

（学長）　五時間制、九〇分制を検討中である。

（新聞学会）　一昨年より問題となっている教養ゼミは？

（学長）　現在検討している。

（新聞学会）　二号館改築の話があるが？

（事務局長）　二号館、理学教室を移転してその跡地に一五〇〇坪の校舎を建築する予定である。

（新聞学会）　研究センター完成後の現研究室の活用は？

（学長）　現研究室は一部はゼミ室、一部は部室とする。

（新聞学会）　自治会について
（学長）　全面的には否定しない。昨年刷新委員会がだした学友会強化案が結構で、わざわざ自治会にする必要はない。

（新聞学会）　政治活動禁止事項について
（学長）　学園では勉強することが本分である。


以上のように、本年も増岡学長ら大学側はマスプロ化への対応、教員の増大、新校舎の建設に前向きであったが、自治会や政治活動の禁止条項の廃止には相変わらず保守的であった。

六月二五日に一九六五年度の学友会総会が開かれ、代議員会を最高議決機関とする規約改正を決め、新総務委員会を決めた。総務委員長には貞方政樹（入江ゼミ）が選出された[5]。

六月二六日に待望の研究センター（五階建、一部二階建）が竣工した（なお、二〇一七年度に取り壊され、今はない）。

九月一八日、増岡理事長ら大学側は、来年度から経済学部、経営学部の定員を従来の各一五〇名から各二五〇名に増やすことを文部省に申請した。理由は、①一九六六年度より大学受験生の急増が予想されること、②学生の大都市集中の緩和、③施設、教員数の充実により学生定員増加しても支障がない現状である、というものであった[6]。

本年度も、学生の自主的な研究活動ならびにその発表の場である第五回中四国政経ゼミ、第一一回西日本ゼミ、第一二回全日ゼミ（インゼミ）が開催され、経済研究部や経営研究会等が積極的に参加した参加したとおもわれるが、その参加状況は不明である。

一二月二一日、増岡理事長ら大学側は、この日の理事会、評議員会において、体育館を建設することを決めた。その決定に当たり、一二月中旬に学友会の総務と各部を招請し、説明した。

一二月二七日、文部省により、経済学部、経営学部の定員を各一五〇名から各二五〇名にすることが認可された。その際、留意事項がついた。それは、①経済学部の専門教育の教員組織は年次計画どおり充足すること、②入学定員を守ること、であった[7]。

一二月二七日、新聞学会編集部は、①体育館が来年建設されるという噂があり、また②学生ホールを改善し、喫茶ホールを建設するという噂があるが、それらの真偽を正すために、木村事務局長に会見を申し入れた。そこで木村事務局長は、次のように説明した。

①体育館は来年度建設に着工する、資金は私学振興財団からの借り入れ、学校の剰余金、金融機関からの借り入れにより賄う、場所は現在の二〇番台校舎の西側に建設し、二階建てとする。

②学生ホールを改善し、喫茶部を設置する、費用は当局がもつ、運営は消費組合に諮問している。

それに対し、新聞学会編集部は解説を行ない、次のように学校当局を批判した。
①現時点での体育館建設の学校当局の決定は学生の意見を聞かず一方的で非民主的である。
②財政問題について、昨年の研究センターの建設（約一億円）、新運動場の建設（五〇〇〇万円）、そして新校舎・二号館の建設（約一億五〇〇〇万円）と短期間に集中的に建設され、その費用は借り入れ金が大半を占めており、財政逼迫が容易に推定される、しかし、当局は財政状態を明示していない、結局学生負担増加になる懸念がある。
③さらに、来年度から学生定員が二〇〇名増員が決定されており、マスプロ化が進み、人間形成阻害、また、授業料、施設拡充費、寄附金の値上げは必至である。
④喫茶ホールの管理運営は未だ明確でない。我々は運営権は学友会の総務委員会の学生の手による運営を支持する。(8)

一九六六年一月二八日から五日間にわたって学友会総務が、当局の体育館、学生会館の建設について全学にアンケート調査をおこなった。それによると、体育会館よりも学生会館の建設を希望する方が多かった。そして、事前に学生の意見を聞くべきという意見が圧倒的であった。そこで、二月三日、学友会総務委員会は学校当局に対し、つぎのような申し入れを行なった。
①来年度体育館建設を白紙撤回すること。
②四月中に開かれる代議員大会、学生大会終了まで計画を保留すること。
③学生代表との交渉の場を設けること。
また、『松山商大新聞』は主張で、大学当局に誠実な態度を求め、また、体育部のセクト主義、打

算主義を批判し、体育部が総務委員会を通さずに、単独で学校当局に体育館建設を嘆願していた行為を批判した。[9]

それに対し、二月四日、増岡学長は体育館建設問題について、講堂において、学生を集め説明会をおこなった。学生は一五〇名程出席した。増岡学長の談話・説明の大要は次の通りである。[10]

①体育館に関する問題について。研究センターも完成し、やがて教室も完成する。この次には学生諸君のためになるものと考え、体育館か学生会館を建てる構想をもった。どちらを先にするか我々は一応体育館を考えている。それは、教室建設の折りに、柔道部、空手部その他の練習場を退いてもらい、二号館を道場に一時我慢して使ってもらった。しかし、木造建物の基礎部分がシロアリに食われ、過激な練習場として不向きであった。

②学生会館について。今の加藤会館を臨時的な学生会館の代用とし、学生ホールを改善する。加藤会館は元々学生会館であったので、元の趣旨に戻し、改善し、諸君の憩いの場とする。

③学生諸君と相談することについて。総務の方から学校が一方的にきめるのはけしからんと言われたが、学生部の方で各部の人たちにあつまってもらったが、たまたま総務がそのとき欠席して徹底しなかったことについては遺憾に思っている。

しかし、学校の施設をつくるのに必ず学生の意見を聞かねばならない義務はない、学校の経営権は理事会にある。ただ、学生の意見は聞く方が聞かないよりもよいと考えている。総務の意見を聞く場が不適切、不備であった。

以上のように、体育館建設問題等をめぐって、増岡理事長ら学校当局と学友会総務側・新聞学会側の白紙撤回論が対立していた。

一九六六年度の入試は、二月中旬に行なわれた。文部省定員は、経済・経営とも一学年各二五〇名に増大した。しかし、募集人員は定員を一〇〇名上回り、両学部とも三五〇名とした。志願者は経済学部一六七二名（前年一五八九名）、経営学部一二五六名（前年一五〇二名）で、経済学部は増えたが、経営学部は減少した。(11)

三月一九日、第一五回松山商大卒業式が行なわれ、経済学部二二四名、経営学部二〇三名、商経学部四三名、そして短期大学部一〇七名が卒業した。経済学部卒業生の一人に青野勝広（望月ゼミ）、経営学部卒業生の一人に三好和夫（村山ゼミ、学友会総務）がいる。青野、三好はその後神戸大学大学院に進学する。

増岡学長は式辞において、経済、経営学部が発足して最初の記念すべき卒業式であり、第一回の卒業生の栄誉にかけて、これから大いにがんばって貰わねばならないと述べ、次のような餞の言葉を贈った。

第一にどのような職業につこうとも、使命感を持ってほしい、職業は大職であり、職業を通じて社会に奉仕するという考えで生きて欲しい、第二に社会が諸君に要求しているものは、そのエネルギー、頭脳、ファイトであることを認識して、生きて欲しい、第三に今日からは独立の社会人として自主性を持ち、自分の意思で生きて欲しい、正しい批判力と正確な判断力を養成して欲しい、第四に諸君の生涯が置かれている歴史的地位についてです。一九世紀の帝国主義は、二〇世紀初頭の第一次大戦を引き起し、戦後の猛烈なインフレはナチスを生み出し、第二次大戦の惨禍をもたらした。戦後二〇年、一応世界の平和は回復したが、未だ戦争の脅威から解放されるところまでいきません。ベトナムでは大規模な戦争が継続し、人が人を殺すというむごたらしい事態が続いております。その原因は二つの世界と二つのイデオロギーの対立です。我々はこの矛盾を徹底的に止揚し、真の平和を確立しなければなりません、この途は険しく長い年月を要すると思われますが、この途を切り拓いていくのは諸君達であり、二一世紀を人類の楽園とするか、人類破滅の地獄とするか、諸君の人生が背負う歴史的使命はまことに重大といわなければなりません、と述べた。(12)

三月三一日に鉄筋の二号館（現、二階建）が竣工した。

三月三一日、星野通教授（前学長）が定年退職した（四月一日から嘱託教授）。

〔注〕

(1)『六十年史（資料編）』一二六〜一三一頁。
(2)『松山商大新聞』第一三三号、一九六五年六月一四日。
(3)『松山商大新聞』第一三一号、一九六五年四月三〇日。なお、『六十年史（資料編）』の一七三頁の入学者数は経済学部三三六名、経営学部三一一名で、若干齟齬がある。
(4)『松山商大新聞』第一三一号、一九六五年四月三〇日。
(5)『松山商大新聞』第一三四号、一九六五年七月七日。
(6)国立公文書館『松山商科大学学生定員変更』書類より。
(7)同。
(8)『松山商大新聞』第一三八号、一九六六年一月一四日。
(9)『松山商大新聞』号外、一九六六年二月一〇日。
(10)同。
(11)『六十年史（資料編）』一七三頁。
(12)総務課所蔵の増岡学長の式辞より。『松山商大新聞』第一三九号、一九六六年四月二五日。『六十年史（資料編）』一四一頁。

㈣一九六六年（昭和四一）度

学長は増岡喜義が続けている。経済学部長は伊藤恒夫（二年目）が続け、経営学部長は古茂田虎生に代わって新しく井上幸一（商業概論）が就任している。全学の校務体制は、教務部長は太田明二が六月一〇日まで続け、六月一一日から菊池金二郎に代わった（一九六六年六月一一日〜一九六七年五月三一日）。学生部長は高村晋に代わって、小原一雄が一九六六年一月一〇日から就任していた（〜一九六七年六月三〇日）。図書館長は大鳥居蕃が続けていた。研究所長は井上幸一が一九六六年五月三一日まで続け、経営学部長に就任したので、六月一日から入江奨に代わった（〜一九六七年五月三一日）。事務局長は事務職員の木村真一郎が引き続き務めた。学校法人面では八木亀太郎、元木淳が理事を引き続き務め、また菊池金二郎に代わって新しく、太田明二が就任し（一九六六年五月一二日〜一九六九年五月二六日）、増岡理事長を支えた(1)。

本年度、定員増に対応するため、次のような新しい教員が大量に採用された。

経済学部

田辺　勝也　一九三二年二月京都市生まれ、大阪市立大学経済学部卒、同大学院経済学研究科博士課程単位取得。講師として採用。社会政策各論担当。

井上　晴彦　九州大学文学部卒、同大学院修士課程修了。講師として採用。英語担当。

増田　豊　一九三八年九月愛媛県生まれ、愛媛大学教育学部卒、国際基督教大学大学院修士課程修了。助手として採用。英語担当。

小松　聡　一九三七年四月静岡県生まれ、東京教育大学文学部卒、同大学院文学研究科経済

学専攻博士課程単位取得、一〇月一日より講師として採用。外国経済論担当。

経営学部

門前　貞三　一九三一年四月生まれ、広島大学教育学部卒、同大学院博士課程単位取得。助教授として採用。フランス語担当。

水辺　芳郎　一九二九年九月千葉県生まれ、日本大学法学部卒。講師として採用。民法総則、民法債権担当。

山下　正喜　一九三五年七月長崎県生まれ、長崎大学経済学部卒、神戸大学大学院経営学研究科修士課程修了。助手として採用。簿記原理担当。

四月九日午前九時より入学式がおこなわれた。経済学部では新館の二号館二八番教室にて、経営学部では二九番教室にて同時に挙行された。経済学部は四五五名（内女子一一名）、経営学部では四一七名（内女子三名）が入学した。両学部とも文部定員（二五〇名）、募集定員（三五〇名）を大幅にオーバーして入学させた。

増岡学長は式辞において、創立の三恩人を讃え、大学とは学問の場、人間修養の場、自由と自主性の尊ばれる場であり、校則を守り、本分を守ること、そして、校訓「三実主義」の内容を説明し、大学生活が実り大きなものとなるよう希望を述べた。(2)

本年四月、増岡学長は「第二次学園長期計画委員会」を組織した。

本年四月から教養ゼミが開講されることになった。経済学部では教養ゼミ受講者のみ年間履修単位を五二単位にまで広げることになった。本年度は、経済学部の伊藤恒夫教授、入江奨教授、小原一雄

教授、伊達功助教授、藤田貞一郎助教授、望月清人助教授、安井修二助教授が開講した。

本年度も学園では、大学当局と学友会の間で体育館建設問題で対立が続いていた。

四月七日、新聞学会編集部は増岡学長に会見し、当面する大学の諸問題について質した。その主な発言は次の通りである。(3)

①教養ゼミについて

(増岡学長)　学部の別なく有志が担当する。

②指導教授制について

(増岡学長)　三、四年の指導教授はゼミの先生を当てる。

③来年から入学生が増えるが

(増岡学長)　質のよい志願者が増えれば当然入学者が増える。学園整備長期委員会で検討している。

④学生の増加に対し、教授陣の増加は

(増岡学長)　極力増員に努めている。

⑤大教室問題は

(増岡学長)　一教室五〇〇人を最高限度として、それ以上は二つに分ける。

⑥体育館問題のその後の進行は

(増岡学長)　学生の代表である総務委員と話しあってきたが、新学期に説明会を開きたい。体育館は六月に着工する。

⑦学則中の政治活動の禁止について
（増岡学長）今後もこの方針を続ける。学生諸君も有権者だから政治に関心を持ち、研究するのは結構だ。だが、一党一派に偏するのはよくない。

以上のように、増岡学長ら大学側は、マスプロ化対応ならびに体育館建設を押し進めることを表明した。学生の政治活動禁止については引き続き保守的な態度であった。

四月七日、増岡学長は学友会総務に対し、体育館建設問題に対する去る二月の学友会の白紙撤回要求に対し、次のような回答をした。[4]

①白紙撤回は受け入れられない。

②体育館建設は計画どおりおこなう。

③加藤会館、学生ホールの改装を体育館建設と並行しておこなう。

四月一八日、学友会の代議員大会が三三番教室で開かれ、学長の回答に対してどう対処するかが協議され、学友会総務委員会の統一見解、即ち、①今後学生との関連の深い学園整備計画を立てる時には事前に学生の意見を聞く、②体育館建設と並行して、加藤会館、学生ホールの改装をおこなう、③次の学内建築の時は必ず学生会館を建築させる、④体育館建設に関しては建設委員会に学生代表を加える、この四条件を学校側が呑めば体育館建設に賛成する、ということになった。[5]妥協的な条件付き賛成論であった。

四月二七日、体育館問題について、臨時学生大会が開かれた。しかし、代議員会の提案は否決され、代議員会に差し戻された。

五月四日、体育館問題について、再度臨時学生大会が開かれた。この大会でも代議員会案が承認されず、再度、代議員会に差し戻された。

五月一六日、三度目の代議員大会が開かれ、柔道部、空手部からは体育館建設を求める意見が述べられ、他方社会科学研究会からは学生全体の立場から考えるべきとの意見が述べられ、激しい応酬となったが、総務委員会の働きかけが功を奏したのであろう、四つの条件付き体育館建設賛成案の原案が承認された。

五月一七日、学生大会が開かれ、四つの条件付き体育館建設が、賛成五七八、反対五六で可決された。そして、学長に対し、学友会代表の貞方政樹（総務委員長、四年）が増岡学長に受け入れ賛成の要望書を出した。

それに対し、五月二三日、増岡学長が了承する回答をだした。だが、新聞学会編集部は「疑問点多い学長回答」と批判的であった。(6)

一〇月一五日、新聞学会編集部は、増岡学長と会見し、当面する大学の諸問題について質した。その主な答弁は次の通りである。(7)

①ここ数年よそに移る先生が目立っているが

（増岡学長）大学が新設されて争奪戦が激しいためだ。

②非常勤が増加しているが

（増岡学長）どこの大学でもそうだ。

③先生一人に対して学生は何人か

（増岡学長）　五〇～六〇人位だ。国立と比べたら困るが、他の私学に比べ少ない方だ。
④学生便覧の注意事項にある政治活動とは
（増岡学長）　デモとか特定政党を支持するビラの配布、反戦集会などだ。
⑤反戦集会はおこなえないのか。
（増岡学長）　研究の段階ならば良い。
⑥政治的な集会と学問的集会とどう違うのか。
（増岡学長）　研究の範囲内なら集会を開いて良いが、実践の問題の集会は禁止する。
⑦学問の自由をどう考えるのか。
（増岡学長）　学校は外部の圧力に屈することなく、純粋に真理を探求する場である。学問の自由は真理の探求が出来ることである。
⑧小選挙区制反対やベトナム反戦集会の掲示が許可されないのは何故か。
（増岡学長）　学問的に選挙制度を研究する集会なら良いが、反戦という研究の域を超越した集会は許さない。

本年度も学生達は自主的研究活動発表の場である各種ゼミ大会に取り組んだ。六月の第一二回西日本ゼミには佐藤ゼミや経済研究部が発表した。一〇月下旬の第三回学内ゼミ大会には一三のゼミおよび研究会が発表した。

一一月二日～五日には、第六回中四国学生政経ゼミナール大会が本学で開催され、一〇大学、五五〇名が参加した。本学からは二九のゼミ、経済研究部、社会科学研究会等が発表した。(8)

また、一一月下旬の第一三回全日本学生経済ゼミナール大会（インゼミ）には、経済学部の太田、入江、安井、田辺、経営学部の元木、高沢の各ゼミ、及び社会科学研究会が参加した。(9)

一二月八日、増岡学長の任期が年末で終了するので、学長選考規程にもとづき推薦委員会で学長候補者の選考がおこなわれ、増岡教授一人を推薦し、学長選挙がおこなわれた。投票の結果、信任三九、不信任二一、欠席三となり、有効投票総数六〇の三分の二の四〇に一票足らず、信任されなかった。(10)そこで、学長選挙は白紙に戻り、改めて推薦委員会が組織された。新推薦委員会では、増岡教授と八木亀太郎教授の二人を候補者とし、投票がおこなわれ、増岡教授が過半数を得て、再選された。それは候補者が複数だと過半数で決定されるので、八木教授を候補者とすることで事態を解決したとのことである（神森智先生よりの聞き取り）。

一九六七年一月一日、増岡喜義学長・理事長が再任された。このとき、増岡教授六三歳であった。増岡学長は再任の辞で、私立大学はマスプロ化や教授と学生との人格的ふれあいや大学当局と学生との疎遠化など多くの課題をかかえているが、これらを解決して本学を確実に発展させていきたいと述べている。(11)

二月二八日、長期学園整備計画の一環である体育館（第一体育館）が竣工した。(12)

二月、伊藤恒夫経済学部長の任期満了に伴う学部長選挙が行なわれ、伊藤恒夫教授が再任された。

一九六七年度の入試は二月一九日、本学、京都、岡山、広島、福岡、東京の六会場で行なわれた。募集人員は前年度と同じく経済、経営両学部共に三五〇名であった（文部定員は各二五〇名）。志願者は経済学部一五五四名（前年一六七二名）、経営学部一八九二名（前年一二五六名）で、経営学部の志願者が大幅に増え、経済学部をはじめて上まわった。二月二八日に合格発表がなされた。[13]

三月二〇日、増岡学長は卒業生に対し、大要次のような餞の言葉を贈った。[14]

「卒業おめでとう。諸君がこれから入り込む経済社会は好況への一歩を踏み出し、明るさを取り戻したとはいえ、資本の自由化があり、国内はもとより国際的な競争は一層熾烈を極めよう。こうした情勢の下にあって何よりも重要なことは人間の問題である。社会のあらゆる方面において優秀な人材を求めること切なるものがある。この要求に応えるものこそ卒業生諸君である。本多光太郎博士は「今が大切」という標語を好んで使われた。私は諸君に「今即久遠」を贈る。今を大事に今に生命を打ち込むことこそ久遠の発展が期待される。さようなら、元気で頑張りたまえ」

三月下旬、第一六回松山商大卒業式が行われ、経済学部三〇三名、経営学部二三四名、商経学部九名が卒業した。[15] この時に卒業した中に、貞方政樹（総務委員長）、一柿〔橋本〕卓爾（入江ゼミ）らがいる。一柿〔橋本〕は大阪市立大学大学院経済学研究科に進学する。

三月三一日、大鳥居蕃教授が定年により退職した（四月一日嘱託教授に任用）。

〔注〕

（1）『六十年史（資料編）』一二六～一三一頁。

（2）『松山商大新聞』第一三九号、一九六六年四月二五日。『六十年史（資料編）』一七三頁。

（3）『松山商大新聞』第一三九号、一九六六年四月二五日。
（4）同。
（5）同。
（6）『松山商大新聞』第一四〇号、一九六六年六月六日。
（7）『松山商大新聞』第一四三号、一九六六年一一月一日。
（8）『松山商大新聞』第一四三号、一九六六年一一月一日。第一四五号、一九六七年一月二四日。
（9）『松山商大新聞』第一四五号、一九六七年一月二四日。
（10）『松山商大新聞』第一四四号、一九六六年一二月二〇日。
（11）『松山商大新聞』第一四五号、一九六七年一月二四日。
（12）同。
（13）松山商科大学『昭和四二年度募集要項』『六十年史（資料編）』一七三頁。
（14）『松山商大新聞』第一四六号、一九六七年三月二〇日。
（15）増岡学長の式辞は総務課に残っていない。卒業生数は『六十年史（資料編）』一四一頁。

㈤一九六七年（昭和四二）度

学長は増岡喜義が続けている（四年目）。経済学部長は伊藤恒夫が再任され、二期目を続けた。経営学部長も井上幸一（二年目）が続けた。全学の校務体制は、教務部長は菊池金二郎が一九六七年五月三一日まで続け、六月一日から新しく井出正に代わった。学生部長は小原一雄が一九六七年六月三〇日まで続け、七月一日から新しく越智俊夫に代わった（一九六七年七月一日〜一九六八年三月三一日）。研究所の所長は入江奨が五月三一日まで続けたが、六月一日より稲生晴に代わった（一九六七年六月一日〜一九六九年六月一五日）。図書館長は菊池金二郎が引き続き務めた。事務局長も事務職員の木村真一郎が引続き務めた。学校法人面では八木亀太郎、元木淳、太田明二が引き続き

理事を務め、再任の増岡理事長を支えている。(1)

本年度も次のような新しい教員が採用された。(2)

経済学部

水地　宗明　一九二八年九月愛媛県生まれ。京都大学文学部哲学科卒。同大学大学院博士課程単位取得。講師として採用。哲学、論理学、倫理学担当。

中原　成夫　一九三二年五月愛媛県生まれ。愛媛大学文理学部卒、上智大学大学院修士課程修了。助手として採用。ドイツ語担当。

四月八日、入学式が午前一〇時より完成直後の体育館にておこなわれた。経済学部三九九名（内女子一一名）、経営学部四〇〇名（内女子一一名）が入学し、文部省定員（二五〇名）、募集定員（三五〇名）をかなりオーバーして入学させた。

増岡学長は式辞において、「諸君は大学で学問すること、真理を追究することをなさねばならない。本学の三実主義を学生生活の指針として実りのある悔いのない、清らかな清流をぐんぐん上っていく若アユの様な学生生活を期待する」と述べた。(3)

七月一日に事務機構改革がなされ、学生課はそのままであるが、教務部教務課は学生部教務課となり、学生部の下に置かれていた就職課が就職部として独立した。さらに経済事務室と経営事務室が新設された。この改革により、事務機構の役付は、木村事務局長の下、学生部学生課長竹田盛秋、学生部教務課長稲田力、会計課長伊藤是、就職部長兼就職課長野間清茂、経済学部事務主任菅原実、経営学部事務主任今井克己となった。(4)

七月五日、増岡学長は新学部増設と大学院設置を課題とする「教育体制委員会」を設置した。一〇月に委員会の答申が出て、新学部については結論に至らなかったが、大学院については設置の必要性を認め、速やかに作業を開始すべきであるとした。しかし、その後、大学院設置については機熟さず、作業は立ち消えとなった。(5)

本年度秋から、授業料値上げをめぐって大学当局と学生側が対立した。その簡単な事実経過を示しておこう。

九月七日、新聞学会編集部は、増岡学長と会見し、授業料値上げ問題について質した。その主な発言は次の通りである。(6)

①授業料値上げのうわさが流れているが。

（増岡学長）　授業料については毎年検討している。私はいかに値上げしなくて済むかを常に検討している。結論は出ず、研究中である。

②仮に値上げとなる場合、決定以前に学生と話し合いを持つか。

（増岡学長）　もし値上げするとなると話し合いを持つ。

③学長再選の時マスプロの是正を唱えられていたが。

（増岡学長）　他の大学に比べるとまだ良心的にやっている。今後ゼミ強化、教員増加等を通じ弊害を除去していきたい。

しかし、大学側は来年度からの授業料値上げ（現行五万円を六万円に、施設拡充費は入学時は現行の二万円であるが、二年次以降毎年一万円ずつ値上げする）について、「研究中」と言いながら、九月一八、二一、二八、一〇月三日の四回にわたり学校法人の評議員会を開き、翌年度の授業料値上げを決定し、また一〇月五日の教授会はその値上げを承認した。

以後、授業料問題についての大学側と学友会総務側（委員長は久代宏明）との交渉等の経過は次の通りである。(7)

一〇月五日、理事会は次年度からの学費値上げを学友会総務委員会に通達した。

一〇月一三日、総務委員会は授業料値上げ白紙撤回を決議。

一〇月一四日、学校当局による値上げ説明会が行なわれた。

一〇月一六日、総務委員会は、①授業料値上げに基本的に反対である、②授業料値上げについて学内で討議し、学生の意思を統一し、大学関係者と協力し、この問題の根本原因である文教政策、インフレ政策など政府の政策に反対し、国、地方公共団体からの大幅な助成を勝ち取っていく、ということを決めた。

一〇月一七日、第三回代議員会で総務委員会の提案・授業料値上げ反対を決議した。

一〇月一八日、総務委員会が大学に要求書を提出した。それは「一〇月一四日学長会見において学長は学生の意見を充分に反映させていくと言明しているのだから、当局はそれを守り、経理状態を公開し、学生の統一見解が出て民主的に話合い、それを充分に反映するまで一方的な決定はしない」というものであった。

一〇月一八日、理事会回答が出る。

「昭和四十二年十月十四日に学長の述べた趣旨に沿い、学生の意見をもできるだけ考慮して、誠意をもって決定したい。

総務委員会委員長　久代宏明殿

理事長代理　八木亀太郎
学長代理　伊藤　恒夫」

一〇月二〇日、総務委員会と学校当局との会談。学校側経理資料を提出。

一〇月二三日、第二回学生大会開催。総務委員会の原案（一〇月一六日の原案）が圧倒的多数で可決。

一〇月二四日、三度目の当局との会談。

一一月九日、第四回代議員会で、総務委員会が「条件付き値上げ賛成案」を提起。見送り。

一一月九日、四度目の当局との会談。当局が値上げ反対ならばどうやって行けるのかの対案を求めてくる。

一一月一三日、当局により学生への説明会。一〇月一四日の説明と同じ。

一一月一五日、代議員会。総務委員会が「条件付き闘争」を提案。見送り。

一一月一七日、理事会が学費値上げを最終決定し、総務委員会に通達。

一一月二七日、代議員会で「基本的には反対であるが条件付き賛成」を決定。条件の大要は、学費減免、奨学金の拡充、食堂・寮の改善、生協への充実、学友会への資金援助、指導教授制の充実、教育設備の拡充、教授陣の拡充、ゼミ強化、学生会館の早期建設、ゼミ教室の設置等。

以上、学友会側は最終的には条件つきで授業料値上げを認めることとなったが、その間の学生の自覚的な運動については評価すべきであろう。

一九六七年一〇月一日、増岡学長は『学園報』を創刊した。増岡学長は創刊の辞で、我が学園を立派な大学に仕上げ、研究と教育を行ない、社会の期待に応えたい、それには関係方面の指導と協力を仰がねばならないが、そのためには何よりもまずこの学園を知ってもらわなければならないとして、「学園をめぐる心の架け橋」として創刊したと述べている。(8)

一九六七年一一月、「松山商大新聞」は第一五〇号を発刊した。前身の「松山高商新聞」から数えると三〇〇号を超える。この号に、「松山高商新聞」を発刊した当時の編集者の一人である増岡学長が当時の苦労した思い出を寄せ、新聞学会の顧問である神森智教授が「松山商大新聞」の本学の学園造りに果たした役割を高く評価する記事を寄せている。また、この号には、「原水爆禁運動の実態」、「教育の本質」「性の問題」を特集している。また、同号に入江奨教授が『資本論』出版百年　今日におけるその存在意義」、望月清人助教授が「ベトナム戦争と黒人解放運動」を依頼され、投稿している。(9)

一九六八年は全国的に学生運動の活発化、大学紛争が勃発、高揚していく年である。本学でも同様であった。

一月一九日、米原子力空母エンタープライズが佐世保に入港した。これに対し、全国的にエンプラ寄港反対闘争が起きた。本学でも学友会総務委員会、新聞学会、社会科学研究会による反対声明、エンプラ反対の立看板の設置、討論会がなされた。しかし、一月一九日の朝、立看板が学生課により撤去され、昼に総務委員会の呼びかけで学生課の前で抗議集会が行われ、約三〇〇名が参加し、越智俊夫学生部長の出席を求め、そこで検印のある立看板は元通りとすることが確約された。

一月二〇日に「一・二〇エンタープライズ寄港反対、当局の不当な立看板撤去反対、学生部注意事項の政治活動禁止と検印制撤廃の要求学生集会」が行われ、約三五〇名が参加した。

一月二二日にも再度学生集会が開かれ、越智俊夫学生部長は謝罪し、立看板は元通りにすることが確約された。クラス、ゼミ、クラブでも自発的に行われ、ゼミでは高橋ゼミや藤田ゼミ等、クラブでは文芸部、資本論研究会、唯物論研究会等で、立看板撤去反対、検印制廃止が決議されている。(10)

以上のように、学生が自らの主張を表明するために、学生集会を三回も開くなど、松山商大の学生達の政治的自覚の高まりが確認される。

なお、この立看板撤去事件に関連して、神森智教授が『六十年史（写真編）』に「政治運動禁止規定のことなど」と題し、本学における政治運動禁止規定の歴史的変遷について記している。それによると、一九五三年度の「学生便覧」中「学生心得」の「七、掲示及び集会」の項の冒頭に「学内の政治運動は禁止されているから、これに関連する掲示や集会は許可しない」と定められ、それが続いたこと。一九六四年度の「学生便覧」では「学生心得」を改め、「学生部からの注意事項」として「学内で、特定の政党や政治団体等の政策を支持ないし反対するための運動をなし、あるいは特定の政治的主張を宣伝するための運動をなすことは禁ぜられる。これに関連する掲示や集会は許可しない」と改正されたこと。それは、神森教授が学生部次長（一九六一年二月一日～一九六四年四月三〇日）の時、政治活動の意味を明確化するために改定を行なったこと。そして、一九六八年はじめのエンプラ寄港反対の声が全国で高まる中で、本学でも学生達が「寄港反対」の立看板を出すことを認めてくれといい、当時学友会総務会長・新聞学会顧問をしていた神森先生が、「大きな問題であり、不穏当なこととは言えない」と思い、当時の学生部長（越智俊夫）にお願いして、検印をもらってやり、立看板を認めたこと。その真意は「この立看板は上記の『学生部からの注意事項』に抵触するおそれはありますが、当時の情勢からみて、政府の政策に賛成・反対の立看板まで禁じることが、果していつまで続けうることなのであろうかと考えたからであった」という。しかし、当時の学生課長（竹田盛秋）が規定に抵触すると心配して撤去したため、上記の様な学生の抗議集会が繰り返されたのだった。その結果、検印のある立看板は復活したが、その直後から学生達の要求は政治運動禁止規定の廃止と掲示への検印制度の撤廃へと向かっていった。(11)

一九六八年度の入試は、二月一八日、本学、東京、京都、岡山、広島、福岡の六会場でおこなわれた。募集人員は前年度と同じく経済、経営両学部共に三五〇名であった（文部省定員は各二五〇名）。志願者は経済学部一四六六名（前年一五五四名）、経営学部一八六九名（前年一八九二名）で、前年に比し減少したが、本年度も経営学部の志願者が多かった。合格発表は二月二七日になされ、経済学部六四九名、経営学部五三三名を発表した。(12)

三月一九日、増岡学長は『松山商大新聞』に、卒業生に対し、「三実主義の実践をのぞむ」と題した餞の言葉を贈った。そこで、増岡学長は、真実の原理に徹しこれを言行の指針として欲しい、すると、社会のあらゆる邪悪は一掃され、暴力は追放され、戦争を再び起こす愚を避けえ、うそ、いつわりは姿を消し、人類の福祉と平和に寄与し、新しい文化が創造されようと述べた。(13)

三月一九日、第一七回松山商大卒業式ならびに第一五回短期大学卒業式が行われ、経済学部二九八名、経営学部二三八名、短期大学九八名が卒業した。増岡学長は卒業式の式辞において、大要次のように述べた。

「これから諸君が入り込む現実社会は厳しく、多くの矛盾と罪悪に満ちております。我国経済は世界の奇跡と言われる高度な発展を遂げましたが、にもかかわらず、社会生活は向上しないどころか、道義は地に堕ち、悪はびこり、精神文化はまことに慨嘆に堪えない現状です。何がこうした矛盾した社会をもたらしたのでしょうか。人はいうでしょう。政治の貧困だ、誤れる教育のせいだ、資本主義の必然の結果だ、その他色々論ぜられていますが、諸君が諸君の考えで批判、理解し、社会の浄化のために努力をしていただきたい。

しかし、私がこの際ぜひ銘記して貰いたいことは校訓三実主義の原理であります。この原理は在学中に守られるべき原理であると共に卒業後もこの原理を生かし、この原理によって行動して貰ってこそこの価値は一層発揮されるものです。真実を尊重し、真実に生きるまことの心は、自分が嘘をつかないのみならず、他人が嘘をつく場合に毅然たる態度をとって貰いたいのです。嘘、ごまかしが満ちているのは大人の世界です。選挙の時の公約はどんなに嘘が多いか、その他、あげれば切りがない。福沢諭吉は「この世で一番悲しいことは嘘をつくことである」と教えていますが、至言です。もしあらゆる嘘が追放され、ごまかしのない社会が実現すれば、どんなに明るく美しい社会であるか。

しかし、嘘をつき、嘘をつかせる誘惑は強烈です。諸君が三実主義に徹するならば、悪魔の誘惑に対して断固としてノーと答える勇気が必要です。イギリスの社会改良家であるスマイル氏は世の中に悪が栄えるのは我々がノーという勇気を持たないためであると述べています。ノーという人は迫害をうけることも多い。しかし、真実は常に最後には勝利者となるのです。諸君、真実を守り、嘘、いつわりのない社会の実現に向かって闘って欲しい[14]」

三月、一号館建設のために、本館（一九二四年四月竣工）の一部を取り壊した。

三月三一日、経営学部の古茂田虎生教授（英語）と林薫雄助教授（実用英語）が定年により退職し、経済学部の藤田貞一郎助教授（日本経済史）が依願退職し、同志社大学に転出した[15]。

〔注〕

（1）『六十年史（資料編）』一二五〜一三一頁。
（2）『松山商大新聞』第一四七号、一九六七年五月一五日。
（3）『松山商大新聞』第一四七号、一九六七年五月一五日。『六十年史（資料編）』一七三頁。総務課には増岡学長の式辞は残っていない。
（4）『松山商大新聞』第一四九号、一九六七年九月二三日。
（5）稲生晴「大学院設置の思い出」『六十年史（写真編）』一三三頁。
（6）『松山商大新聞』第一四九号、一九六七年九月二三日。
（7）『松山商大新聞』号外、一九六七年一一月二五日、一二月一五日。第一五一号、一九六八年一月二五日。
（8）松山商大『学園報』第一号、一九六七年一〇月一日。
（9）『松山商大新聞』第一五〇号、一九六七年一一月二五日。
（10）『松山商大新聞』第一五三号、一九六八年五月一〇日。
（11）神森智「政治運動禁止規定のことなど」『六十年史（写真編）』二五一〜二五六頁。

（12）松山商科大学『昭和四三年度募集要項』、『六十年史（資料編）』一七三頁。
（13）『松山商大新聞』第一五二号、一九六八年三月一九日。
（14）総務課所蔵資料、増岡学長の式辞より。卒業生数は『六十年史（資料編）』一四一頁では、経済学部二九九名、経営学部二四〇名。
（15）『学園報』第三号、一九六八年七月一日。

㈥一九六八年（昭和四三）度

学長は増岡喜義が続けた（五年目）。経済学部長も伊藤恒夫が続けた。経営学部長は井上幸一に代わって新しく越智俊夫が就任した。全学の校務体制は、学生部長は越智俊夫の経営学部長就任のため、井出正が新しく就任した（一九六八年四月一日～一九六九年三月三一日）。他は前年と同様である。(1)

本年度も新しい教員が採用された。(2)

経済学部

比嘉　清松　一九三六年六月沖縄県生まれ、大分大学卒、神戸大学大学院経済学研究科博士課程単位取得後、尾道市立短期大学講師。助教授として採用。西洋経済史。

山口　卓志　一九四〇年九月広島県福山市生まれ、松山商大商経学部卒、神戸大学大学院経済学研究科修士課程修了、同大学院博士課程在学。助手として採用。

経営学部

青木　正樹　東京都立大学大学院仏文学修士課程修了、講師として採用。フランス語。

四月一一日、体育館において、入学式が行われ、経済学部三六七名（編入一名を含む）、経営学部三八二名が入学した。増岡学長は式辞において、学業を放棄し留年する学生が増える一方、ヘルメットをかぶり、角材をふるって政治運動に専念する学生も出てきている。形だけの学生ではなく、本当の意味の学生になっていただきたい、と述べた。(3)

五月一七日、新聞学会編集部は学内の諸問題や政治問題等について増岡学長と会見を行なった。主な発言は次の通りである。(4)

①来年度の授業料値上げは？

（増岡学長）　来年度値上げする考えはない。

②授業料値上げの理由として教授陣の増強というが、新任教員は減っている、他方、学生数は増え、マスプロになっている。

（増岡学長）　教員の拡充を念願している。来年度は五名位採用したい。

③学校側が今年の二月佐世保に行ってはならないといわれたことについて

（増岡学長）　前に羽田に新聞学会が取材に行って三派学生と間違われ、ひどい目にあったので、危険なところへ学生をやることを心配している。

④学外の行動を規制する権限が学長にあるのか？

（増岡学長）　学校は学内だけでなく、学外における学生の行動を規制しなければならない場合もある。私は権限あるなしにかかわらず行なう。いちいち学生と話していたのでは学長の存在が半分になる。

⑤昨年自民党の菅野和太郎氏の講演会（筆者注：一九六七年一一月八日、「資本自由化と日本の産業」の講演）を行なったが、構わないのか？

（増岡学長）あれはうちの評議員としての経済学博士としての講演会だ。特定の政党に属していても学問的であれば構わない。党の宣伝は困る。

⑥教育の中立性について

（増岡学長）どちらにも偏しないことだ。

⑦大学の自治について、また大学の自治と学生の自治について

（増岡学長）外部からの権力、圧力を排撃して、研究と教育の自由を守ることである。学生は被教育者、大学は教育する立場にある。教育する立場としての大学の自治に対し、教育される立場の学生の自治は下の次元にある。

これらの回答の多くについて、学生たちは納得しないものであっただろう。

学生の自主的研究活動面について、五月二四日より三日間、第一四回西日本学生経済ゼミナール大会が本学で開かれた。本学での開催は第一回以来一三年ぶりであった。二一大学八四八名の学生が参加した。二四日、神戸大学の則武保夫教授の「世界経済における日本資本主義の現段階」、本学の太田明二教授の「曲がり角の経済学」の講演がなされ、二日目から部門別討議がなされた。部門別の本学の参加ゼミは次の通りである。[5] 近代経済学（太田ゼミ）、マルクス経済学（入江ゼミ）、日本経済論（安井ゼミ）、景気循環（小松ゼミ）、国際経済（大鳥居ゼミ）、経営学総論（高沢ゼミ）、経済政策論（望月ゼミ）、社会政策論（望月ゼミ）、金融論（稲生ゼミ）、交通論（宮崎ゼミ）、ジュニア経済（経

済研究会）、社会主義経済論（岩田ゼミ）、経営管理論（元木ゼミ）、労務管理論（岩国ゼミ）、財務会計論（神森ゼミ）、ジュニア会計（菊池ゼミ）、管理会計（山下ゼミ）、貿易論（林ゼミ）。

なお、本年度も第一五回全日ゼミ（インゼミ）、第八回中四国ゼミ、第五回学内ゼミが開催されたが、その状況は不明である。

五月二八日、学友会は第二回代議員大会で新総務委員長に氏家剛（社会科学研究部）を選出した。そして、六月一七日学生集会（学生大会であったが定数不足のため集会）を開き、そこで、『学生便覧』にある「学生部からの注意事項」の撤廃の決議「我々学生は検印制度及び政治活動禁止条項が学生の学問、集会、表現の自由を侵害するものであると判断し、その撤廃を要求する」がなされている。また、六月二〇日の学友会第四回代議員大会で、「学生部からの注意事項」の撤廃が全員一致で決議された(6)。

学生のこうした政治活動の自由要求について、経済・経営両学部の教授会で議論が行なわれ、七月四日の合同教授会に報告、議論がなされ、「学生部からの注意事項」（一九六四年）の手直しをするために厚生補導委員会に教授会の代表が加わった委員会を設けることになった。委員は経済学部から伊藤恒夫経済学部長、入江奨、稲生晴、望月清人、越智武、経営学部から越智俊夫経営学部長、井上幸一、神森智、岩国守男、高沢貞三、井出正が選出されている。委員長は伊藤恒夫が就任し、九月四日まで一〇回の会合を持ち、学生の代表（学友会総務委員会）とも会い、九月六日の合同教授会に中間報告、一二月一九日に教授会側と学生側が合意し、その原案がそれぞれの機関に図られることになった。そして、翌一九六九年五月からは「学生部からの注意事項」は廃止され、かわって「教授会・学友会連名」の「掲示及び集会に関する基準」が生まれた。[7]このように、学生の要求に対し、教授会側が誠実に対応していることがわかる。

一〇月二一日、国際反戦デーの集会、デモが全国で行なわれた。わが商大でも行なわれた。六〇年安保以来の二度めのデモであった。午後四時半、ベトナム戦争反対、日米安保条約反対、学生部注意事項撤廃、学生会館の民主的運営をかちとろう、との四項目を掲げた全学統一集会が行なわれ、総務委員会、社会科学研究部、新聞学会、現代史研究会が決意表明した。この後、約六〇名がデモに移り、堀之内で開かれた社会党・共産党共催の一〇・二一愛媛中央集会に参加した。[8]

一一月、増岡喜義学長は健康上の理由により、任期を一年残して、一九六八年一二月三一日をもって、辞任することを決めた。

そのため、松山商大学長選考規程にもとづき、学長候補の推薦委員会委員が選出されることになった。推薦委員会の構成は教授から八名（経済・経営各学部四名）、事務職員三名、温山会二名であり、学長候補は専任教授の中から候補者三名以内を推薦し、それを二〇歳以上の教授、及び職員の投票によって新学長が決定される方式であった。なお、この時の選挙から、職員の選挙権は課長以上から書記以上に拡大された。推薦委員には、経済学部から伊藤恒夫、入江奨、稲生晴、望月清人、経営学部から菊池金二郎、越智俊夫、井上幸一、神森智、事務職員から伊藤是、竹田盛秋、木村真一郎、温山会から新野進一郎、世良謙介が選出された。[9]

そして、推薦委員会では経営学部の八木亀太郎教授一人を推薦し、一二月六日に信任投票が行なわ

れ、三分の二以上の信任の結果、同教授が新学長に選出され、一二月一三日の理事会で承認を得た。(10)

一九六八年一二月三一日、増岡喜義は学長・理事長職を退任した。

◇　◇　◇

五年間にわたる増岡喜義学長時代（一九六四年一月一日〜一九六八年一二月三一日）の歴史において、特記すべき事項をまとめておこう。

第一に、増岡学長は学生との対話を重視し、また、新聞学会からの会見を受け入れ、大学側の考えを示していた。ただし、その姿勢は保守的であった。

第二に、第一次ベビーブームに対応し、学生数の定員増（経済・経営各一五〇名を二五〇名に）がはかられた。

第三に、大学は人であり、教員の充実整備は本学の学風であり、新教員が採用され、また優秀な卒業生が本学の教員として採用された。

第四に、施設面の拡充が進んだ。

①研究センターが建設された（一九六五年六月）。

②二号館が建設された（一九六六年三月）。

③体育館（第一体育館）が建設された（一九六七年二月）。

第五に、教学面の改革として教養ゼミの開講がなされた（一九六六年四月）。

第六に、学部長選挙における民主化が実現した（一九六五年三月）。

第七に、学長選挙における事務職員の選挙権が従来の課長以上から書記以上に拡大した（一九六八年一一月）。

第八に、学園報が創刊（一九六七年一〇月）され、学内外に学園の情報が発信された。

第九に、一九六〇年代後半、学生の政治的自覚の高まりがみられ、大学当局による一方的な体育館建設や授業料値上げに反対する運動が盛り上がった。

第一〇に、学生の自覚の高まりは学生の政治活動の自由を妨げる「学生部からの注意事項」（政治活動の禁止）の撤廃を要求し、活動したことである。そして、それに対し、教授会側も誠実に対応し、一九六九年五月からは「学生部からの注意事項」は廃止された。

第一一に、学生たちは、学生運動と同時に自主的学問研究に励み、各種ゼミ大会に参加していた。

〔注〕

（1）『六十年史（資料編）』一二五～一三一頁。
（2）『松山商大新聞』第一五三号、一九六八年五月一〇日。
（3）『松山商大新聞』第一五三号、一九六八年五月一〇日。『六十年史（資料編）』一七二頁。
（4）『松山商大新聞』第一五四号、一九六八年五月三一日。
（5）『松山商大新聞』第一五五号、一九六八年六月三〇日。
（6）同。
（7）神森智「前掲論文」、『松山商大新聞』第一五七号、一九六八年一一月七日。
（8）『松山商大新聞』第一五七号、一九六八年一一月七日。
（9）『松山商大新聞』第一五八号、一九六八年一二月一日。
（10）『松山商大新聞』第一五九号、一九六九年一月二一日。

第三章　八木亀太郎学長時代（一九六九年一月一日～一九七四年三月三一日）

第四代学長
八木亀太郎

一九六九年（昭和四四）一月一日、八木亀太郎教授が松山商科大学学長兼学校法人松山商科大学理事長に就任した。同時に松山商科大学短期大学部学長も兼務した。この時、六〇歳であった。

八木亀太郎の主な経歴は次の通りである。

八木亀太郎は一九〇八年（明治四一）一〇月愛媛県生まれ、北予中学、松山高等学校文科乙類を卒業し、一九二九年（昭和四）四月、東京帝国大学文学部言語学科に入学し、一九三二年三月卒業。同年五月東京帝大文学部副手に採用され、法政大学、東京外語大学講師を歴任し、一九三九年八月満鉄

東亜経済調査局に勤務し、一九四六年二月同調査局閉鎖に伴い退職した。一九四七年五月東海大学予科教授に就任し、一九四八年一二月予科長を務めていた。一九四九年三月同大学を退職し、同年四月松山商科大学教授に就任した。言語学者で、ペルシャ語研究の第一人者。講義では文学、ドイツ語を教えていた。校務では学生課長（一九五二年五月～一九五三年九月）、学生部長（一九五七年五月一日～一九六一年一月三一日）を務め、法人面では理事（一九六〇年一〇月三一日～一九六八年一二月）を務めていた(1)。

八木学長は就任の挨拶を『学園報』第四号（一九六九年二月一日）に載せている。それは次の通りであった。

「増岡前学長のご辞任にともない、不肖このたび、乏しきを承けて、学園の経営・教学の両面における総括的責任者としての、理事長・学長の役職を負托されることになりました。固より私は、経倫の才に欠け、本学の専門的教相を判釈する能もなく、到底ご期待に副い得ぬであろうことを恐れる次第でありますが、ただ虚心坦懐に、同僚諸賢のご協力のもと、ご父兄各位、先輩の諸兄姉、ならびに学生諸君と同気の親を培いつつ、ひたすらわが味酒野の学苑の遠き未来を志向して、讃学法楽の境地の実現に、微力を捧げたい所存であります。

顧みるに、私が本学に奉職して以来、歳月茫々、すでに二十年を閲しましたが、その間、初代学長の故伊藤秀夫先生の時代は、創業の時代であり、二代目の星野学長、三代目の増岡学長のご在任の時代は、二学部の発足、校舎の増改築等をはじめとする発展膨張の時代で、比較的短日月の間に、新進気鋭の群英を教授陣に加え期年にして、学園はその面目を一新したのであります。輪奐の美既に成った今日を見るとき、往時の木造二号館などもいつしか追憶の彼岸に消え、煉成の難きを思うとともに、先達の学長並びに諸先生の遺された偉大な業績を景迎せざるを得ません。前学長の増岡先生が、卓抜せる実践力と、高邁なる識見を以て、星野学長の素志を継がれ、学園の有形無形の発展に遺憾なくその才幹を発揮されたことは、畢竟先生の高識とご人徳の余慶にほかならず、先生多年のご労苦を衷心から感謝するとともに、先生の驥尾に附す私としては、その拓かれた道に沿って、過なからんことを祈るのみであります。

申すまでもなく先達諸学長の赫赫たる功業をかくあらしめた蔭には、教職員たると、ご父兄たるとを問わず、関係各位の熱誠あふれるご協力とご支援があったことを銘記しなければなりません。不肖私に対しまして、もし同様のご理解と雅懐に信倚することをお許しいただけるならば、駑頓の私も、母校百年の大計のために、せめて死馬の骨たらんことを期し得て然りかと存じます。

さきに私は、星野・増岡両学長の時代が、拡張発展の時代であったと述べましたが、私は、私に好計妙策を案ずる能力なきことを知っておりますので、時代の趨勢にもかんがみ、しばらく徒らに外への発展を考えず、内なる守成を以て、本領としたいのであります。守成は、一見容易に見えても、実は甚だ難事であり、超凡の勇気を必要といたします。守成の要諦の一つは、先ず、私学の精神に徹することではないかと思います。私学の精神に徹するということは、この学園に学ばれた一万人を超える先輩、諸兄の限りないご助力と、渝ることのない愛学の精神に深く思を致し、その精髄がわが四十有六年の伝統の中に昇華していることを自覚するとともに、わが学園発展の未来図に対する共同の問題意識の確立とこれに依拠するところの、連帯性の護立にほかならないと思うのであります。

いまや、激動する社会情勢の下、各地の大学紛争が天下の耳目を聳動しておる現在、諸種の学園問題に対し、深切なる念慮が私の心中に徂来いたします。大学改造論につきましても賛否両論が囂々として巷にあふれておる現状でありますが、これに対し、他大学のこととはいえ、私もご父兄並びに関係各位とともに夙夜心をくだき、その正常化を願求してやまない次第であります。世の論をなすもの、いたづらに外なる現象にとらわれ、莫義道にその理非を評するものの多々あることを遺憾に思うとともに、私は、本学の現状を大観し、学生諸君の冷静なる判断と思慮深い行動に満腔の信頼を寄せている次第であります。なお将来に対しても、ご父兄各位並びにすべての学園関係者とともに、私学の本領に徹し、その悠久なる発展を阻害する一切の障害を克服すべく、微軀に鞭うつ覚悟であります。

終戦後、「人間疎外」という言葉が独乙で作られ、それが今や如実にわれわれの上にきびしい現実としてのしかかっています。学生諸君否私自身、ややもすれば、その罹災者となるおそれがありますが、われわれは、教員各位の適切な指導と協力により挙学一体の体制のもと、「人間恢復」の名において、互いに話し合い語りあう機会を出来うるかぎり多くもち、共感共鳴の場をつくってきましたが、こうした制度的伝統を、さらにひろげ深めることによって、この学園に学ぶ凡ての若人たちのために、青春の夢のたゆらかに漂よう教学の苑囿の実現を期したいものと切望してやみません。ご父兄並びに学生諸君のご協力とご支援を期待して、私の就任の挨拶といたします」(2)

八木学長は、言語学者、博学なる文学者らしく、難解な言語を多用しつつも、大言壮語することなく、謙虚にして堅実な挨拶の辞であり、また、松山商大の歴史の時代区分として、伊藤秀夫初代学長時代を「創業の時代」、第二、三代の星野通・増岡喜義学長時代を「発展膨張の時代」「拡張発展の時代」と簡にして要をえた位置づけをし、そして、自分の時代を「守成の時代」とし、「私学の精神」、「私学の本領に徹し」、我が学園を共同、連帯の精神で守り発展させていくと表明した。

〔注〕

（1）八木亀太郎教授記念号『松山商大論集』第二五巻第六号、一九七五年二月より。

（2）松山商科大学『学園報』第四号、昭和四四年二月一日。

(一) 一九六九年（昭和四四）一月〜三月

八木亀太郎学長・理事長が就任した当時の全学の校務体制は次の通りであった。経済学部長は伊藤恒夫（一九六五年四月一日〜一九六九年三月三一日）、経営学部長は越智俊夫（一九六八年四月一日〜一九七二年三月三一日）が務めていた。学生部長は井出正（一九六八年四月一日〜一九六九年三月三一日）、図書館長は菊池金二郎（一九六七年六月一日〜一九七一年三月三一日）、研究所長は稲生晴（一九六七年六月一日〜一九六九年六月一五日）、事務局長は木村真一郎（一九五七年五月一日〜一九七三年三月三一日）が務めていた。学校法人面では元木淳（一九六三年五月一〇日〜一九七一年一二月三一日）、太田明二（一九六六年五月一二日〜一九六九年五月二六日）が理事を務め、そして、一月一日、神森智経営学部教授が新しい理事に就任した（一九六九年一月一日〜一九七四年二月二八日)。神森智教授は会計学の専門家で、この時四一歳、若くして理事に就任し、八木理事長を支えることになった。[1] 神森教授は八木学長を尊敬し、八木学長も神森教授の能力をかっていた。

八木新学長の学園構想の具体的プランは就任の挨拶文からは不明であるが、稲生晴の後の回想によれば、八木学長は就任の当初から創立五〇周年(一九七三年)を目指して種々の事業を計画され、その中で、新学部増設と大学院設置もその重要な柱となっていたとのことである。[2] 事実、八木学長時代には、人文学部を開設し、経済学研究科修士課程、同博士課程を開設し、一号館をつくり、学生会館をつくり、五〇周年記念館もつくり、星野・増岡学長時代に劣らぬ、ないしそれ以上の本学園の「拡張発展」をなし遂げた。だから、八木学長時代はたんに「守成」ではなく、教職員や学生、卒業生の共同の力の下、松山商大をさらに「拡張発展」させていった「松山商科大学中興の祖」ということができよう。

さて、八木学長が就任した一九六九年は前年からの学生運動、紛争がクライマックスに達した年である。一月一八日には、東大安田講堂を占拠していた学生を強制排除する攻防戦があり、東大入試も中止された。京大でも全共闘が学生部を封鎖し、以後全学紛争に拡大している。

一九六九年度の入試は、二月一六日、本学、東京、京都、岡山、広島、福岡の六会場で行なわれた。募集人員は前年度と同じく経済、経営両学部共に三五〇名(文部省定員は各二五〇名)であった。受験料は五〇〇〇円、志願者は経済学部一五〇五名(前年一四六六名)、経営学部一八三六名(前年一八六九名)でともにほぼ前年並であった。合格発表は二月二四日になされ、経済学部八五七名、経営学部六五八名を発表した(経営学部は歩留りが経済学部よりよいため)。なお、学費は前年と同じで、入学金三万円、授業料六万円、維持費二万円、施設拡充整備費二万円（二年次以降は一万円）、諸費五四五〇円、合計一三万五四五〇円であった。(3)

三月二二日、八木新学長下、第一八回卒業式が挙行され、経済学部二七七名、経営学部二六七名が卒業した。(4) 学長式辞は総務課には所蔵されていない。

三月三一日に、前学長の増岡喜義教授が六五歳の定年を迎え、退職した（四月一日教授に再任）。また、安井修二（産業連関論、計量経済学）が退職し、関西学院大学に転出した。また、井上晴彦（英語）も退職し、福岡大学に転出した。(5)

〔注〕

（1）『六十年史（資料編）』一九八五年六月、一二五～一三一頁。
（2）稲生晴「大学院設置の思い出」『六十年史（写真編）』一九八四年九月、一二三頁。
（3）松山商科大学『昭和四四年入試要項』、『六十年史（資料編）』一七三頁。
（4）『松山商科大学六十年史（資料編）』一九八五年、一四一頁。なお、『温山会名簿』では、経済学部二七七名、経営学部二六九名となっている。また、両資料とも、卒業者数は三月卒業だけでなく、前年九月卒業も含んだ数字である。
（5）『松山商大新聞』第一六一号、一九六九年四月三〇日。

(二) 一九六九年（昭和四四）度

八木学長一年目である。経済学部長は伊藤恒夫に代わって新しく太田明二が就任した（一九六九年四月一日～一九七三年三月三一日）。経営学部長は越智俊夫が続けた。

八木新学長体制下、全学の校務体制に大きな変更があった。八木学長は四月、新しく教務委員会と学生委員会を設置した。

教務委員会は各学部の一般教育、外国語、保健体育、関連専門教育等、共通教育関連事項に関する業務を行ない、学生委員会は学長を補佐して、厚生、補導その他全学的学生関連事項に関する業務を行なうこととした。また、各学部に教務委員、学生委員をおく教務委員規程、学生委員規程を設けた。その諸規程は『五十年史』に掲載されている。(1)

学生部長名を学生委員長名に変更する提案をしたのは、伊藤恒夫であった。その理由は、学生部長という名称が戦前の学生取締対策の印象を与えるので、伊藤の提案で委員長にしたという。(2)ただ、この委員長制は、事務組織との関係で重要な学内組織の変更となった。委員長は委員会の長に過ぎず、事務組織の部長ではなくなり、問題を残すことになった。

本年度の全学の新校務体制は次の通りとなった。初代教務委員長は体育の田辺義治が（一九六九年五月一日～一九七一年四月三〇日）、初代学生委員長は前経済学部長の伊藤恒夫が就任した（一九六九年四月一日～一九七二年四月三〇日）。図書館長は菊池金二郎が続けた。経済経営研究所長（本年度から経済研究所を経済経営研究所に変更）は稲生晴が六月一五日まで続け、六月一六日から望月清人に交代した（一九六九年六月一六日～一九七四年三月三一日）。事務局長は事務職員の木村真一郎が引続き務めた。学校法人面では元木淳、神森智が理事を続け、五月二七日からは稲生晴が新しく就任し（一九六九年五月二七日～一九七九年一二月三一日）、八木理事長を支えた。(3)稲生晴はこのとき四四歳で、新理事に抜擢され、以後、一〇年余り理事を続けることになる。

また、新しく設置された教務委員会委員には、経済学部から教務委員の入江奨、望月清人、経営学部から教務委員の井出正、倉田三郎、学長委嘱委員として田辺義治（体育）と渡部孝（英語）が委嘱され、委員長は田辺義治が就任。学生委員は経済学部か伊藤恒夫、伊達功、経営学部から高沢貞三、河村昭夫が選ばれ、委員長は伊藤恒夫が就任した。(4)

本年度も次のような新しい教員が採用された。

経済学部

岩橋　勝　一九四一年九月愛知県生まれ。大阪大学大学院経済学研究科博士課程在学中に同大学経済学部助手。講師として採用。日本経済史担当。藤田貞一郎の後任。

飛驒　知法　一九四二年四月広島県生まれ。関西学院大学文学部卒、同大学大学院博士課程退学。助手として採用。英語担当。

経営学部

藤原　保　一九三〇年一一月生まれ。松山商科大学卒。講師として採用。英語担当。

辻　悟一　一九三九年六月京都府生まれ。大阪市立大学経済学部卒、同大学院博士課程単位取得。講師として採用。地理・経営立地論担当。

原田　満範　一九四四年六月愛媛県生まれ。中央大学商学部卒、神戸大学大学院修士課程修了。助手として採用。会計学担当。

四月一日、八木学長は新入生を迎える「歓迎の言葉」を『学園報』第五号（新入生歓迎特集）に載せた。そこで、八木学長は、本学園の特質・本領（三位一体の学園協同体、学内教職員の自治的運

営）を論じ、新入生に対し人間開拓のために学問を学び、人間的完成のために求道の精神の必要性を述べ、激励した。(5)

四月九日、入学式が挙行され、経済学部五五三名、経営学部四九四名、合計一〇四七名が入学した。(6) 定員を大幅に上回って（約二倍）入学させた。

なお、八木学長の入学式の式辞は『松山商大新聞』にも掲載されていないが、新聞学会編集子が、八木学長の式辞に対し、現実の社会そのものについて述べることも学生運動に対する見解を述べるものでなく、余りに抽象的、現実性のない「空文句」だ、我々の期待には答えてくれなかった、と批判的な記事を載せている。(7)

この頃の新聞学会の編集子たちは、時の全共闘の思想の影響を受け、編集していた。その傾向は一九六八年末から一九六九年にかけて顕著になっていた。新聞学会は前年の一〇・二一反戦闘争の頃までは学友会総務と共闘していたが、それ以降は全共闘系となり、学友会総務と決定的に対立するようになった。

四月二四日、二五日、八木学長ら大学側は新入生歓迎のため、卒業生の好意により初年度は無料で、大三島往復の船上大学を挙行した。学生達との意思疎通を密にするための試みであった。(8)

五月、佐藤内閣は中教審答申にもとづき、学長権限を強化する「大学の運営に関する臨時措置法」（いわゆる大学弾圧立法）を国会に提出したため、全国の大学で反対運動が盛り上がっていた。

五月～六月にかけて、大学立法反対で学内でも盛り上がった。

六月五日、学友会は第二回代議員会を開き、総務委員長に松本和夫（入江ゼミ）を選出している。(9)

そして、代議員会では、大学立法反対の一日ストを決定した。しかし、学生大会で否決されている。(10)六月一二日、経済、経営両学部の合同教授会を開き、この大学立法法案に反対する決議を行ない、また、この日、愛媛大学、松山商大教官有志三四四名が連署して大学立法反対を声明した。(11)七月一日、八木学長は松山商科大学『学園報』第六号に「回顧と展望」を載せ、そこで、大学臨時措置法案や授業料値上げなど多事多難な大学問題を回顧し、新しい大学像の創造に突進したい、と述べた。(12)

八月三一日、学生待望の学生会館（加藤会館の西隣。喫茶、理髪室、会議室、事務室、部室）竣工し、また、図書館、研究センターの研究室の増築（研究センターの西側の二階部分）がなされた。九月一日、一号館が竣工した。場所は一九二四年竣工の本館の建物の一部を壊し、その跡地に建設した。地下一階、地上五階、コンクリート建エレベータつきであった。一階に事務局長室、総務、経理課が入り、二階に学長室、両学部長室、理事室が置かれ、本学の中枢建物になった。三階～五階はゼミ教室と会議室が置かれた。そして、この日に竣工式が行なわれた。(13)

一〇月二一日、国際反戦デーで、「商大学生同盟」「愛媛大学全共闘」の学生二〇数名が出来たばかりの本学新本館のゼミ教室、会議室等をバリケード封鎖するという大事件が起きた。この本館封鎖に対し、一般学生たちが解除に乗り出し、全共闘系学生と危険な状態になった。この封鎖事件の経過、結末について、『五十年史』は次のように記述している。

「昭和四十四年十月二十一日『国際反戦デー』の午前二時、本学学生同盟の学生と愛媛大学全共闘の学生二十数名が突然本館に侵入し、三、四、五階のゼミ教室、会議室等をバリケード封鎖した。宿直職員の知らせで大学構内にある学生寮から一般学生百名がかけつけ、封鎖を解除しようとしたが、なかからビンや消火器を投げつけて抵抗をし、大学側は負傷者がでないよう一般学生を説得した。午前五時頃には一般学生は約四百名にふえ、構内各所で自主警備につき、封鎖学生に怒声を浴びせ騒然たる空気となった。そのうち午前五時五十分頃封鎖学生十数名が学外へ逃れようとし、一般学生がこれを見つけて、ヘルメットや角棒を奪いとり、愛大生九名と商大生四名をとり押さえ、加藤会館へ連れ込んで追及した。

大学側は午前四時頃から合同教授会を開いて対策を協議、内ゲバによる流血を避けるため、学生委員長伊藤恒夫教授が一般学生に慎重な行動を呼びかけ、午前八時頃には八木学長が校内放送で封鎖学生に退去要求をし、九時半頃から学生約八百名が出席して臨時学生大会が開かれ自主解除の具体策が討議された。午前中は運動部学生が数回にわたり自力で解除を試みようとしたが、なかからビンが投げつけられたりして失敗に終わった。

午後一時となり、学生集会は参加者千名にふくれあがり、封鎖学生に対し、『二時間の猶予を与える。その時点で自主退去がなければ、われわれの実力で封鎖を解除する』ことを通告、本館前で封鎖学生の出方を見守った。この間大学側の一教授が説得に当たり、残っていた封鎖学生六名が退去しそうだとの情報があり、事態は急転して収拾に向かい、三階通路に陣どっていた教職員がバリケードの中に入ったが全く無抵抗、直ちに六名を二階会議室へ誘導し保護した。かくして封鎖以来十三時間で事態は解決した」(14)

この文のうち、封鎖学生の説得にあたった一教授とは、経営学部の岩国守男教授である。岩国教授は時計と眼鏡をはずし、単独バリケードを乗り越えて封鎖学生の説得にあたり、その結果、封鎖は解除されたという（神森智、比嘉清松先生よりの聞き取り）。

本封鎖事件について、八木学長ら大学当局は当該学生一カ月の停学処分案とし、学生投票にかけた。学生投票は六〇％以上が投票し六〇％以上の賛成が必要とされ、結果は、全学生三五二四名中、二六二二名が投票し（七四・四％）、賛成一三二一票、反対一一五九票、白票一一四票、無効二八票となり、賛成が六〇％に達しなかった。しかし、合同教授会では、六〇％以上の賛成を得ることが望ましいが、過半数の賛成があったとし、原案どおり処分を確定した。(15) 本来ならば規程上処分できないが、そういう雰囲気であったのだろう。

大学紛争の中、本年度も学生たちは、自主的研究活動の発表の場である各種ゼミ大会に取り組んだ（六月の第一五回西日本ゼミ、一一月の第九回中四ゼミ、第六回学内ゼミ、第一六回全日ゼミ）。このうち、六月五日から九日、西日本ゼミ大会が関西大学において開催され、本学からは経済研究部、入江ゼミ、伊達ゼミ、岩国ゼミが参加した。(16) また、一一月一日から三日、中四ゼミ大会が下関市立大学にて開催され、参加した。(17)

一九七〇年度の入試は、二月一五日、東京、京都、岡山、広島、福岡の六会場で行なわれた。受験料は五〇〇〇円。募集定員は経済・経営各三五〇名（文部省定員は各二五〇名）であった。志願者は経済学部二一四三名（前年一五〇五名）、経営学部一五七四名（前年一八三六名）で、経営学部は減ったが、経済学部は大幅に増え、四年ぶりに経済学部が上まわった。二月二三日合格発表が行なわれ、経済学部七七七名、経営学部六三〇名を発表した。なお、学費は入学金三万円、授業料六万円（前年度と同一）、維持費二万円（前年度と同一）、施設拡充費二万円（前年度と同一）、諸費五四五〇円、合計一三万五四五〇円であった。[18]

一九七〇年三月二一日、第一九回卒業式が挙行され、経済学部四三四名、経営学部三四六名が卒業した。[19] 式辞は未見。

〔注〕

（1）『五十年史』三四四～三四六頁。『学園報』八号、一九七〇年二月一日。
（2）伊藤恒夫「『教育』と『研究』の在り方を求めて」『六十年史（写真編）』二二四頁。
（3）『六十年史（資料編）』一二六～一三一頁。
（4）『五十年史』三四四～三四六頁。
（5）松山商科大学『学園報』第五号（新入生歓迎特集）、一九六九年四月一日。
（6）『松山商大新聞』第一六一号、一九六九年四月三〇日。『六十年史（資料編）』一七三頁。
（7）『松山商大新聞』第一六一号、一九六九年四月三〇日。
（8）『松山商大新聞』第一六二号、一九六九年五月三〇日。
（9）同。
（10）伊藤恒夫「若干の感想」『学園報』第八号、一九七〇年二月一日。
（11）『五十年史』三四六頁
（12）八木亀太郎「回顧と展望」『学園報』第六号、一九六九年七月一日。
（13）『五十年史』三四七頁。なお、この一号館は耐震性を理由に二〇一七～一八年に撤去された。
（14）同、三四八頁。
（15）同、三四九頁。
（16）『松山商大新聞』第一六三号、一九六九年七月一二日。
（17）同。
（18）松山商科大学『昭和四五年度募集要項』、『六十年史（資料編）』一七四頁、二九四頁。但し『松山商大新

聞』特別号、一九七〇年三月二一日によると、二月一一日に入試、一二四五名が受験、一七日に発表、合格者三五二名となっているが、間違いである。

(19)『六十年史（資料編）』一四一頁。『温山会名簿』では経済学部四三四名、経営学部三四七名である。そして、両資料とも三月卒業生だけでなく、前年九月卒業生を含む。

(三) 一九七〇年（昭和四五）度

八木学長二年目である。経済学部長は太田明二、経営学部長も越智俊夫が引き続き務めた。全学の校務体制は、前年と同様である。(1)

本年度も次のような新教員が採用された。

経済学部

白井　孝昌　一九三五年五月香川県生まれ、香川大学経済学部卒、大阪大学大学院経済学研究科修士・博士課程に進み、同大学経済学部講師を務めていた。助教授として採用。経済原論、計量経済学担当。安井修二の後任であった。

五島　昌明　一九四〇年一〇月愛媛県生まれ。日本体育大学体育学部卒、大阪経済大学講師を務めていた。講師として採用。体育担当。

青野　勝広　一九四四年二月愛媛県生まれ、松山商科大学卒、神戸大学大学院経済学研究科修士修了、博士課程在学中。助手として採用。

経営学部
八木　功治　一九四三年四月愛媛県生まれ。一橋大学卒、青山学院大学大学院経済学研究科在学中、助手として採用。

四月八日、午前一〇時より体育館において、入学式が挙行された。経済学部は三九七名（編入一名を含む）、経営学部は四〇三名（編入三名を含む）が入学した。(2)

八木学長は式辞において、マックス・ピカートやハガーニー、マルティン・ブーバーなどを引用し、希望、旺盛に満ちた諸君を迎え、学校、教職員、学生が一体となって、対話を推進しながら、真理を探求し、新しい価値を創造し、自由を守り、私学の伝統を守っていきたい、などと述べた。(3)

しかしながら、大学当局に批判的な『松山商大新聞』はこの式辞について、教師と学生との対話とか、それによる新価値の創造、私学の自由を守るとか、伝統を守るなど実にギマン的なものであり、伝統とは守るためのものではなく、破壊して新しい大学を創造して行く過程の汚物的存在である、学長の言葉は全くナンセンスである、などと論断していた。(4)

八木学長ら大学当局は本年度の一年生から初めての試みとして、「一般演習」を必修科目に加えることにし、全学の教員が担当することとした。それは、前年の封鎖事件がその背景にあるだろう。(5)

本年度も八木学長ら大学側は船上大学（第二回）を企画し、四月一四日に経済学部、翌一五日に経営学部が開催し、新入生と交流を深めた。(6)

五月二八日、学友会は第一回代議員大会において、吉元豊二（高橋ゼミ）を総務委員長に選出した。(7)

一〇月九日、新聞学会は学費問題を中心に八木学長にインタビューを行なった。主な発言は次の通

りである。(8)

①新聞学会　授業料値上げについて

（八木学長）　責任ある人が授業料値上げを言っているわけでない。いろんなファクターがあり、絶対上げないという言明もできないし、上げるということも言っていない。検討中である。

②新聞学会　その検討に学生を加える予定はないか。

（八木学長）　総務との話合いはする。

③新聞学会　大学の構成員は理事者、教職員、学生の三者であるから、学生を管理運営に参加させるべきでないか。

（八木学長）　それは当然であると考える人もいるだろうし、する必要はないと考える人もいるだろう。私は今のままで別に問題はないと思う。

本年度も学生の自主的研究活動の発表の場である各種ゼミ大会（中四ゼミ、西日本ゼミ、インゼミ）が開かれ、参加している。

一〇月三一日～一一月二日にかけて、ゼミ連が主催して、第一〇回中四国政経ゼミナール大会が本学において開催された。一〇月三一日は記念講演会で、宮崎義一（横浜国大教授）が「現代のビッグ・ビジネス―資本主義の問題点―」について講演した。一一月一日は一般討論「現代資本主義と公害」で山口卓志（経済学部講師）と元木淳（経営学部教授）が講師を務めた。二日は部門別討論で、経済学部門では、原論Ⅰ「成長理論における技術進歩」太田ゼミ、原論Ⅱ「国家独占資本主義」

入江ゼミ、小松ゼミ、西洋経済史「ロシア農奴制経済と工業化―先進諸国との比較―」比嘉ゼミ、財政学「公害と財政―高度成長期と財政の問題を中心として―」増岡ゼミ、山口ゼミ、日本経済史「日本における近代的経済発展の諸条件」岩橋ゼミ、社会思想史「現代日本における民主主義」伊達ゼミ、日本経済論「経済成長と公害―GNPを再考する」太田ゼミ、ジュニア経済学「ケインズ経済学の貢献と限界」太田ゼミ、経済研究部、経済地理「日本資本主義と公害」宮崎ゼミ、辻ゼミ、金融論「現代資本主義における金の役割―国家独占資本主義段階における貨幣的役割」稲生ゼミ、国際経済論「国際通貨体制におけるドルの役割と今後の課題」大鳥居ゼミ、経済政策「経済政策からみた公害問題」白井ゼミ、経営学部門は、経営学総論「現代企業の発展と指導原理」高沢ゼミ、経営労務論「現代の人間性疎外に於ける経営学的考察」岩国ゼミ、経営財務論「金融引き締め政策下における企業財務の問題点」元木ゼミ、管理会計「情報としての会計」山下ゼミ、財務会計「企業会計原則のあり方」倉田ゼミ、マーケッティング「マーケッテイングコンセプトに於ける消費者志向のとらえ方」井上ゼミ、法律部門は、労働法「パートタイマーの法理」越智ゼミ、民法「交通事故に於ける諸問題」水辺ゼミ、であった。(9) 経済、経営学部の多くのゼミが発表していることがわかる。教員も学生の自主的研究活動に熱心であったことがわかる。

なお、本年度も第一六回西日本ゼミ（北九大）、第一七回全日ゼミも開催されているが（学内ゼミは本学で中四ゼミが開かれるので中止）、その記事は『松山商大新聞』にはなく、無視されている。入江奨教授によると、多くのゼミが参加したとある。(10)

一一月、理事会は前、増岡学長時代、そして、八木学長就任時から懸案となっていた大学院設置を決断した。その決断に当たって、稲生晴理事（教学担当）の決断が大きい、また、経済学部長の太田明二の積極的な姿勢も大きかった。稲生晴は後に大要次のように回顧している。

「八木学長は就任の当初から創立五〇周年を目指し種々の事業を企画され、学部増設と大学院設置もその重要な柱となっていた。昭和四四年二月新たに理事会室を設け諸施策の調査企画にあたることになった。ただ、この年は大学紛争の勃発した年で学内の運営に追われ、格別の進展はなかった。

こうした状況のなかで、太田経済学部長は昭和四四年二月と三月経済学部の経済分野の教員を集めて、大学院問題の世論を喚起し、五月には教授会で大学院設置の意向を表明された。

昭和四五年段階で全国大学の状況をみると、本学にほぼ匹敵する歴史をもつ私立大学一一六校のうち大学院をおく大学は八八校、全体の七七％に達していた。さらに法商経系の大学四六校のうち三四校、七四％が大学院をもっていた。「東の大倉、西の松山」といわれる東京経済大学はすでに大学院を設置しており、さらに、広島商科大学（現修道大）も四五年に大学院を申請していた。

そういうわけで、昭和四五年の秋頃、もはや議論の段階では無く、実践行動に踏み切るときであると強く意識した。設置に関わる諸規程、他大学の実例を勉強した。そして、対外斥候を志願してきた小松聡助教授に偵察要務（教員資格、必要図書、審査専門委員名）を指示して、一〇月末文部省と東京経済大学に行ってもらった。そして理事会は一一月に大学院設置委員会を設けることを決定した」[11]

一九七〇年一二月一一日、八木理事長ら大学当局側は来年度の授業料値上げを計画し、学生に対し公聴会を開いた。学費は一九六八年に値上げして以来、据え置かれたままで、現行入学金三万円、授業料六万円、維持費二万円、施設拡充費二万円であったが、人件費の増額、他大学に遜色ない教育環境整備、教授陣の充実を行なうために、一九七一年度から授業料を六万円から八万円へ、維持費を二万円から三万円へ、合計三万円の値上げを提案した。

それに対し、学友会は翌年一九七一年一月二二日に学生大会を開いた。そこで、①値上げ原案の白紙撤回、②一月二三日から二月一三日までのスト権確立、③二三日に第一波ストを実施、大学側に全学交渉を要求、④スト中に、集会、討論会、ビラ、署名活動などを行ない、反対闘争を強める、などを決議した。開校以来初めてのストが行なわれることになった。

一九七一年一月二三日第一波ストに突入した。当日一〇時からの八木学長・理事長ら大学当局との交渉には学生約一〇〇〇名が集まった。激しい応酬が続いたが、議論は平行線に終わった。

一月二五日、学友会は代議員会を開き、「今後はストをやらない、大学側との交渉は学友会総務にまかせる」という動議が出て、賛成多数で決定され、事態が収拾した。[12]その結果、翌年度からの授業料値上げが決まった。

一九七一年度の入試は、二月二一日、本学、東京、京都、岡山、広島、福岡の六会場で行なわれた。募集人員は両学部とも三五〇名（文部省定員は各二五〇名）。受験料は五〇〇〇円。志願者は経済学部一三八六名（前年二一四三名）、経営学部一八九二名（前年一五七四名）で、経済学部が大幅に減り、経営学部が大幅に増え、経営学部が上まわった。合格発表は三月一日になされ、経済学部七九九名、経営学部七〇三名を発表した。なお、学費は入学金三万円、授業料八万円（前年度六万円）、維持費三万円（前年度二万円）、施設拡充整備費二万円（前年度と同一）、諸費五四五〇円、合計一六万五四五〇円で、前年に比し三万円の値上げとなった。[13]

一九七一年三月下旬、第二〇回卒業式が挙行された。経済学部三八三名、経営学部三八九名が卒業した。[14]この時卒業した一人に、松本和夫（入江ゼミ、学友会総務委員長）がいる。

さて、大学院問題が動き始めた。稲生晴の「大学院設置の思い出」から、その大要を引用しよう。[15]

「一九七一年三月一一日に大学院設置委員会の第一回委員会が開催された。委員は経済学部から入江奨、望月清人、経営学部から井上幸一、岩国守男のほか、太田明二、越智俊夫の両学部長、そして理事側の元木淳、神森智、稲生晴の九人が委員となり、「松山商科大学大学院設置要項」を理事会側が示し、意見を出し合った。そして、委員長に稲生晴を、原案作成の専門委員に入江、井上、稲生の三人を決めた。

三月一三日に三人の専門委員会（原案作成委員会）を開き、具体的に検討し、大学院の組織、開設科目、教員組織の面で設置基準、審査規準との関連でいくつかの疑問点が絞り出され、委員長の稲生晴が一六日〜一八日上京し、文部省、大学院設置大学、設置専門委員に当たって確かめることにした。大体のことはわかったが、なお具体的な青写真が不明であった。東京で途方にくれていたが、切羽詰まって頭に浮かんだのが、上京前の入江教授と小松情報であった。立教大学の小林昇先生（経済学史の泰斗、専門審査委員）のお宅を電話帳で調べ、半分諦めの気持ちで、電話して、入江教授の紹介だと述べ面会をお願いした。その結果、霧が晴れて目的地への最短距離の良道を見出した、と。」

〔注〕

（1）『六十年史（資料編）』一二六～一三一頁。
（2）『松山商大新聞』一六六号、一九七〇年六月一日。『六十年史（資料編）』一七四頁。
（3）『学園報』第一〇号、一九七〇年五月一日。
（4）『松山商大新聞』一六五号、一九七〇年五月一日。
（5）『五十年史』三五〇～三五一頁。
（6）『松山商大新聞』第一六五号、一九七〇年五月一日。
（7）『松山商大新聞』第一六六号、一九七〇年六月一日。
（8）『松山商大新聞』第一六八号、一九七〇年一〇月三一日。
（9）『松山商大新聞』第一六七号、一九七〇年九月二五日、第一六八号、第一六八号、一九七〇年一〇月三一日。
（10）入江奨「学生の自主的研究活動の動向の一齣」『六十年史（写真編）』二四七～二五〇頁。
（11）稲生晴「大学院設置の思い出」『六十年史（写真編）』一二三三～一二三四頁。
（12）『五十年史』三五一～三五二頁。
（13）松山商科大学『昭和四六年度募集要項』、『六十年史（資料編）』一七四頁、二九四頁。
（14）『六十年史（資料編）』一四一頁。『温山会名簿』では、経済学部三八六名、経営学部三九一名となっている。
（15）稲生晴「大学院設置の思い出」『六十年史（写真編）』一二三四～一二三五頁。

学長は八木亀太郎が続けた（三年目）。経済学部長も太田明二、経営学部長も越智俊夫が引き続き務めた。

㈣一九七一年（昭和四六）度

全学の校務体制は、教務委員長は田辺義治が四月三〇日まで続け、五月一日から真部正規（一九七一年五月一日〜一九七三年四月三〇日）に代わった。学生委員長は伊藤恒夫が続けた。本年度から入試委員長職がもうけられ、初代入試委員長に英語の渡部孝が就任した（一九七一年五月一日〜一九七三年五月七日）。図書館長は菊池金二郎に代わって、入江奨が就任した（一九七一年四月八日〜一九七三年三月三一日）。経済経営研究所長は望月清人が続けた。事務局長は事務職員の木村真一郎が引続き務めた。学校法人面では元木淳、神森智、稲生晴が理事を続け、八木理事長を支えた。(1)

本年度も次のような新しい教員が採用された。

経済学部

森田　邦夫　一九四二年五月愛媛県生まれ、中央大学法学研究科修士課程修了。助手として採用。商法、手形小切手を担当する。

岡本　詔治　一九四四年七月生まれ、大阪市立大学法学研究科修士課程修了。助手として採用。民法物権を担当する。

渡植彦太郎　一八九九年五月愛媛県生まれ。東京高商卒。神奈川大学教授。一〇月に教授として採用。経済政策担当。大学院経済学研究科の先取り要員。

経営学部

三好　和夫　一九四四年三月愛媛県生まれ。松山商科大学卒、神戸大学大学院経営学研究科修士課程修了、博士課程に在学中、助手として採用。経営学、事務管理論を担当する。

清水　茂良　一九四五年三月鳥取県生まれ。北九州大卒、神戸大学大学院経営学研究科修士課程修了、博士課程に在学中、講師として一〇月に採用する。会計学の担当。

四月上旬、午前一〇時、体育館において、入学式が挙行された。経済学部四六〇名、経営学部四七〇名が入学した。(2)

八木学長の式辞は、私学としての本学の特質を述べつつ、学問と人間生活との関係について、古代から近代へと深く考察し、学問と人間との和解を論じ、新入生に対し、学問研究の大切さを呼びかけた格調高いものであった。(3)

本年度も学生の自主的研究活動の発表の場である第一一回中四ゼミ、第一八回全日ゼミは開かれたが、第一七回西日本ゼミは主催予定校の関大が学内事情で辞退され、以降開催されなくなった。(4)一九五五年第一回が本学が主唱して開始したのに残念なことである。

一〇月一二日、学内大学院設置審議会（委員長稲生理事）は、第七回目の会合を開き、大学院経済学研究科修士課程の認可申請原案を決定し、一四日の教授会で承認をうけ、二一日の理事会および評議員会で決定された。

大学院設置の意義と目的は次の通りであった。①本学の学部課程を基礎にして、より深く広い専門的教育研究課程を設けることによって最終の教育機関としての本学の発展をはかる。②本学学生にたいして、大学院の門戸を拡大し、学生の学問研究の意欲と条件を改善し、教育研究の水準を高める。③教員の研究条件を高め、優秀な教員を招くとともに、本学において研究者を養成することができる。④学部志願者の面に好影響をもたらす。⑤大学院生の存在が本学の教育研究の体制に活発な作用を与える。⑥都市に集中する大学院にたいして本学は四国で唯一の経済系大学院として地域における教育文化の中心的存在となり、地域の政治、経済、文化、自治に寄与することができる、ことがあげられた。[5]

そして、一一月二九日に、八木理事長は『松山商科大学大学院設置認可申請書』を文部省に提出した。

この認可申請書の主な内容は次の通りである。[6]

①目的　昭和二四年に商経学部、三七年に経済学部・経営学部を設置し、その充実に努力してきたが、このたび大学院を設置し、一層の成果を実現しようとするものである。

②名称　松山商科大学大学院経済学研究科経済学専攻（修士課程）

③定員　一学年一〇名、収容定員二〇名

④修業年限　二年

⑤学位　経済学修士

⑥所定単位・学位の認定　三〇単位以上（演習を含む）、学位の認定は学位論文を提出し、かつ最終試験に合格すること

⑦開設時期　一九七二年四月

⑧教員について　外部から次のような教授を新採用する。

計量経済学　国沢　　信　一九〇八年八月生まれ。六三歳、神戸商業大卒。
経済政策　渡植彦太郎　一八九九年五月生まれ。七二歳、東京高商卒。神奈川大学教授。
日本経済史　上田藤十郎　一八九九年一一月生まれ。七二歳、本学名誉教授。
国際経済論　大鳥居　蕃　一九〇一年五月生まれ、七〇歳、本学名誉教授。

また、特講担当として、外部から次のようなメンバーを招聘する。

日本貨幣信用史　作道洋太郎　大阪大学経済学部教授
国際経済論　内田　勝敏　同志社大学商学部教授
同　藤井　　茂　神戸大学経済学部教授
財政学　山下覚太郎　神戸学院大学経済学部
金融論　新庄　　博　南山大学教授
統計学　北林　琢男　広島商科大学商学部教授

さらにまた、経済学科目だけでなく、経営学科目を特講科目として開設する。

一二月末で、八木学長の三年の任期が終了するので、学長選考規程にもとづき、一一月学長選挙が行なわれ、八木亀太郎教授が再選された。

一九七二年一月一日、八木亀太郎学長・理事長が再任され、二期目がスタートした。

八木学長は『学園報』第一七号に「仰春有感」を載せ、再任の辞を述べ、そこで、八木学長は、鬼籍に入られた伊藤先生等諸先生方のことを回顧しながら、先達の志をついで学園のために尽くしたいと述べた。(7)

一月一日、学校法人面では、元木淳に代わり、新しい理事に伊藤恒夫が就任し（一九七二年一月一日～一九七四年二月二八日）、神森、稲生理事とともに二期目の八木理事長を支えることになった。(8)

一月二九日、懸案の大学院の書類審査に関する判定告知をえるために稲生晴委員長と理事会室長の河野貫一郎が文部省を訪れた。結果は合格で、また教員組織において㊎の教員として九名が認められ、しかも基準を上まわる合格であった。その時、稲生晴は優れた事務能力を発揮し、一切の書類作成をした河野さんに「河野さんよかったなあという」と言うと、寡黙の河野さんも顔をほころばせて「先生ほんとうによかった」と短い言葉を述べたという。(9)

二月八日には時子山私立大学審議会会長、一七日には山根大学院設置審議会委員、朝倉文部省事務官、米倉文部省事務官が現地視察に来学した。(10)

一九七二年度の入試は、二月二〇日、本学、東京、京都、岡山、広島、福岡、そして新たに高松（香川大学）が新設され、七会場で行なわれた。受験料は五〇〇〇円、募集人員は前年と同様、経済・経営各三五〇名（文部省定員は各二五〇名）であった。志願者は経済学部一五六八名（前年一三八六名）、経営学部一四二三名（前年一八九二名）で、本年度は経済学部が増え、経営学部が減った。隔年結果現象のようである。合格発表は二月二八日になされ、経済学部七九九名、経営学部六八七名を発表した。なお、学費は前年度値上げされた額と同一で、入学金三万円、授業料八万円、

維持費三万円、施設拡充費二万円、諸費七四五〇円、合計一六万七四五〇円であった。(11)

三月三〇日、文部省より大学院経済学研究科修士課程の設置認可がおりた。ただし、次のような留意事項がついた。(12)

「一、財政学担当の専任教員を補充すること
二、社会統計学、経済統計学の専任教員を補充することが望ましい。
三、一般教育の自然系の実験、実習用機械器具を整備し教育に十分活用すること」
三月下旬、第二一回卒業式が挙行された。経済学部三四九名、経営学部三八三名が卒業した。(13)この時の卒業生の一人に吉元豊二（高橋ゼミ、学友会総務委員長）がいる。八木学長の式辞は未見である。

〔注〕
（1）『六十年史（資料編）』一二六～一三一頁。
（2）同、一七四頁。
（3）『学園報』第一四号、一九七一年六月一日。
（4）入江奨「学生の自主的研究活動の動向の一齣」『六十年史（写真編）』二四七～二五〇頁。
（5）『五十年史』三五四～三五五頁。
（6）『大学院申請書類』より。
（7）『学園報』第一七号、一九七二年一月一日。
（8）『六十年史（資料編）』一二六～一三一頁。
（9）稲生晴「大学院設置の思い出」『六十年史（写真編）』二三一～二三二頁。
（10）『五十年史』三五四頁。
（11）松山商科大学『昭和四七年度募集要項』、『六十年史（資料編）』一七四頁。
（12）『大学院申請書類』より。
（13）『六十年史（資料編）』一四一頁。『温山会名簿』では経済学部三五〇名、経営学部三八三名である。

(五) 一九七二年（昭和四七）度

学長は八木亀太郎が続けた（四年目）。経済学部長も太田明二が引き続き務めた（一九六九年四月一日～一九七三年三月三一日）。経営学部長は越智俊夫に代わって新しく元木淳が就任した（一九七二年四月一日～一九七六年三月三一日）。全学の校務体制は、教務委員長は真部正規が続けた（一九七一年五月一日～一九七三年四月三〇日）。学生委員長は理事に就任した伊藤恒夫に代わって伊達功が就任した（一九七二年五月一日～一九七七年三月三一日）。他は前年と同様である。[1]

本年度、次のような新しい教員が採用された。

経済学部

上田藤十郎　一八九九年一一月一五日高知県生まれ。前、松山商科大学教授、本学名誉教授。大学院要員として採用。経済史概論担当。

国沢　信　一九〇八年八月高知県生まれ。神戸商業大学卒。大学院要員として採用。経済原論、計量経済学担当。

大鳥居　蕃　一九〇一年五月二九日滋賀県生まれ。東京商大卒、前松山商科大学教授、本学名誉教授。大学院要員として採用。国際経済論、国際金融論担当。

経営学部

石原　善幸　一九三五年一一月沖縄生まれ、熊本大学卒、早稲田大学大学院法学研究科修士課程修了、博士課程在学中。講師として採用。民法担当。

石田　徳孝　一九四二年七月福井県生まれ、広島大学工学部大学院工学研究科修士課程修了。

助手として採用。

四月一日、八木学長は新入生に対し、「希望と誇りを」と題した歓迎の挨拶文を載せ、その中で、四カ年の在学期間を四季にたとえ、秋の豊かな実りを実現するためには、すべからく春を大切によき種子を蒔かねばならないと、一年次の大切さを強調し、本学では一年次からゼミナールを設置しているが、そのゼミナールという言葉は種子をまくという語源をもっており、是非ゼミに溶け込み、教養の醍醐味を味わって貰いたいと述べた。(2)

四月上旬午前一〇時、体育館において、入学式が挙行された。経済学部四四六名、経営学部四六七名が入学した。(3)式辞は未見である。

本年度の特筆すべきことがらは、四月一日、「松山商科大学大学院経済学研究科」（修士課程）が設置されたことである。初代研究科長には太田明二経済学部長が就任した。経済学部長との兼務であった。

以下、大学院経済学研究科修士課程の開設について紹介しよう。

四月一日、大学院設置に伴い、学校教育法第六八条第一項および文部省令第九号学位規則にもとづき「松山商科大学学位規則」が制定された。(4)

そして、大学院生が募集された。その募集要項の主な内容は、①募集人数は一〇名、②出願資格は大学を卒業したもの等、③選考方法は専門科目と外国語の筆記試験および面接、④専門科目は、経済原論（A、B）で、Aはマルクス経済学の原論、Bは近代経済学の分野から出題される、A、Bのいずれかの一方またはA、Bの両者にまたがって選択、解答することができる、外国語は英、独、仏のうち、一カ国語の選択、⑤試験日は一九七二年四月二三日、⑥検定料は五〇〇〇円、入学金は三万円、授業料は一三万円であった。[5]

そして、大学院の一九七二年（昭和四七）度の開講科目・担当者は次の通りであった。

「

学科目		担当者
理論経済学		
理論経済学特殊講義	教授	太田　明二
同　演習		同
計量経済学特殊講義	教授	国沢　信
同　演習		同
経済学史特殊講義	教授	入江　奨
同　演習		同
日本経済史特殊講義	教授	上田藤十郎
同　演習		同
西洋経済史特殊講義	助教授	比嘉　清松
日本貨幣信用史特殊講義	兼任講師	作道洋太郎

経済政策
　経済政策特殊講義　教授　渡植彦太郎
　　同　演習　同
　国際経済論特殊講義　教授　大鳥居　蕃
　　同　演習　同
　国際経済論特殊講義　兼任講師　藤井　茂
　　内田　勝敏
　比較流通経済論特殊講義　教授　井上　幸一
　　同　演習　同
　交通論特殊講義　助教授　宮崎　満
財政金融論
　財政学特殊講義　教授　増岡　義喜
　　同上　兼任講師　山下覚太郎
　貨幣金融論　教授　稲生　晴
　　同　演習　同
　金融論特殊講義　兼任講師　新庄　博
　　同上　教授　高橋　久弥
統計学

経済統計論特殊講義	兼任講師	北林　琢男
統計学特殊講義	助教授	松野　五郎
社会政策		
社会政策特殊講義	教授	望月　清人
同　演習		同
社会思想史特殊講義	教授	伊達　功
経営学および会計学		
経営学特講講義	教授	元木　淳
経営労務論特殊講義	教授	岩国　守男
企業形態論特殊講義	助教授	中川公一郎
経営分析特殊講義	助教授	倉田　三郎
会計学特殊講義	教授	神森　智」(6)

そして、四月二三日、第一回大学院入学試験が行なわれた。定員一〇名に対し、受験者は六名であった。五月八日、第一回入学式が挙行され四名が入学した。この時の入学者は赤松南海男（福岡大学卒）、粕谷進（一九七二年三月松山商科大学卒、太田ゼミ、経済研究部）、中野和幸（同、望月ゼミ）、森貞俊二（同、入江ゼミ）である。赤松は日本経済史の上田演習、粕谷は理論経済学の太田演習、中野は比較流通経済学の井上演習、森貞は経済学史の入江演習生となった。(7)

さて、本年度の学部の方にもどろう。

本年四月一日、八木学長は創立五〇周年記念事業の一環として、新学部を設置すべく、設置委員会を設けた。委員長は稲生晴理事が就任した。

本年度も、ゼミ連の努力により第一二回中四ゼミ、第一九回全日ゼミ（インゼミ）、第八回学内ゼミが開催された（西日本ゼミは前年度から中止）。

一一月一一日～一三日の三日間、第三六回経済学史学会全国大会が本学において開催され、のべ二一五名が参加した。三日目は砥部焼、面河渓を見学した。(8)

一九七三年二月、太田明二経済学部長の任期満了に伴なう経済学部長選挙が行なわれ、入江奨教授が選出された。

一九七三年度の入試は、二月一八日、本学、東京、京都、岡山、広島、福岡、高松の七会場で行なわれた。検定料は七〇〇〇円。募集人員は各学部とも三五〇名（文部省定員は各二五〇名）で、志願者は経済学部一五八三名（前年一五六八名）、経営学部一六一七名（前年一四二三名）で、本年は経営学部が上回った。隔年結果現象である。合格発表は二月二六日になされ、経済学部九〇一名、経営学部六八〇名を発表した。なお、学費は前年度と同じであった。(9)

経済学研究科修士課程の入試は三月に行なわれ、定員一〇名に対し、一一名が受験し、五名が合格した。(10)

三月下旬、第二二回卒業式が挙行された。経済学部四四七名、経営学部四一四名が卒業した。(11)八木学長の式辞は未見である。この時、卒業したなかに佐々木泉（岩田ゼミ、ゼミ連。学友会委員長。後、愛媛県会議員）などがいる。

〔注〕
（1）『六十年史（資料編）』一二六～一三一頁。
（2）『学園報』第一八号（新入生歓迎号）、一九七二年四月一日。
（3）『六十年史（資料編）』一七三～一七四頁。
（4）『五十年史』三五六～三五七頁。
（5）「昭和四七年度松山商科大学大学院修士課程学生募集要項」より
（6）同。
（7）『学園報』第二〇号（一九七二年七月一日）、『六十年史（資料編）』六八頁。
（8）『五十年史』三六二頁。
（9）松山商科大学『昭和四八年度入学試験要項』、『六十年史（資料編）』一七四頁。
（10）『六十年史（資料編）』一六一頁。
（11）同、一四一頁。『温山会名簿』では経済学部四四七名、経営学部四一五名となっている。

㈥一九七三年（昭和四八）度

学長は八木亀太郎が続けた（五年目）。経済学部長は太田明二に代わって、新しく入江奨が就任した（一九七三年四月一日～一九七七年三月三一日）。経営学部長は元木淳が引き続き務めた。経済学研究科長は太田明二教授が引き続き務めた。全学の校務体制は、教務委員長は真部正規に代わって、新しく英語の藤原保が就任した（一九七三年五月一日～一九七五年四月三〇日）。学生委員長は伊達功が引き続き務めた。入試委員長は渡部孝に代わって、新しく宮崎満が就任した（一九七三年五月五日～一九七五年一月二九日）。図書館長は入江奨が経済学部長に就任したことにより、新しく井出正が就任した（一九七三年四月一日～一九七六年三月三一日）。経済経営研究所長は望月清人が引き続き務めた。事務局長は木村真一郎に代わって、新しく墨岡博が就任した（一九七三年四月一日～一九八一年三月三一日）。学校法人面では神森智、稲生晴、伊藤恒夫が理事を引き続き務め、八木理事長を支えた。(1)

本年度も新しい教員が経営学部に採用された。

中山　勝己　一九四七年二月山口県生まれ。早稲田大学大学院商学研究科修士課程修了。助手として採用。マーケッティング各論の担当。

J・Jハミルトン　一九一四年七月米国生まれ。南カリフォルニア大学博士。六月に教授として採用。英語、英会話の担当。

四月一日、八木学長は『学園報』第二二号に「新入生諸君を迎える」と題した挨拶文を載せた。八木学長は全国に四年制大学は約三九〇校あるが、本学を選ばれたのは「学縁」であろう。この「学縁」によって結ばれた本学と皆さんの関係をなによりも大切にしていきたい、そして、本学は他の大学に比してなによりも、師弟、学友の関係がむつまじいと、本学の特質を述べ、新入生に対し、学問研究を通じての人間関係の深化を呼びかけた。(2)

四月九日、午前一〇時より体育館において、入学式が挙行された。経済学部四七九名、経営学部四四八名が入学した。経済学研究科修士課程は五名が入学した。(3)

本年は創立五〇周年にあたる年であり、八木学長・理事長ら大学当局はこれを記念して次のような記念事業を計画した。(4)

①新学部の設置（人文学部）
②そのための校舎建設
③中央記念館の建設（中央図書館、地域経済研究所等）
④学会の開催（経済学史学会、日本会計研究学会）
⑤創立五〇周年記念論文集の刊行
⑥創立五〇周年記念式典

五月二四日から三日間にわたって、松山商科大学五〇周年記念事業の一環として日本会計研究学会が本学で開催され、のべ六三八名が出席した。(5)

五月二四日に、『愛媛新聞』は、前年より本学が検討し続けていた新学部問題について報道した。それは次の通りである。

「松商大に新学部　来年度開設へ　社会・国際の二学科

松山商科大学（八木亀太郎学長）では来年度から現在の経済、経営の二学部のほかに新しい〝学部〟を設置する準備を進めているが、二十八日の教授会で設置について最終決定し、文部省に認可申請をする見通し。

同大学では昨年四月末、『新学部設置委員会』を設け、構想を練ってきた。とくに今年は同大学の創立五十周年にあたるため、中央記念館、温山会館の建設とあわせて、地域社会に貢献できる学生養成体制をさらに充実する新しい〝学部づくり〟を実現することになった。

新学部設置のねらいは、①県外流出の大学進学者をできるだけ県内にとどめる、②社会情勢の変化に対応し、地域社会の調査など新しい学問分野に取り組むなど。

構想によると新学部の名称として、当初は〝社会学部〟とされていたが、〝人文学部〟などが有力候補にあがっている。学科は社会学科と国際学科の二つがあげられ、人文・社会系の学問、とくに国際文化の研究を中軸とし語学教育に力を入れる。募集定員は百人で四十九年度から募集の予定。

新学部の教授陣は十五、六人を専門教育科目とし、このうち新規に八人くらいを学外から採用する見込み。施設として新校舎（約二千百平方メートル）を学園内に建設するほか、市内久万の台のグラウンドを拡張する。

新学部設置委員会では二十八日の教授会で同大学として最終決定したあと、六月末までに認可申請をする予定だが、大学設置審議会はこれをうけて書類審査、現地調査のあと、十一月ごろまでに結論が出るものと見られる」(6)


この新学部報道をみる限り、新学部設置の狙いは、①県外流出者を県内にとどめる、②地域社会調査などの地域社会に貢献することであり、新学部名は当初社会学部であったが、人文学部が有力になっていること、また、その学科は社会学科と国際学科となっていたようだ。

この記事をうけ、新聞学会編集部・学友会総務が大学当局にインタビューした。大学側の出席者は八木学長、稲生理事、伊藤理事、菅原厚生課長、学生側は新聞学会三名、総務委員会四名であった。稲生理事（新学部設置委員長）によって新学部の設置の意義、経過が述べられた後、質疑応答がなされ、主な応答は次の如くであった。(7)

①新学部設置認可がおりるのはいつか？

（大学側）新学部の締め切りが六月三〇日で、おそらく内示が出るのが一〇月前後だろう。

②愛媛新聞五月二八日の記事は？

（大学側）新聞に出された経緯は、県庁の番町クラブに資料をもっていったところ、それをピックアップして書いたのだろう。

③今年度大学の経常収支状況の公開は？

（大学側）経常収支についてはやがて学園報に載せるだろう。

④五〇周年の費用は？

（大学側）五〇周年の費用は、新学部設置三億円、中央記念館四億円、温山会館の建設に三〇〇〇〜四〇〇〇万円。総額七億円、うち、四億円は寄附で集める。五〇周年のためにファンドが必要である。地域社会、政財界に商大五〇年のメリットを知ってもらい、有力な経済界のひとに発起人になってもらう。県内で二億七〇〇〇万円集めたい。発起人会長には愛媛相互銀行の高橋作一郎氏になってもらった。

⑤教授会の決議は？

（大学側）教授会は決議機関ではない、理事会、評議員会が決議する。教授会は了承すればよい。

⑥学生へのアンケートは？

（大学側）学生へのアンケートをとった方がよいかも知れないが、本学学生は直接入るわけではない。

⑦こんなに資金が必要なのに授業料値上げは？

（大学側）学費改定は学長の責任である。検討中ではない。

六月二九日、八木理事長ら大学当局は文部省に『松山商科大学人文学部設置認可申請書』を提出した。

この『人文学部申請書』の主な内容は次の通りである。(8)

①目的　人間生活の変化、国際化、人的交流の普遍化に対応するために人文学部を設置する。高度な文化性と創造能力をもち、国際感覚と視野を備え、人間生活領域の文化と生活の調査、開発の知識と技能を備えた人材を育成することを目的とする。

②名称　松山商科大学人文学部

③学科　英語英米文学科と社会学科

④定員　英語英米文学科五〇名、収容定員二〇〇名
社会学科　　　五〇名、収容定員二〇〇名

⑤修業年限　四年

⑥学士号　文学士

⑦開設の時期　一九七四年四月
⑧教員について
・一般教育、外国語、体育で次の一〇名を採用する。
十亀豊一郎、中島千秋、近藤是悟、高石頼三郎、安東勝年、井上一郎、岡山勇一、
三浦正孝、渡辺敏雄、金村毅。
・英語英米文学科で次の三名を採用する。
升本正爾、葉原幸男、石原文雄。
・社会学科で次の六名を採用する。
清水盛光、大道安次郎、小川肇、横山知玄、松井茂樹、山口弘光。
・また既存学部から次の教員を移籍をする。
社会学科に、辻悟一、星野陽、伊藤恒夫、八木亀太郎の四名。
英語英米文学科に、増田豊、渡部孝、ハミルトン、二神春夫、河村昭夫、飛驒知法の六名。

文部省の設置審議会で審査がなされ、次の二つの意見が指摘された。
①人文学部設置の構想と将来計画が記されていないこと。
②既存の短期大学部の教員が設置基準に達していないこと。
この二点は申請に当たっての重要な瑕疵であった。そこで、八木理事長等大学当局は、一〇月二九日に文部省に追加書類を提出した。

①の人文学部設置の構想と将来計画については、設置の「趣意書」に「第四章　結び（将来計画）」を追加し、新しい学科として「文化学科」を構想した。その構想によると、比較文化学を中心に日本文化と国際文化の研究教育を展開する内容で、具体的には第二言語を必修とし、専門教育科目には、哲学関係、歴史学関係、文学関係、社会学関係、文化学関係、比較言語学関係の科目が多く開設されることになっていた。

②の松山商科大学短期大学部教員組織の補充については、新規教員として、一般教養三名（高市純徳、梶原暢二、八塚進）、専門三名（川崎三郎、菊池金二郎、岩林彪）を補充することにした。(9)

本年度も学生の自主的研究活動の発表の場であるゼミ大会として、第一三回中四ゼミと第二〇回全日ゼミが開催された（なお、学内ゼミは開かれていない）。このうち、第一三回中四ゼミナール大会は本学で開かれたが、その参加状況、詳細は不明である。また、第二〇回全日ゼミ（インゼミ）が東北大学で開かれ、本学からも数十名が参加した。そしてこの大会で次回の大会は松山商科大学で開催することが論議され、相談を受けたゼミ連顧問の入江奨教授は、とても引き受ける能力がないと消極的ないし反対であったが、三年生以下のゼミ活動家の熱情と愛学心により大会を引き受けることになった。(10)

一一月二三日、午前一〇時より創立五〇周年記念式典が挙行された。式には、新田長次郎の令孫新田長夫、松友孟愛媛県副知事、戸田義郎神戸大学学長らの来賓が出席し、来賓の祝辞の後、八木学長が式辞を述べた。八木学長は、学園創設半世紀の苦難の歴史を回顧し、建学の三恩人の偉業に感謝し、とくに学祖たる長次郎翁の風雲の志、おしげもなく浄財を寄進され、郷土青年の教育に心を砕かれた愛郷の精神に感謝し、また、三恩人のみならず、すでに鬼籍に入られた伊藤秀夫、高橋始らの諸先生に思いを致し、さらに本学を支えてくれた地域社会の人々に感謝した。そして、最後に、開かれた大学として、世界市民育成の国際色豊かな新学部（人文学部）の企画について述べた。

八木学長の式辞は次の通りである。

「時の流れは絶ゆることなく、一瞬の停頓も、寸刻の静止もありません。而もその間に起生する諸々の現象は、或は、一弾指の間に滅し、或は、また永続し、恒存する。人類はその社会的営みの中で、永遠と瞬間、有限と無限の対立を意識し、そこに暦制を創案し、歴史を構想いたしました。教育はまさに人類の生命と共に、永続し、恒存するところの厳粛なる事実でありますが、これを年代に区分し、その歴史を省察することは、人間固有のものであり、われわれがここに本学創立五〇周年を記念せんとする所以もまた、ここに存するのであります。

学園創設以来、ここに半世紀、年は正に昭和癸丑(きちゅう)にあり、高秋の佳晨をトして式典を挙行するに当たり、ご来賓各位のご光来を辱うし感佩に堪えないところであります。また全国各地より多数の卒業生諸兄姉のご参会を得ましたことも限りない欣びであります。創立以来、今日に至る五〇年の歳月は音もなく過ぎ去り、烏兎匆々(うとそうそう)の感を禁じえませんが、その間、世界史の舞台は混乱と激動に揺れ、洵に多事多端の様相を呈しましたが、その中にあって、我が学園の建学の精神はいささかも、ゆらぐことなく、自由にして暢達、自らを尊びて、而も傲らず、郷土の私大としての矜持を保ち、いささか江湖の負託に応ええましたことは、天の時、地の利、人の和の恵沢によるものと言わねばなりません。学園の外にあると、内にあるとを問わず、或はまた、形あるものを以て、はたまた、形なきものによって、この学園を愛し、これを守り、これを育てられた皆様方はじめ、多数の方々に対し、感恩報謝の念、誠に尽きせぬものがあります。本当に長い間、ありがとうございました。今日ここに、記念の式典を催するに当たり、本学の歴史の形成と伝統の昂揚に寄与された皆様と親しく一堂に会し、つぶさに去んぬる月日の追憶をたぐり、悲喜交々、越え来し幾山河を振返ると共に、いささか本学の将来に嘱する所以のものを考える機会をえまして感慨さらに一入なるものがあります。

本学の濫觴は、御高承のごとく、大正一二年の創立になる松山高商であり当初は教員一三名、学生五〇余名、北予中学校の教室の一部で講義を行うというささやかなものでありましたが、その後、逐次規模の拡張、内容の充実を見、経専、大学と降昌の道を辿りえて、今日あるを思うとき、うたた感慨に堪えないものがあります。

高商時代、「東の大倉、西の松山」と謳われたことも今は昔の語り草となりましたが、爾来、大学院大学としての今日に至るまで、その道は遥けく、かつ、嶮しいものでありました。現在旧本館として残っている高商時代の校舎は当時青々たる緑野であった味酒野の自然に囲まれ、古城の楼閣を指呼の間に望む静謐の境にあり、若草のもえ出ずる頃ともなれば、辺りは菜花一路、片隅に咲くすみれの色に、つばなの白い穂がこぼれる風情、秋は校庭のポプラが黄ばみ、やがて風に身を任す解脱の興趣、いづれも当時のうら若い学徒のたゆらかな夢を育て、心を培ったものでした。

星移り代替って、自然も社会も、昔を今にかえす由なく、旧本館の商神マーキュリーのシンボルの色も、あせ果てた今日この頃でありますが、建学以来、今日まで、学園のもろもろのさまかたちを貫いて、生き続けた味酒野の心は、とわに新たに、渝ることなく、今ここに集える多くの方々の胸奥に惻々として甦ってくることと拝察いたします。なつかしき哉高商。戦乱の惨苦に耐えつつ、青春学徒の苦楽を味わった経専の時代よ。大学昇格の時、諸君が商品を売り歩き、巡回映写会を開いて、資金の一助とされた心温まる母校への献身。また大学二五年の限りなき思い出の数々。ここに味酒野の心があります。而してこの心を語るとき我等の胸中に徂徠するものは、すでに幽界の客となられた忘れえぬ人々の貴いおもかげであります。

学祖たる新田長次郎翁、三実の校是を創唱された初代校長加藤彰廉先生、創設期の立役者たりし、元駐仏代理大使、当時の松山市長、加藤恒忠先生。この建学の三恩人は夫々、財界・学界・政界の逸材であり、その三位一体の上にすでに本学の未来が胚胎されていたと言うべきでありましょう。新田長次郎氏は後温山と号し、生来、理数に明るく自学研鑽を以て高度の学術を身につけた方でありましたが、もと、山西の農家に生まれ、少年の頃、家計を援けんとして厳冬の候に、三坂を越えて上浮穴に行商する途次、折からの吹雪に誤って谷間に転落するなど、苦難の日々が続きましたが、後、風雲の志、もだし難く、功成らずんば再び故郷の土を踏まじとの遺言を残して、大阪に出で、転々として冷酷な店主に仕え、千辛万苦にあうもその節をまげず、漸く皮革業を興されましたが、毎日扱う石灰のため掌に幾つもの穴があくこともあったと自ら述懐されています。されど翁は敢然として一切の艱難を超克し遂にベルト業界の雄となり一代にして産を築かれたのであります。偶々、両加藤先生と相謀り、郷土に専門学校を創設するに及んでは、惜しげもなくその浄財を寄進され、その実現に協力されたのであります。惟うに、温山翁が己が辛酸苦節の生涯に鑑みる処あり、郷土青年の教育に心を砕かれたその至純なる愛郷の精神は味酒野の心の淵源であり、初代校長加藤先生の「真実」「忠実」「実用」の校訓の中にも脈々として躍動しているのであります。

なお、このほかに、三恩人の偉業を継ぎ、本学の歴史に光彩を添えられた幾多の方々のおもかげが眼前に彷彿いたしますが、特に鬼籍に名を列ね、今や語るに由なき一、二の方々の芳名を挙げれば、春風和煦、温容今なお心底に消えさらぬ伊藤秀夫初代学長、敦厚にして洒脱、自らドン栗庵主と号した高橋始先生等、尽くることなき思い出に心を浸して会者必離の無常を嘆ぜずにはおれません。

高橋さん、あなたのものされた「中興の薫使田中忠夫校長」の一文は、いみじくもくすしい師弟の契りを語り、高商精神の真髄がひしひしと胸に迫ります。

先に、天の時、地の利、人の和と申しましたが、時代の激流の中で、本学をしっかりと支えていただいた地域社会の恩恵を忘れてはなりません。物心両面において、常に我等を支援され、理解と寛容を以て学園の発展を促進すべく、公私にわたってご助力を賜った皆さんに対し、特に県市ご当局の方々、さらにまた、五十周年を期して後援会を組織するにあたり、会長就任方を快諾された高橋作一郎翁をはじめ、多数の関係諸賢に対し、深甚の謝意を捧げます。

卒業生諸君。皆さんの実社会における営々たる努力は母校の声価を高め、その発展に寄与されました。校庭は黙し、校舎は語らず、ただ五十年（いそとせ）の光輝ある歴史をあかすものは諸君を措いて他にありません。学のふる里たる母校は、いつまでも皆さんとともに存し、再来することなき青春幾歳月の追憶が永遠に回帰する場として永続することを信じて疑いません。今ここになつかしき再会を喜ぶとともに、温故知新、相携えて母校のあけ行く明日を祈りましょう。

今や険悪なる世界情勢の中で、日本と日本人はややもすれば東西両文化の渦中にさ迷い、学問を軽視し、信仰を否定し、歴史を侮辱し、自我を放擲せんとする危機に当面し、史的転換の厳頭に佇立しています。この時に当たり、自我開現の道を求め、ヒューマニティの尊厳を恢復する方途としての教育の課題はいよいよ深刻であります。われわれは本学五〇年の歴史の意味するものを信ずるとともに、世界史的展望の中での大学のビジョンを追求し、「開かれた大学」の理念を実践し、以て、地方大学としての真価を創造することを念願してやみません。当面の課題として、地域の風土的、精神的特質を基盤として、世界市民育成の場たる国際色豊かな新しい学部の増設を企画するとともに、大学の機能の多様化に対応すべく、中央記念館の完成をめざしているのであります。われわれはこの式典がたんに過去半世紀の葬送の曲に終ることなく、これをして本学の新たなる歴史への出発を告げるのろしたらしめんことを切に切に希ってやみません。終わりに臨み、皆様方の多年に渉るご懇情を重ねて深謝するとともに、向後末長きご指導とご高疵をお願いいたして式辞といたします。

昭和四十八年十一月二十三日

松山商科大学長　八木　亀太郎」(11)

五〇周年記念事業が終わった直後の一一月二八日、八木理事長ら理事会は「松山商科大学大学院（博士課程）設置協議書」を文部省に提出した。

その主な内容は、次の通りである。[12]

①目的　経済学の分野で独創的研究をなし、従来の学術水準に新しい知見を加え、その専攻分野に関する研究の指導能力を持つ者を養成する。

②名称　松山商科大学大学院経済学研究科経済学専攻博士課程

③修業年限　三年

④学位　経済学博士

⑤入学定員　四名、収容定員一二名

⑥学位取得　博士の学位を得ようとする者は、三年以上在学し、所定の単位を修得し、かつ、学位論文を提出し、その審査および最終試験に合格すること。

⑦開設時期　一九七四年四月

一二月一日、松山商科大学『創立五〇周年記念論文集』が刊行された。八木亀太郎学長が発刊の辞を執筆した。それは研究と教育重視の精神を示すものであった。[13]

この『記念論文集』には、経済編に一六名、経営編に八名、法律編に四名、人文・語学編に九名、体育編に三名と多くの教員が執筆した。[14]

一九七四年（昭和四九）一月一〇日、文部省より人文学部設置の認可がおりた。その際、次の様な

留意点がついた。(15)

①建設中の校舎を計画どおり完成すること。

②社会学科については、地域社会における調査資料の整備充実に努めること。また、バックナンバーは独仏関係を中心に逐次整備すること。

③英語英米文学科については、専門図書を系統的に整備すること。学術雑誌を更に整備充実すること。

④社会調査室を設置することが望ましい。その際、調査統計に必要な機械類を整備すること。

⑤研究費の増額について、充分配慮すること。

そして、同日、経済学部の伊藤恒夫教授が人文学部長事務取扱に就任した。(16)

二月一七日、一九七四年度の経済学部、経営学部の入試が、本学、東京、京都、岡山、広島、福岡、高松の七会場で行なわれた（学力検査は各学部同時に同一問題で実施）。検定料は七〇〇〇円、募集人員は経済・経営両学部とも三五〇名（文部省定員は各二五〇名）であった。志願者は経済学部一六四八名（前年一五八三名）、経営学部一六〇九名（前年一六一七名）で、本年は経済学部が少し増え、経営学部が少し減少した。合格発表は二月二五日で経済学部九四三名、経営学部七〇四名を発表した。なお、学費は前年度と同一で、入学金三万円、授業料八万円、維持費三万円、施設拡充費二万円（二年次以降は一万円）、その他が八四五〇円で合計一六万八四五〇円であった。

新設の人文学部（英語英米文学科、社会学科）の入試は、経済・経営の入試が終わって一〇日後の二月二七日、本学において実施された（学力検査は各学科同時に同一問題で実施）。検定料は七〇〇〇円。募集人員は英語英米文学科六〇名、社会学科六〇名（文部省定員は各学科とも五〇名）であった。志願者は英語英米が三〇〇名、社会が六〇四名で、社会の人気が高かった。合格発表は三月五日に行なわれ、英語英米が二〇〇名、社会が二〇六名を発表した。なお、人文学部の学費は、入学金は三万円、授業料は八万円、維持費は三万円、施設拡充費は四万円（二年次以降は一万円）、その他が八四八〇円、合計一八万八四八〇円で、経済・経営学部より初年度の施設拡充費が二万円高かった（二年次以降は同一）。[17]

大学院経済学研究科修士課程の入試は三月二五日に行なわれ、定員一〇名に対し、志願者は三人で、二名が合格した。[18]なお、本年度より、経営学、会計学のゼミナールを開講することにした。

二月二六日、八木理事長は文部省に対し、「松山商科大学学則の一部変更について」を申請した。それは、外国語科目にロシア語を新設するものであった。理由としては多様化する時代に即応するため、幅広い外国語教育を行なうためであった。[19]

三月六日、八木理事長は、文部省に対し、教員判定の結果、経済社会学特殊研究、同演習の担当として渡植彦太郎、アメリカ経済論特殊研究として小松聡を追加して修正、申請した。[20]

さて、八木学長は、一九七四年三月末で定年退職の年（六五歳）にあたることを理由に、退任することを決意した（本来の任期は、一九七四年一二月三一日まで）。[21]その結果、学長選考規程にもとづき、推薦委員を選出し、推薦委員会において、一九七四年二月、経済学部の太田明二教授（六四歳）が推薦され、学長選挙が行なわれた。なお、この時から事務職員の選挙権者は書記以上から事務職員全員に拡大した。選挙の結果、太田明二教授が当選した。

三月二〇日、第二三回卒業式が行なわれた。八木学長最後の卒業式であった。経済学部三九四名、経営学部三八八名が卒業した。また、経済学研究科修士課程は初めての修了生三名（粕谷進・太田指導生、中野和幸・井上指導生、森貞俊二・入江指導生）を出した。[22]なお、この時の八木学長の式辞は未見である。

三月二八日、大学院経済学研究科博士課程の設置認可が文部省により認められ、四月一日開設されることになった。

三月、『松山商科大学五十年史』が刊行された。編者は作道好男、江藤武人で、財界評論新社教育調査会校史編纂室より出版された。第一編松山商科大学五十年史、第二編松山商科大学課外活動、第三編温山会と卒業生の社会活動で、七五〇頁にわたる大部な校史となっていた。

三月三一日、多くの課題をなし遂げた八木亀太郎学長は任期九ケ月を残して学長職を退任した。

◇　　◇　　◇

五年三ヶ月にわたる八木学長時代（在任：一九六九年一月一日〜一九七四年三月三一日）の歴史において特記すべき事項をまとめておこう。

第一に、第三の学部として、人文学部が開設された（一九七四年四月一日）。

第二に、大学院経済学研究科修士課程が開設された（一九七二年四月一日）。さらに、博士課程が開設された（一九七四年四月一日）。

第三に、施設面の充実拡大が進んだ。
①学生待望の学生会館が新築された（一九六九年八月三一日）。
②研究センターの増築（研究センターの西側の二階部分）がなされた（同）。
③新本館（一号館）が竣工した（一九六九年九月一日）。
④人文学部用の四号館（語学教室が中心）が建設された（一九七四年一月）。
⑤中央記念館（五〇年記念館＝新図書館、研究室）の建設が企画された（完成は一九七六年三月三〇日）。
第四に、大学の校務体制の改革として、教務部、学生部を改組して、教務委員会、学生委員会が設置された（一九六九年四月一日）。

第五に、教育改革として、マスプロ対応がなされた。
①学生と教師の親睦のため船上教室を二度にわたって行なわれた（一九六九年四月二四日、一九七〇年四月一四、一五日）。
②一年次生に一般演習の必修化をはかり、全教員が担当することになった（一九七〇年四月一日）。
③指導教授制が実施された（一九七〇年四月一日）。
第六に、八木学長の入学式、卒業式の式辞は格調高く、その水準を一段と引き上げた。

第七に、全共闘による新本館封鎖事件がおきた（一九六九年一〇月二一日）。

第八に、学生の自覚の高まりがみられ、一九七一年度の授業料三万円の値上げを巡って、ストライキが行なわれるなど学生運動が高揚した（一九七一年一月）。

第九に、創立五〇周年記念事業が挙行された（一九七三年一一月）。

第一〇に、学長選挙について、事務職の権利を拡大し、書記以上から職員全員に選挙権が拡大された（一九七四年二月）。

第一一に、松山商科大学五〇年史が刊行された（一九七四年三月）。しかし、学内関係者で執筆するのではなく、外部の財界評論新社教育調査会校史編纂室に委託するという問題点があった。

八木学長時代は、伊藤学長による草創期の松山商科大学の基礎づくり、星野、増岡学長による拡大発展策の上に、さらに一段と松山商科大学を飛躍、発展・展開させた、八木学長は「松山商科大学中興の祖」と位置づけることができよう。

〔注〕

（1）『六十年史（資料編）』一二六～一三一頁。
（2）八木亀太郎「新入生諸君を迎える」『学園報』第二二号（新入生特集号）、一九七三年四月一日。
（3）『六十年史（資料編）』一六一、一七三～一七四頁。
（4）『五十年史』三六〇～三六九頁。なお、経済学史学会は前年に行なわれている。
（5）同、三六二頁。
（6）『愛媛新聞』一九七三年五月二四日。
（7）『松山商大新聞』第一八三号、一九七三年七月五日。
（8）『人文学部申請書』より。
（9）同。
（10）入江奨「学園の新たな活力を待ち受ける心」『学園報』第二八号、昭和四九年一二月一日。同「学生の自主的研究活動の動向の一齣」二五〇頁。
(11)『五十年史』三六六〜三六九頁。
(12)国立公文書館『松山商科大学大学院（博士課程）設置協議申請書』より。
(13)松山商科大学『創立五十周年記念論文集』一九七三年一二月、発刊の辞、より。
(14)同。
(15)『人文学部申請書』より。
(16)『六十年史（資料編）』七〇、一二七頁。
(17)松山商科大学『昭和四九年度入学試験要項』、『六十年史（資料編）』一七四頁。
(18)『昭和四九年度松山商科大学大学院修士課程学生募集要項』、『六十年史（資料編）』一六一頁。
(19)『人文学部申請書』より。
(20)同。
(21)マスコミから「お家騒動」とさわがれては困るので、神森智先生（八木学長時代の理事）らが進言して、本町前の病院に入院してもらったという（神森先生よりの聞き取り）。
(22)『六十年史（資料編）』一四一頁。『温山会名簿』も同人数。

第三編　経済・経営・人文 三学部時代

（一九七四年四月一日〜一九八八年三月三一日）

第一章　太田明二学長時代（一九七四年四月一日～一九七六年一二月三一日）

第五代学長
太田明二

一九七四年（昭和四九）四月一日、太田明二教授が第五代松山商科大学学長兼学校法人松山商科大学理事長に就任した。同時に松山商科大学短期大学部学長も兼務した。太田学長この時六四歳であった。

太田明二教授の主な経歴は次の通りである。

一九〇九年（明治四二）五月松山市道後生まれ。一九二七年（昭和二）三月兵庫県立第一中学校卒業、同年四月官立神戸高等商業学校入学、一九三〇年三月同本科二年修了、同年四月神戸商業大学に

入学し、一九三三年三月同大学を卒業。同年六月松山高等商業学校講師に就任し、一九三五年三月教授に昇格。一九四二年八月朝鮮の京城高等商業学校に移り、九月同教授に就任した。一九四六年五月、勅令第二八七号により自然退官となり、同年一一月再び松山経済専門学校教授となり、一九四九年四月松山商科大学昇格により、同教授となった。また、一九六一年一二月には神戸大学より経済学博士の学位を授与された。一九六二年四月、経済学部・経営学部発足により経済学部教授となり、経済原論、景気変動論を担当した。校務では教務課長（一九四九年四月～一九五七年四月）、経済研究所長（一九五七年五月～一九六一年四月）、教務部長（一九六四年四月～一九六六年六月）、図書館長事務取扱（一九六七年四月～同年五月）、経済学部長（一九六九年四月～一九七三年三月）を歴任し、大学院経済学研究科設置にあたっては中心的役割をはたし、初代研究科長に就任した（一九七二年四月～一九七四年三月）。法人関係では、一九六六年五月より一九六九年四月まで理事を務めた。[(1)]

太田学長が学長職を務めた時期は、本学が経済・経営・人文学部の三学部体制となり、躍進していく時代である。しかし、経済的には第一次石油危機直後であり、高度経済成長が終焉し、不況・低成長に陥った時期、しかも特殊な不況で不況下の物価高、スタグフレーションに陥った時期である。大学もそのため、物価高、人件費高騰により財政難に陥り、学生に負担をしい、授業料の引き上げを行ない、学生の反発を招いた時期であった。

〔注〕

（1）太田明二博士記念号『松山商大論集』第二八巻第四号、一九七七年一〇月等より。

㈠一九七四年（昭和四九）度

太田学長一年目である。経済学部長は入江奨（一九七三年四月一日～一九七七年三月三一日）、経営学部長は元木淳（一九七二年四月一日～一九七六年三月三一日）が引き続き務めた。新設の初代人文学部長には伊藤恒夫が就任した（一九七四年四月一日～一九七六年一二月三一日）。大学院経済学研究科（修士課程、そして本年度増設の博士課程）の科長には、学長に就任した太田明二に代わって新しく望月清人が就任した（一九七四年四月一日～一九七八年三月三一日）。全学の校務体制は、教務委員長は藤原保（一九七三年五月一日～一九七五年四月三〇日）、学生委員長は伊達功（一九七二年五月一日～一九七七年三月三一日）、入試委員長は宮崎満（一九七三年五月五日～一九七五年一月二九日）、図書館長は井出正（一九七三年四月一日～一九七六年三月三一日）が引き続き務めた。経済経営研究所長は経済学研究科長に就任した望月清人に代わって、新しく中川公一郎が就任した（一九七四年四月一日～一九七七年三月三一日）。事務局長は墨岡博が続けた（一九七三年四月一日～一九八一年三月三一日）。学校法人面では稲生晴は理事を続けたが（一九六九年五月二七日～一九七九年一二月三一日）、神森智が退任し（八木亀太郎学長が辞めたのでそれにならったため）、また伊藤恒夫も退任し（人文学部長に就任するため）、それに代わって新しく井上幸一（一九七四年三月一日～一九七七年一一月三〇日）と越智俊夫（一九七四年三月一日～一九八〇年一二月三一日）が理事に就任し、太田明二新理事長を支えることになった。(1)

本年度の特筆すべきことは、前、八木学長時代に文部省に申請し、認可を受けた人文学部（英語英米文学科、社会学科）が発足し、経済、経営、人文の三学部体制になったこと、ならびに大学院経済学研究科に博士課程が増設されたことである。

本年、人文学部の開設に伴い、学生数が増えたため、専門科目のみならず、一般教育科目・外国語の担当教員も必要となり、次のような新しい教員が大量に採用された。(2)

経済学部

井上　一郎　一九一九年二月愛媛県生まれ、慶應義塾大学卒。教授として採用。英語。

十亀豊一郎　一九〇九年二月愛媛県生まれ、広島文理科大学史学科卒。教授として採用。歴史、西洋史概説。

渡辺　敏雄　一九〇八年一〇月愛媛県生まれ、京都帝大文学部卒。教授として採用。ドイツ語。

鈴木　茂　一九二八年三月大阪府生まれ、京都大学大学院文学研究科博士課程。講師として採用。哲学、倫理学。

宍戸　邦彦　一九四一年一一月広島県生まれ、関西大学大学院経済学研究科博士課程。講師として採用。経済統計論。

岩林　彪　一九四一年一一月富山県生まれ、京都大学大学院経済学研究科博士課程。講師として採用。ロシア語、経済学。

経営学部

安堂　勝年　一九〇四年二月京都府生まれ、ミシガン大学卒。教授として採用。工学。

中島　千秋　一九〇八年二月佐賀県生まれ、東京帝大卒。教授として採用。文学。

守谷　美苗　一九〇三年一一月愛媛県生まれ、東京帝大卒。教授として採用。政治学。

三浦　正孝　一九三五年一一愛媛県生まれ、広島大学大学院文学研究科修士課程修了。助教授として採用。英語。

岡山　勇一　一九四六年九月愛媛県生まれ、同志社大学大学院文学研究科修士課程修了。助手として採用。英語。

人文学部英語英米文学科

升本　正爾　一九〇六年八月広島県生まれ、九州帝大法文学部卒。教授として採用。英語、時事英語。

高石頼三郎　一九〇八年六月愛媛県生まれ、東京帝大卒。教授として採用。自然科学概論、物理学。

人文学部社会学科

清水　盛光　一九〇四年一二月愛知県生まれ、九州帝大文学部卒。教授として採用。社会学原論。

小川　肇　一九三八年九月東京都生まれ、立教大学大学院博士課程。助教授として採用。マスコミ論。

横山　知玄　一九四三年七月福岡県生まれ、駒沢大学大学院修士課程修了、東洋大学大学院博士課程。講師として採用。組織論、集団論。

金村　毅　一九四三年三月愛媛県生まれ、東京教育大学体育学部卒業。講師として採用。体育。

山口　弘光　一九四七年六月愛媛県生まれ、九州大学大学院文学研究科修士課程修了。助手として採用。社会調査方法論。

また、既設学部からの新設の人文学部への移籍があり、経済学部の渡部孝（英語音声学）と飛驒知法（英文学）、経営学部の河村昭夫（英語）が人文学部英語英米文学科に移った。

四月一日、太田学長は『学園報』第二五号（新入生歓迎号）に「謙虚な態度と連帯意識を―商大新入学生に望む―」と題した歓迎の辞を載せた。太田学長は、石油危機により高度経済成長が終焉した日本の経済社会状況の歪みを論じ、功利主義的価値観から社会全体に幸福をもたらす価値観への転換が要請されていること、そして、大学の使命、民主主義について論じ、協同と連帯、いかなる意見に対しても傾聴する謙虚で真摯な態度の必要性を強調し、最後に本学の建学の精神、自由主義の精神、研究と教育の自由、校訓「三実主義」（真実、忠実、実用）について論じた。太田学長のリベラルで真摯な人生観があらわれている。その触りの個所を引用しておこう。(3)

「本学におきましては、創設以来五十年の永きに亘る伝統があります。初代校長加藤彰廉先生によって示された建学の精神は連綿としてその後の校長・学長によって継承されておりますが、自由主義の精神を根底におき樹立されたものであります。人間の自由を尊重しながら人間対自然、人間対人間の関係を真摯な態度でもって捕捉し、人間社会を構成しようとするものであります。われわれはこのような態度に基づいて学園を構成するものであります。学園とは学問をする場であります。学園において単に知識を集積するだけであれば、それは決して学問ではありません。

知識を愛好し、深く掘り下げることによって、新しい価値観を追求し、新しい世界像を発見して、これを現実の世界に実現しようとし、また実現しうる人材を育成しようとするが故に、大学における研究と教育の自由が認められているのです。この点を強調しておりますものが本学の三実主義すなわち真実・忠実・実用でありまして、三位一体的原理として受取らるべきものであります」

また、同号に、新設の人文学部の伊藤恒夫学部長も挨拶文を寄せ、人文学部の開設理由と理念について、女子高校生の要望に応え、国際化に対応し、国際人を育成する、生きがい、働きがいのある社会を実現する、情報化社会の中で正しく生きる人間を育成することであると言い、そして、英語英米文学科と社会学科の両学科は一見異質のようであるが、いずれの学科も新しい人間の探求を志す点で共通である、と述べている。(4)

四月初め、午前一〇時より体育館において、太田明二新学長下の初めての入学式が挙行され、経済学部四五五名、経営学部四三七名、人文学部英語英米文学科一一六名、社会学科一二一名が入学した。経済・経営も募集定員（各三五〇名）を約一〇〇名超え、新設の人文学部も募集定員（各学科六〇名）の約二倍を入学させている。また、経済学研究科修士課程は二名が入学した。経済学研究科の博士課程の入学者はいなかった。(5)

本年度、太田学長就任早々、学園は授業料値上げ問題をめぐって大騒動となった。

五月八日、太田明二理事長ら大学当局は、石油危機に伴う物価上昇により、本年度の学費の特別徴収並びに来年度の授業料値上げを決め、学友会ならびに新聞学会に説明した。その内容および反対闘争の経過は次の通りである。(6)

①在校生について特別徴収金として一律三万円を徴収する。そのため二年次生の学費として、授業料八万円、維持費三万円、施設拡充費一万円、計一二万円に三万円の特別徴収費を加えて一五万円とする。

②来年度より新入生の学費として、入学金を三万円から六万円に引き上げる。また学費として、授業料一二万円、維持費を五万円、施設拡充費二万円、計一九万円とする。合計九万円の値上とする。

③一九七六年度より人事院のベースアップ分に新入生の学費をスライドさせる。

この学費値上げの理由として、大学当局は、①現下の異常なインフレの中で研究費を始め諸経費が大幅に値上がりしている、②人件費の二五％アップを考えており、これを実施すると現行の学費では経営内容が極端に悪化する、というものであった。

財務内容悪化の原因としては、上記のほかに、人文学部の設置やそれに伴う新教員の採用による人件費増、さらに五〇周年記念館の建設等、学内的要因もあっただろう。

それにしても在校生への異例の特別徴収であり、また、来年度の新入生への大幅な学費値上げであり、学生が反発した。

五月九日、学友会総務主催の学費値上げ反対集会が一〇〇名程の参加で開かれた。

六月一二日、学費改定反対の臨時学生大会が開かれ、白紙撤回要求、スト権確立と学費値上げ阻止闘争本部が結成された。

六月一九日に全学交渉が行なわれた。大学側は太田理事長、稲生、井上、越智理事が出席した。しかし、議論は並行線であった。

六月二〇日～二二日、授業放棄が行なわれた。

以上のような学生の反発にあい、その後、太田理事長ら大学側は修正案を提案した。それは、①在学生の値上げを半減する（一・五万円）、②スライド制を撤廃する、というものであった。しかし、来年度の新入生の九万円の学費値上げはそのままであった。

在学生への修正案の効果はあった。

六月二七日、学生大会において当初の白紙撤回要求が否定され、闘争本部（闘争本部長は新聞学会編集委員長）が解散し、運動は終息した。

七月一〇日、大学当局は在学生への特別徴収賦課金（一・五万円）と来年度新入生の学費改定（値上げ）を発表した。

八月一日、学生寮有師寮、食堂新築工事が着工された。

九月二四日、太田理事長は、文部省（文部大臣奥野誠亮）に対し、「松山商科大学学則一部変更について」を申請した。それは一九七四年度に限って在学生に特別徴収金一・五万円を付加する学費の改訂（値上げ）であり、一九七四年一〇月一日から施行するものであった。(7)

本年度も学生の自主的研究活動の発表の場であるゼミ大会が開かれ、各ゼミで取り組まれた。とくに特筆すべきことは、一一月二二日から二五日の四日間にわたり、第二一回全日本学生経済ゼミナール大会（インゼミ）がわが松山商大で開催されたことである。一日目は一般討論会「地域開発は如何にあるべきか―日本経済の動態との関連において―」というテーマで行なわれ、約二〇〇名が参加した。二日目は部門別自由テーマ討論会と部門別共通討論会が行なわれ、二四〇〇名が参加した。三日目は部門別共通討論会が行なわれ、一〇〇〇名が参加した。四日目は記念講演会が行なわれ、四〇〇名が参加した。このインゼミには全国から五一の大学、三〇七ゼミが発表し、三〇〇〇名を超える参加者があった。本学からはのべ二二ゼミが発表し、のべ二〇ゼミが議長団の任にあたった。参加人員は発表者として二二〇余名、講演参加者を含めると約七〇〇名が参加した。[8]

インゼミ大会の成功、それは、ゼミ連の努力、佐藤伸（会計学研究部、神森ゼミ）を委員長とする松山商大大会実行委員会の不撓の努力の賜であった。また、ゼミ連顧問の入江教授の指導も大きいと言えよう。

また、第一四回中四ゼミも開かれたが、その参加状況も『松山商大新聞』には記事がなく、不明である。なお、学内ゼミ大会は本年も開かれていない。

一〇月六日、大学院経済学研究科修士課程の入試（第一次）が行なわれた。[9]

一二月一日、『学園報』第二八号（入試特集号）に、太田学長が「学園の公共性―大学教育の近代化に向って―」と題する挨拶文を載せた。それは私学の公共性を強調することによって、私学に対する公共団体からの補助金（国庫助成）を求めるものであった。[10]

一九七五年二月一六日、一九七五年度の経済学部・経営学部の入試が、本学、東京、京都、岡山、広島、福岡、高松の七会場で行なわれた（学力検査は各学部同時に同一問題で実施）。検定料は八〇〇〇円（前年度七〇〇〇〇円）。募集人員は経済・経営両学部とも三五〇名（文部省定員は各二五〇名）であった。志願者は経済学部一九四七名（前年一六四八名）、経営学部一九三六名（前年一六〇九名）で、ともに増えた。合格発表は二月二四日で、経済学部九五九名、経営学部七〇五名を発表した。経済学部が多く発表したのは、経営学部に比べて歩どまりが低いためであった。

二年目に入る人文学部（英語英米文学科、社会学科）の入試は、二月二六日、本学においてのみ実施された（学力検査は各学科同時に同一問題で実施）。募集人員は英語英米文学科六〇名、社会学科六〇名（文部定員は各学科とも五〇名）で、志願者は英語英米は四四〇名（前年三〇〇名）、社会は一一九〇名（前年六〇四名）で、ともに増え、とりわけ社会は倍加した。合格発表は三月四日、英語英米が一五六名、社会が一七八名発表した。

なお、学費は既に述べたように、一九七五年度入学生から大幅に値上げされた。入学金は六万円（前年度三万円）、授業料は一二万円（前年度八万円）、維持費は五万円（前年度三万円）、施設拡充費は二万円（前年度二万円、二年次以降も二万円）、その他が一万二二五〇円（前年度八四五〇円）で、合計二六万二二五〇円で、前年に比し、九万三八〇〇円の値上げであった。なお、人文の学費は経済・経営学部と同一であった。[11]

二月、入江経済学部長の任期満了に伴う学部長選挙が行なわれ、入江教授が再任された。

三月下旬、第二四回卒業式が行なわれた。経済学部四一三名、経営学部四一八名が卒業した。また、経済学研究科修士課程四名（芳野俊郎ら）が修了した。[12] この年に経営学部を卒業した中に森本三義（神森ゼミ）がいる。森本三義は大学院経済学研究科に進学する。また修士課程を修了した芳野俊郎（入江ゼミ）は、後、立命館大学院経営学研究科博士課程に進学する。

三月二四日、大学院経済学研究科修士課程の入試（第二次）が行なわれた。一三名が受験し、五名（渡辺利文、森本三義ら）が合格した[13]。

三月三一日、経済学部の小松聡助教授（外国経済論）が退職し、筑波大学に転任した。また、人文学部の河村昭夫助教授（英語）も退職し、関西学院大学に転任した。

〔注〕

（1）『六十年史（資料編）』一二六～一三二頁。
（2）『学園報』第二五号（新入生歓迎号）、一九七四年四月一日。
（3）同。
（4）同。
（5）入学者数は『六十年史（資料編）』一七四、一六一頁。
（6）『六十年史（資料編）』七一頁。『松山商大新聞』第一八八号、一九七五年一月一〇日、第一八九号、一九七五年一月一〇日。
（7）「松山商科大学学則一部変更について」、国立公文書館所蔵。
（8）入江奨「インゼミ報告」『温山会報』第一八号、一九七五年八月。入江奨「学園の新たな活力を待ち受ける心」『学園報』第二八号（入試特集号）、一九七四年一二月一日。同「学生の自主的研究活動の動向の一齣」より。なお、実行委員を務めた入江ゼミ生の中野太郎は「インターからのレポート」で、全国から五六大学、三〇〇ゼミ、二六〇〇名余りが参加し、入江Ⅰ部サブゼミからは経済学史、マル経原論、ジュニア経済部門に参加し、入江Ⅱ部サブゼミはそれらの各議長団を務めたと述べている（入江ゼミナール会報『つくし』第七号、一九七五年三月、三二～三四頁）。
（9）『昭和五〇年度松山商科大学大学院学生募集要領』。
（10）『学園報』第二八号（入試特集号）、一九七四年一二月一日。
（11）松山商科大学『昭和五〇年度入学試験要項』、『六十年史（資料編）』一七四頁。
（12）『六十年史（資料編）』一四一、一六一頁。『温山会名簿』も同じで、三月卒業生だけでなく、前年の前期卒業者も入っている。

（13）『昭和五〇年度松山商科大学大学院学生募集要領』、『六十年史（資料編）』一六一頁。

(二) 一九七五年（昭和五〇）度

人文学部二年目、学長は太田明二が続けている（二年目）。経済学部長は入江奨、経営学部長も元木淳、人文学部部長も伊藤恒夫が引き続き務めた。経済学研究科長も望月清人が引き続き務めた。全学の校務体制は、教務委員長は藤原保に代わって新しく宮崎満が就任した（一九七五年五月一日〜一九七七年三月三一日）。学生委員長は伊達功が引き続き務めた。入試委員長は宮崎満に代わって、新しく中原成夫（ドイツ語）が就任していた（一九七五年一月三〇日〜一九七七年四月三〇日）。図書館長は井出正、経済経営研究所長は中川公一郎が引き続き務めた。事務局長は墨岡博が続けた。学校法人面では稲生晴、井上幸一、越智俊夫が引き続き務め、太田理事長を支えた。(1)

人文学部開設二年目であり、本年度も次のような新しい教員が採用された。(2)

経済学部

久保　進　一九四九年一二月兵庫県生まれ、神戸市外国語大学大学院外国語学研究科修士課程修了。助手として採用。英語。

人文学部

石原　文雄　一九〇六年一月熊本県生まれ、東京帝大文学部卒。教授として採用。英語、英文学概論。

葉原　幸夫　一九一八年四月香川県生まれ、広島文理科大学卒。教授として採用。英語、英文学。
大道安次郎　一九〇三年五月福井県生まれ、九州帝大法文学部卒。教授として採用。社会学史。
松井　茂樹　一九四二年九月兵庫県生まれ、関西学院大学社会学研究科博士課程。講師として採用。社会学思想史。

また、既存学部から人文学部への移籍があり、経済学部の増田豊（英語、英文法論）、経営学部の八木亀太郎（言語学、言語学概論）、星野陽（歴史、ドイツ語）が人文学部に移った。

四月一日、太田学長は新入生に対し、『学園報』第三〇号（新入生歓迎号）に「商大新入学生に望む―謙虚な態度と連帯意識を―」と題した挨拶文を載せた。それは、前年の挨拶文とほぼ同様であった。(3)

四月七日、午前一〇時より体育館において、入学式が挙行された。経済学部四八九名、経営学部四六〇名、人文学部英語英米七八名、社会八八名、経済学研究科修士課程五名（渡辺利文、森本三義等）が入学した。(4) このうち、渡辺利文は入江奨を指導教授とし、また、森本三義は神森智を指導教授とした。

六月一日、五〇周年記念事業の一つとして計画された「五十年記念館」（新図書館、ゼミ室、研究室等、地下一階、地上六階建）が本館南側に建設着工した。この五十年記念館は、星野学長時代に建設された図書館（一九五九年九月建設）が手狭になったので、それに代わる建物として八木学長時代に計画されたものである。(5)

九月二五日、太田理事長ら大学側は、志願者増に対応するために、文部省に対し、経済学部・経営学部の定員を現行二五〇名から三〇〇名に増やすことを申請した。

本年度も学生の自主的研究活動の発表の場である第二一回全日ゼミ（インゼミ、横浜市立大学）、第一五回中四ゼミ、そして久しぶりに第九回学内ゼミ（第八回は一九七二年度）が開催された。ただし、その参加状況、詳細は不明であるが、入江ゼミの川江一夫（三年）によると、入江ゼミは、横浜市立大学で開催の全日ゼミや学内ゼミに参加したことを記している。(6)

一二月三日、文部省より来年度からの経済、経営学部の入学定員の増加（二五〇名→三〇〇名）の認可がおりた。(7)

一二月一三日、太田理事長は文部省（文部大臣永井道雄）に対し、「松山商科大学学則一部変更について」を申請した。それは、「司書課程および司書教諭課程」設置のためであった（一九七六年四月一日施行）。(8)

一九七六年二月一一日、一九七六年度の経済学部、経営学部の入試が、本学、東京、京都、岡山、広島、福岡、高松の七会場で行なわれた。検定料は一〇〇〇〇円（前年度八〇〇〇円）。募集人員は経済・経営両学部とも三五〇名（文部省定員は各三〇〇名で、引き続き定員を上回って募集）であった。志願者は経済学部一七七九名（前年一九四七名）、経営学部は二四七一名（前年一九六八名）で、経済は減少したが、経営が大幅に増えた。合格発表は二月一九日。経済学部の入学目標は四七〇名、経営学部のそれは四三〇名を設定し、歩留り率を考慮し、経済学部が九五八名（前年九五九名）、経営学部が七〇五名（前年と同じ）を発表した（前年並）。

二月二〇日、三年目の人文学部（英語英米文学科、社会学科）の入試が、本学と広島の二会場で実施された。募集人員は英語英米六〇名、社会六〇名（文部定員は各学科とも五〇名）であった。志願者は英語英米が四二一名（前年四四〇名）、社会が九九六名（前年一一九〇名）で、ともに減少した。合格発表は二月二六日。英語英米の入学目標は約七五名、社会は約九五名を設定し、英語英米が一六五名、社会が一九八名を発表した。

なお、学費について、入学金を一〇万円（前年度六万円）に値上げしたが、授業料などは前年度と同様で、授業料は一二万円（前年度一二万円）、維持費は五万円（前年度五万円）、施設拡充費は二万円（前年度二万円）、その他が一万三三五〇円（前年度一万二二五〇円）で、合計三〇万三三五〇円であった。今年度は授業料はすえおきだが、入学金を値上げした。(9)

三月一九日、第二五回卒業式が行なわれ、経済学部三八〇名、経営学部四〇五名が卒業した。経済学研究科修士課程は一名（弾正原章一、神森ゼミ）が修了した。(10)

三月下旬、大学院経済学研究科（修士・博士）の入試（第二次）が行なわれ、一二名が受験し、四名が合格した。(11)

三月一一日、有師寮改築工事が終了した。

三月三〇日、五十年記念館が本館南側に完成・竣工した。(12)

三月三一日、経済学部の岩田裕助教授（経済政策概論、計画経済論）が退職し、高知大学文理学部に転出した。

〔注〕

（1）『六十年史（資料編）』一二六〜一三一頁。

(2)『学園報』第三〇号（新入生歓迎号）、一九七五年四月一日。
(3)太田明二「商大新入学生に望む―謙虚な態度と連帯意識を―」『学園報』第三〇号（新入生歓迎号）、一九七五年四月一日。
(4)『六十年史（資料編）』一六一、一七四頁。
(5)『学園報』第三二号、一九七五年七月一〇日。
(6)川江一夫「『採用の現場』から見た、後輩たちの実像~急ぐべき、ゼミ活動の復興~」『つくし』第二九号、二〇〇六年一月、五三頁。
(7)『六十年（資料編）』七二頁。
(8)「松山商科大学学則一部変更について」、国立公文書館所蔵。
(9)松山商科大学『昭和五一年度入学試験要項』、『六十年史（資料編）』一七四頁。中原成夫「昭和五一年度入試結果の概要」『温山会報』第一九号、一九七六年一〇月。
(10)『六十年史（資料編）』一四一頁。
(11)同、一六一頁。
(12)同、七二頁。

(三) 一九七六年（昭和五一）度

人文学部三年目、学長は太田明二が続けた（三年目）。経済学部長は入江奨が続けた。経営学部長は元木淳に代わって新しく神森智が就任した（一九七六年四月一日～一九七八年三月三一日）。人文学部長は伊藤恒夫が引き続き務めた。経済学研究科長も望月清人が引き続き務めた。全学の校務体制は、教務委員長は宮崎満、学生委員長は伊達功、入試委員長は中原成夫が引き続き務めた。図書館長は井出正に代わって、新しく元木淳が就任した（一九七六年四月一日～一九八〇年三月三一日）。経済経営研究所長は中川公一郎が引き続き務めた。事務局長は墨岡博が続けた。学校法人面では稲生

晴、井上幸一、越智俊夫が引き続き理事を務め、太田理事長を支えた。(1)

本年度も次のような新しい教員が採用された。(2)

経済学部

村上　克美　一九三九年二月兵庫県生まれ、神戸大学大学院経済学研究科修士課程修了。助教授として採用。経済政策概論。高知大に転任した岩田裕の後任であった。

梶原　正男　一九二一年一月愛媛県生まれ、東京帝大卒、東京銀行調査部長。助教授として採用。国際経済論、国際金融論。一九七七年三月に退職する大鳥居蕃の後任であった。

月岡　利男　一九三五年五月新潟県生まれ、早稲田大学大学院法学研究科修士課程修了。助教授として採用。民法物権。

前田　繁一　一九三二年三月広島県生まれ、九州大学大学院法学研究科修士課程修了。桃山学院短大助教授。講師として採用。政治学担当。

四月五日、太田学長は新入生に対し、『学園報』第三三号（新入生歓迎号）に「松山商大生の自覚と責任―入学生への期待―」と題した挨拶を載せ、功利主義的価値観を脱して、社会連帯意識を基礎とし、人間の幸せを実現させる新しい価値観の確立を訴え、また、個人の自由な経済活動が社会の調和を実現するという従来の経済学を反省し、マーシャルを引用しながら、既存の理論に拘泥することなく、柔軟な思索の要請を呼びかけた。(3)

四月初め、午前一〇時より体育館において、入学式が挙行された。経済学部四二一名、経営学部

三九七名、人文学部英語英米文学科五三名、同社会学科八〇名、経済学研究科修士課程四名（楠宣彦ら）が入学した。[4]

七月一四日、文部省より、昨年一二月一三日に申請していた司書課程の設置についての回答があった。それは司書課程のみでなく、本学の学則に関わるものが含まれていた。それは次の通りであった。[5]

①第五条第二号の外国語科目の単位の計算方法については、大学設置基準第二六条の規程を参照の上整備すること。
②第十四条第五号の「大学入学資格検定により……」は「大学入学資格検定規程により……」と改めること。
③第三章中「課程修了の認定」、「課程修了」は「単位の認定」のごとく改めること。
④第七条の卒業所要単位数（一四六単位）を、大学設置基準に定める単位数に近づけるよう検討すること。
⑤第九条で使用している「教職課程」「司書課程」「司書教諭課程」の用語は大学設置基準第四条にいう「課目」とまぎらわしく適当でないのでこれを改めること。
⑥第一一章中委託生、聴講生、外国人留学生および研究生に対する学則の準用について規定すること、なおその際準用できない条項についても明記する必要がある。
⑦学則中「学科目」は「授業科目」に改めること。

本年度も自主的研究活動の発表の場である各種ゼミ大会に取り組みがなされ、六月に第一〇回学内ゼミ、第一六回中四ゼミ、一二月に第二三回インゼミ（福岡大学）が開催され、参加した。入江ゼミではそれぞれ取り組んだ。

一九七六年一二月末で太田明二学長の任期が終了するので、松山商科大学学長選考規程にもとづき、一〇月推薦委員が選出され、推薦委員会が開かれ、一一月に学長選挙が行なわれ、人文学部長の伊藤恒夫教授（六四歳）が当選した。

そして、伊藤恒夫の学長就任に伴なう、後任の人文学部長選挙が行なわれ、第一回（一二月一六日）、第二回（一二月一七日）でも決まらず、第三回目の一二月二〇日の投票で、星野陽教授が選ばれ、一九七七年一月一日から就任することになった。(6)

一二月二四日、理事会は、各学部教授会や評議員会の意見を聞き、来年度の入学生から授業料を現行一二万円から一六万円に引き上げることを決めた。(7)

一二月、本学は御幸寺山の麓にあり、三万二〇〇〇平方メートルの松田池を買収した。松田池は明治五年から一〇数年をかけて築造された農業用のため池であったが、近年農地の宅地化に伴い、農業用水としての使命が終わっていたため、本学がグラウンド用の敷地（テニスコート、サッカー兼ラグビー場等）として買収した。(8)なお、松田池の購入については苦労話がある。松田池はその構築前の田畑の所有権がそのまま残っており、その所有権者が二～三世も前のものとなっているが、相続による権利移転の手続きがなされておらず、担当の竹田盛秋は当時の所有者の子孫も尋ねて、相手によっては北海道にまで行ったという（神森智元学長より聞き取り）。

一二月三一日、太田明二学長は二年九ヶ月にわたる学長職を任期満了により退任した。

◇　◇　◇

二年九カ月にわたる太田明二学長時代（在任：一九七四年四月一日〜一九七六年一二月三一日）の歴史について特記すべきことについてまとめておこう。

第一に、前八木学長時代に申請、認可を受けた人文学部を開設、並びに大学院経済学研究科博士課程が発足した（一九七四年四月）。

第二に、石油危機直後のスタグフレーション下、一九七四年五月、在学生への三万円の特別徴集並びに一九七五年度から新入生への授業料大幅値上げ（九万円）に端を発し、学生の反発にあい、ストも行なわれ、大騒動になった。

第三に、一九七四年一一月二二日から二五日の四日間にわたり、第二一回全日本学生経済ゼミナール大会（インゼミ）が本学で立派に開催された。

第四に、経済学部、経営学部の定員が二五〇名から三〇〇名に増員された（一九七六年度）。

第五に、前八木学長時代に計画された五十周年記念館（図書館、研究室等）が竣工した（一九七六年三月）。

第六に、松田池を購入し、御幸グラウンド建設への道が開かれた（一九七六年一二月）。

〔注〕

（1）『六十年史（資料編）』一二六〜一三一頁。

（2）『学園報』第三三号（新入生歓迎号）、一九七六年四月五日。

(3) 同。
(4) 『六十年史（資料編）』一六一、一七四頁。
(5) 国立公文書館所蔵資料。
(6) 『学内月報』第一号、一九七七年一月一日。
(7) 国立公文書館所蔵資料。
(8) 『学内月報』第一号、一九七七年一月一日。

第二章　伊藤恒夫学長時代（一九七七年一月一日～一九七九年一二月三一日）

第六代学長
伊藤恒夫

一九七七年（昭和五二）一月一日、伊藤恒夫教授が第六代松山商科大学学長兼学校法人松山商科大学理事長に就任した。同時に松山商科大学短期大学部学長も兼務した。伊藤学長、この時六四歳であった。

伊藤恒夫教授の主な経歴は次の通りである。

一九一二年（大正元）一月三日、松山市に伊藤秀夫（松山高商教授、松山経専校長、松山商科大学初代学長）の長男として生まれ、一九二八年（昭和三）三月松山中学校を四年で修了し、同年四月松山高等学校理科乙類に入学、一九三二年三月卒業。同年四月京都帝国大学文学部に入学、一九三六年三月同大学文学部哲学科を卒業し、一九三七年三月財団法人大連高等学校教授、一九四一年四月大連高等商業学校教授を務めた。敗戦によりシベリアに抑留された。一九四八年三月松山経済専門学校教授に就任し、一九四九年四月松山商科大学誕生に伴い同教授となり、倫理学、教育学等を担当した。一九六二年四月経済学部・経営学部発足に伴い、経済学部教授となり、一九七四年四月人文学部発足にあたり初代人文学部長に就任した。主な研究業績として、『大学の現実と理念（上・下）』（松山商科大学研究双書Ⅳ、Ⅴ、建帛社、一九七三年三月、一九七四年四月）等がある。校務では、一九六四年五月松山商科大学短期大学部主事（〜一九六五年三月）、一九六五年四月経済学部長（〜一九六九年三月）、一九六九年五月学生委員長（〜一九七一年一二月）、一九七四年四月人文学部長（〜一九七六年一二月）等の要職を歴任し、また、学校法人の理事（一九七二年一月〜一九七四年二月）を務めていた。[1]

　伊藤学長が学長職を務めた一九七〇年代の後半の時期は、経済・経営・人文の三学部体制が引き続き躍進していく時代である。しかし、経済的には高度経済成長が終焉し、またまた、第二次石油危機があり、不況下の物価高、スタグフレーションが続いた時期である。大学もそのため、物価高、人件費高騰により財政難に陥り、学生に負担をしい、授業料や入学金の引き上げを行なった時期でもあった。

〔注〕

（1）伊藤恒夫退職記念号等より。

㈠ 一九七七年（昭和五二）一月～三月

伊藤恒夫学長が就任した時の、経済学部長は入江奨（一九七三年四月一日～一九七七年三月三一日）、経営学部長は神森智（一九七六年四月一日～一九七八年三月三一日）、人文学部長は星野陽（一九七七年一月一日～一九八〇年一〇月三一日）、大学院経済学研究科長（修士課程・博士課程）は望月清人（一九七四年四月一日～一九七八年三月三一日）が務めていた。全学の校務体制は前年と同様である。(1)

伊藤学長の就任年と同時に「松山商科大学学内月報」が毎月発行されるようになった。それまでは、『学園報』『温山会報』が主な大学の情報発信であったが、『月報』が加わるようになって、学内教職員向けに情報が共有されるようになった。情報発信と共有は民主主義の基礎であり、伊藤学長ら大学当局の見識は高く評価できよう。

二月一一日、一九七七年度の経済学部、経営学部の入試が、本学、東京、京都、岡山、広島、福岡、高松の七会場で行なわれた。検定料は一〇〇〇〇円（前年度と同じ）。募集人員は経済・経営両学部とも三五〇名（文部省定員は各三〇〇名）であった。志願者は経済が二一二三名（前年一七七九名）、経営が二三二七名（前年二四七一名）で、経営は減少したが、経済は大幅に増えた。隔年結果現象であった。合格発表は二月一八日。前年度と同様に入学目標を経済四七〇名、経営四三〇名とし、前年度の歩留り率を参考に、経済が一〇八六名、経営が八五七名を発表した。

二月二〇日、人文学部（英語英米文学科、社会学科）の入試が、本学と広島の二会場で実施された。募集人員は英語英米六〇名、社会六〇名（文部省定員は各学科とも五〇名）であった。志願者は英語英米が四一九名（前年四二一名）、社会が九〇六名（前年九九六名）で、ともに少し減り、二年連続の減少となった。合格発表は二月二六日。人文の入学目標は一八〇名で、歩留り率を考慮して、英語英米が二六〇名、社会が二八二名を発表した。

一九七七年度の学費は入学金は一〇万円（前年度と同じ）、授業料は一六万円（前年度一二万円）、維持費は五万円（前年度と同じ）、施設拡充費は二万円（前年度と同じ）、その他が一万八三五〇円（前年度一万三三五〇円）、合計三四万八三五〇円で、授業料を前年度より四万円値上げした。(2)

二月一二日、入江奨経済学部長の任期満了に伴なう経済学部長選挙が行なわれたが、過半数の当選者がいなく、上位の伊達功、稲生晴教授の再選挙が二月二一日に行なわれ、伊達功教授（五二歳）が当選した。(3)

三月一九日、午前一〇時より体育館にて第二六回卒業式が行なわれ、経済学部四四〇名、経営学部四〇二名が卒業した。経済学研究科修士課程は六名（渡辺利文、森本三義ら）が修了した。(4) 学長式辞は未見。

三月二三日、大学院経済学研究科（修士・博士）の入試（第二次）が行なわれ、修士課程は八名が受験し、四名（亀井嘉朗ら）が合格した。博士課程は一名（入江教授指導生の渡辺利文）が合格した。(5) 博士課程の合格は研究科開設（博士課程は一九七四年開設）以来はじめてであった。

〔注〕

（1）『六十年史（資料編）』一二六〜一三一頁。

（2）松山商大『昭和五二年度入学試験要項』、『学内月報』第三号、一九七七年三月一日。『六十年史（資料編）』

一六一、一七四頁。中原成夫「昭和五二年度入試結果の概要」『温山会報』第二〇号、一九七七年九月。
（3）『学内月報』第三号、一九七七年三月一日。
（4）『学内月報』第四号、一九七七年四月一日。なお、前年の前期卒業生を含む。『六十年史（資料編）』一四一、一六一頁。
（5）『学内月報』第四号、一九七七年四月一日。『六十年史（資料編）』一六〇、一六一頁。なお、修士の受験、合格は一次、二次入試を合わせた人数。

(二) 一九七七年（昭和五二）度

人文学部の完成年度にあたる。学長は伊藤恒夫が続けた（一年目）。経済学部長は入江奨に代って新しく伊達功が就任した（一九七七年四月一日～一九七九年三月三一日）。経営学部長は神森智、人文学部長は星野陽、経済学研究科長は望月清人が引き続き務めた。全学の校務体制は、教務委員長は宮崎満に代わって新しく岩国守男が就任した（一九七七年四月一日～一九七八年三月三一日）。学生委員長は経済学部長に就任した伊達功に代わって、新しく高橋久弥が就任した（一九七七年四月一日～一九八一年三月三一日）。入試委員長は新しく田辺勝也が就任した（一九七七年五月一日～一九七八年五月一〇日）。図書館長は元木淳が続けた。経済経営研究所長は新しく宮崎満が就任した（一九七七年四月一日～一九八〇年三月三一日）。事務局長は墨岡博が続けた。学校法人面では稲生晴、井上幸一、越智俊夫が引き続き理事を務めた。なお、一九七七年一二月一日からは井上幸一に代わって中川公一郎が理事に就任し、伊藤理事長を支えた。(1)

本年度も次のような新しい教員が採用された。(2)

経済学部

吉田　建夫　一九四七年七月石川県生まれ、大阪大学大学院経済学研究科修士課程修了。講師として採用。経済原論C。

経営学部

岡野　憲治　一九四六年一〇月広島県生まれ、広島大学大学院経済学研究科修士課程修了。神戸大学大学院経営学研究科同博士課程在学中。一〇月に助手として採用。会計学。

また、人文学部への移籍もあり、経済学部の渡植彦太郎教授（経済社会学）が人文学部に移った。

四月一日、伊藤学長は新入生に対し、『学園報』第三五号で「大学の意味を問う」と題した歓迎の辞を載せた。伊藤学長は教育学者らしく、今日の大学の現状を憂い、大学の本質・任務は何かを問い、大学は将来学生が各方面で活躍するに必要な基礎知識を教授すること、広い視野と総合的判断力を養成するのが大学教育の任務と述べ、社会の様々な現象に関心を持ち、何故そうなるのかの疑問をもつこと、問題発見能力の開発が重要だと呼びかけた(3)。

四月七日、午前一〇時より体育館において、入学式が挙行された。経済学部四九三名、経営学部四四一名、人文学部英語英米文学科一三四名、社会学科九九名、経済学研究科修士課程は四名（亀井嘉朗ら）、博士課程は一名（渡辺利文）が入学した(4)。学長式辞は未見。

本年七月に伊藤恒夫学長は新しい「学園充実計画委員会」を発足させた。来年度大学開学三〇周年を迎えるので、この機会に過去や現在を総点検し、新しい一歩を踏み出したいとのねらいであった。委員は理事から稲生晴、経済学部から伊達功（経済学部長）、入江奨、宮崎満、経営学部から神森智

（経営学部長）、岩国守男、中川公一郎、人文学部から星野陽（人文学部長）、事務局から墨岡博（事務局長）、竹田盛秋であった。[5]

本年度も、学生の自主的研究発表の場である、第一一回学内ゼミ、第一七回中四ゼミ（本学にて開催）、第二四回全日ゼミが開催された。

九月二九日、伊藤恒夫理事長は、文部省（文部大臣海部俊樹）に対し、「松山商科大学学則一部変更について」申請した。それは次の通りである。[6]

(1)卒業単位数を大学設置基準の単位数に近づけるため、一般教育科目、外国語科目、専門教育科目を再編成する。具体的には次の通り。

①要卒単位を文部省の指示に従い、現行の一四六単位以上を経済学部は一三六単位以上、経営学部は一三二単位以上、人文学部は一三四単位以上に削減する。

②一般教育科目では、歴史を人文科学から社会科学に回す、人文科学に芸術、民俗学を新設する、経営学部の一般教育で社会科学関係に経済学を新設し、必修とする。

③一般教育科目の履修について、経済、経営は変更ないが、人文学部について、各分野よりそれぞれ三科目、三六単位以上であったのを、各分野より二科目およびいずれかの分野より二科目、三二単位以上に変更する。

④外国語科目では名称変更等。

⑤専門科目では、経済学部において、基礎教育科目の経済学、経済学のための数学を専門科目に回す、経済原論Ⅰ、Ⅱ、ⅢをⅠ、Ⅱ、Ⅲ、Ⅳとし、原論Ⅰ、Ⅲを必修とする、経済史概論、経

済政策概論の必修性を外す等。

(2)学生納付金を一部改正し、一九七七年度から授業料を一二万円から一六万円に値上げする。なお、この学費値上げについては、すでに一九七七年四月入学の新入生から実施されているので、追認であった。

(3)人文学部社会学科の学士号の名称について、学科内容に照らし社会学士に変更し、一九七八年度から施行する、というものであった。

九月三〇日、一九七八年度の大学院経済学研究科修士課程の試験（一次）が行なわれた。[7]

一〇月一日から、本学図書館を市民に開放することにした。伊藤学長は昨年五〇周年記念の一環で新図書館が開設されて以来市民に開放してはどうかと願っていた。そして、その旨を松山市長に会った際話したところ、松山市長も是非開放してほしい、また、松山市から財政的支援をしたいとのことで実現した。[8]

一一月一八日、学校法人の評議員の任期満了（一一月末）に伴なう学校法人の評議員選挙が行なわれ、教育職員では、伊達功、入江奨、稲生晴、望月清人、神森智、井出正（新）、岩国守男、越智俊夫、高沢貞三（新）、中川公一郎、星野陽、渡部孝（新）が選ばれている。[9] なお、現職の理事井上幸一は選ばれなかった。

そして、一二月一日、評議員会が開催され、理事が選出された。稲生晴と越智俊夫が再任され、井上幸一に代わって新しく中川公一郎が選任された（一九七七年一二月一日～一九八六年三月三一日）。[10]

一二月二二日に「学園充実計画委員会」の報告書が出された。学園充実の具体的課題として次のような方向性が示された。(11)

①充足率改善、②新学部および大学院の増設、③短大教員組織の充実、④施設の充実（旧本館改築問題）が上げられた。

そして、当面の対策原案は次の通りであった。

①充足率の改善は文部省定員の増加による方法をとること

②定員増は三学部について現行総計七〇〇名を八八〇名とすること

③定員増の申請は一九七八年六月を目途にその作業をすすめる

④総数八八〇名の定員は経済・経営各三五〇名、人文英語英米八〇名、同社会一〇〇名とする

⑤法学部設置について積極的に推進するために適当な調査機関を設け、設置の可能性について速やかに結論をえること

⑥法学部が設置される場合はその定員を八八〇名の枠の中で決めること

このように、教学面の充実策として、定員増による充足率の改善とともに、新学部として法学部の設置と大学院の増設（経営学研究科の設置）を打ち出した。また、施設面で、旧本館改築案を示した。それを受け、一九七八年一月一一日、理事会は、教学充実策として、次のような理事会原案を決定した。それは次の通りである。(12)

(1)充足率改善の対策として実員に近づけるための入学定員増加の認可申請をする。

①定員増申請の時期については一九七八年六月末を目途とする。

②学部学科の入学定員改定案

	現行	改定案
経済学部経済学科	三〇〇名	三五〇名
経営学部経営学科	三〇〇名	三五〇名
人文学部英語英米文学科	五〇名	八〇名
人文学部社会学科	五〇名	一〇〇名

③人文学部の定員改定の認可が得られた場合は入学実員を英語英米文学科については一〇〇名、社会学科については一四〇名とする。

(2)新学部の増設については、法学部の設置を目標とする。

この件については早急に法学部設置委員会を設け、一九七八年九月までに文部省の認可条件を調査し本学における設置の可能性についての結論をうるようにする。

(3)現学部学科課程制度について特色ある充実した学園づくりの見地から短大を含む各学部の自主的全学的改善案の作成を推進する。

(4)学園の規模については総学生数五〇〇〇名を上限とすることが適当である。したがって将来、法学部の設置とか、学部学科等の改編を実施する場合、各学部学科の定員を改定する方法等で調節するものとする。

以上のように、伊藤理事長ら理事会は「学園充実委員会」の答申に基づき、定員増、法学部新設、大学院経営学研究科新設を正式に打ち出し、さらに現学部の特色ある学園づくりを打ち出した。

二月一一日、一九七八年度の経済学部、経営学部の入試が、本学、東京、京都、岡山、広島、福岡、高松の七会場で行なわれた。検定料は一万三〇〇〇円（前年度は一万円）、募集人員は経済・経営両学部とも三五〇名（文部省定員は各三〇〇名）であった。志願者は経済学部二四七二名（前年二一二三名）、経営学部一八六五名（前年二三二七名）で、本年も経済学部が大幅に増え、経営学部が大幅に減少した。合格発表は二月二〇日で、経済学部九五五名、経営学部八三九名を発表した。

人文学部（英語英米文学科、社会学科）の入試は、二月二〇日、本学、広島、高松の三会場で実施された。募集人員は英語英米六〇名、社会六〇名（文部定員は各学科とも五〇名）であった。志願者は英語英米が五四七名（前年四一九名）、社会が一一二一名（前年九〇六名）で、ともに増えた。合格発表は二月二八日で、英語英米が一七〇名、社会が二四〇名を発表した。

なお、学費は入学金は一三万円（前年度は一〇万円）、授業料は一六万円（前年度と同じ）、維持費は五万円（前年度と同じ）、施設拡充費は二万円（前年度と同じ）、その他が一万八五〇〇円で、合計三七万八五〇〇円で、授業料は据え置いたが、入学金を三万円値上げした。[13]

二月一六日、神森智経営学部長の任期満了に伴なう経営学部長選挙が行なわれ、岩国守男教授が選出された。[14]

また、二月、望月清人大学院経済学研究科長の任期満了（三月末）に伴なう研究科長選挙が行なわれ、第三代経済学研究科長に入江奨教授が選出された。

三月一日、大学院学生機関誌『松山論叢』が創刊されている。望月、入江教授らの尽力の賜物であった。

三月一日、伊藤恒夫学長・理事長ら大学側は第四番目の学部として法学部設置を実現すべく法学部設置委員会を設置した。委員は理事から稲生晴、経済学部から伊達功（経済学部長）、前田繁一、森田邦夫、経営学部から岩国守男（次期経営学部長）、元木淳、石原善幸、人文学部から星野陽（人文学部長）、渡部孝、松井茂樹、事務局から墨岡博、竹田盛秋が就任した。[15]

三月二〇日、第二七回卒業式が行なわれ、経済学部三七〇名、経営学部三九五名が卒業した。また人文学部が初めての卒業生を出し、英語英米文学科が一〇四名、社会学科が九五名の卒業生を出した。大学院経済学研究科修士課程は三名（楠宣彦ら）が修了した。[16]

三月二二日、大学院経済学研究科（修士課程・博士課程）の入試（第二次）が実施され、修士課程は五名が受験し、三名が合格した。また、博士課程は二名が受験し、一名（楠宣彦、稲生指導生）が合格した。[17]博士課程の入学は前年度の渡辺利文に続き二人目であった。

〔注〕

（1）『学内月報』第五号、一九七七年五月一日。『学内月報』第六号、一九七七年六月一日。『六十年史（資料編）』一二六～一三一頁。

（2）『学園報』第三五号、一九七七年四月一日。

（3）伊藤恒夫「大学の意味を問う」『学園報』第三五号（新入生特集号）、一九七七年四月一日。

（4）『六十年史（資料編）』一六一、一七四頁。なお、入学生数は五月一日現在。

（5）『学内月報』第八号、一九七七年八月一日。伊藤恒夫「大学の値打」『学園報』第三六号、一九七七年八月一日。

（6）一九七七年九月二九日「松山商科大学学則一部変更について」申請、国立公文書館所蔵。

（7）『学内月報』第一一号、一九七七年一一月一日。結果は不明。

（8）『学園報』第三六号、一九七七年八月一日。

（9）『学内月報』第一二号、一九七七年一二月一日。

(10)『学内月報』第一三号、一九七八年一月一日。
(11)「学園充実委員会報告」一九七七年一二月二二日、『学内月報』第一三号、一九七八年一月一日。
(12)『学内月報』第一四号、一九七八年二月一日。
(13)松山商科大学『昭和五三年度入学試験要項』、『学内月報』第一五号、一九七八年三月一日。『六十年史（資料編）』一七四頁。
(14)『学内月報』第一五号、一九七八年三月一日。
(15)『学内月報』第一六号、一九七八年四月一日。『松山商科大学一覧』一九八〇年度、一三七頁。
(16)『学内月報』第一六号、一九七八年四月一日。なお、前年の前期卒業者も含む。『六十年史（資料編）』一四一、一六一頁。
(17)『学内月報』第一六号、一九七八年四月一日。

三　一九七八年（昭和五三）度

学長は伊藤恒夫が続けた（二年目）。経済学部長も伊達功が続けた。経営学部長は岩国守男が新しく就任した（一九七八年四月一日〜一九八〇年三月三一日）。人文学部長は星野陽が続けた。経済学研究科長は新しく入江奨が就任した（一九七八年四月一日〜一九八四年三月三一日）。全学の校務体制は、教務委員長は岩国守男に代わって新しく山口卓志が就任した（一九七八年四月一日〜一九七九年四月三〇日）、学生委員長は高橋久弥が続けた。入試委員長は田辺勝也に代わって藤原保が新しく就任した（一九七八年五月一一日〜一九七九年四月三〇日）。図書館長は元木淳が続けた。経済経営研究所長は宮崎満が続けた。事務局長は墨岡博が続けた。学校法人面では稲生晴、越智俊夫、中川公一郎が引き続き理事を務め、伊藤理事長を支えた。(1)

本年度も次のような新しい教員が採用された。(2)

経済学部
和田　茂樹　一九一一年四月愛媛県生まれ、前愛媛大教授、教授（特任）として採用。文学。
大浜　　博　一九四七年六月滋賀県生まれ、東京外国語大学卒、パリ第三大学修士課程修了。同博士課程在学中、講師として採用。フランス語。
田中　七郎　一九四九年一月山口県生まれ、国際基督教大学大学院教育学研究科修士課程修了、講師として採用。英語。
経営学部
竹中　瀧雄　生年月日不明。兵庫県生まれ。前神戸大学教授、教授として採用。経営学。
高田るい子　京都府生まれ、広島大学大学院文学研究科博士課程。講師として採用。ドイツ語。
平田　桂一　一九四七年一月福岡県生まれ、神戸商科大学大学院経済学研究科修士課程修了。講師として採用。商業史。
渡辺　和俊　一九五〇年一一月大阪府生まれ、神戸大学大学院経営学研究科修士課程修了。講師として採用。ドイツ経営経済学。
人文学部
山岡　政喜　生年月日不明、高知県生まれ、教授として採用。集落社会学。
千石　好郎　一九三六年一一月鹿児島県生まれ、九州大学大学院文学研究科修士課程修了。教授として採用。社会体制論。
K・R・グレッグ　米国生まれ、一〇月に講師として採用。英語表現法、スピーチクリニック。ハミルトンの後任であった。

四月一日、伊藤学長は新入生に対し『学園報』第三九号で「自主的勉学」と題した挨拶文を載せた。それは、前年のあいさつと同様に、問題意識を以て自主的勉学に励むよう呼びかけたものであった。(3)

四月七日、午前一〇時より体育館において、入学式が挙行された。経済学部四二六名、経営学部四八五名、人文学部英語英米文学科六一名、社会学科七六名、経済学研究科修士課程三名、博士課程一名（楠宣彦、稲生指導生）が入学した。(4)

四月二八日、松田池の埋め立て地に御幸グラウンドが完成した。(5)

六月二九日、伊藤理事長ら大学当局は、学園充実委員会の答申及び理事会決定にもとずき、文部省に対し、定員増を申請した。(6)

学部	学科	現定員	申請定員	
経済学部	経済学科	三〇〇名	三五〇名	収容定員一四〇〇名
経営学部	経営学科	三〇〇名	三五〇名	収容定員一四〇〇名
人文学部	英語英米文学科	五〇名	八〇名	収容定員　三二〇名
人文学部	社会学科	五〇名	一〇〇名	収容定員　四〇〇名

本年度も、学生の自主的研究発表の場である、第一二回学内ゼミ、第一八回中四ゼミ（一一月、山口大学）、第二五回全日ゼミ大会が開催された。中四ゼミ大会に、入江ゼミが「相対的過剰人口論を現代に適用する」を報告しているが、(7)その他の詳細は不明である。

九月一六日、大学院経済学研究科（修士課程）の一九七九年度の入試（第一次）が行なわれた。志願者はゼロであった。(8)

九月二五日、経営学部教授会が開催され、経営学研究科設置委員会で検討された、大学院経営学研究科を設置することを決定した。

九月二九日、大学院研究科委員会が開催され、それまで学内で検討を続けてきた、大学院経営学研究科を設置することを承認し、研究科設置に伴う寄附行為の一部変更、大学院学則、及び学位規則の一部変更を決めた。

一〇月二日、理事会、評議員会が開催され、大学院経営学研究科設置することを決定し、研究科設置に伴う寄附行為の一部変更、大学院学則、及び学位規則の一部変更を正式に決めた。

一一月七日、伊藤恒夫学長は新しい学園充実計画委員会（第二次）を組織した。委員は、経済学部から伊達（学部長）、青野、村上、経営学部から岩国（学部長）、藤原、中山、人文学部から星野（学部長）、千石、飛騨、短期大学から井出正、伊藤恒夫、理事会から越智俊夫、稲生晴、中川公一郎、事務局から墨岡博、竹田盛秋、大野赳であった。(9) 今回は学部長、理事とともに中堅も委員に選ばれている。そして、その課題は「特色ある大学」「魅力ある大学」であった。(10)

一一月二〇日、星野人文学部長の任期満了に伴なう学部長選挙が行なわれ、星野教授が再選されている。(11)

一一月三〇日、伊藤恒夫理事長ら大学当局は、学園充実委員会の答申、経営学部教授会、大学院経済学研究科委員会、理事会、評議員会決定にもとづき、文部省（文部大臣砂田重民）に対し、「松山商科大学大学院経営学研究科経営学専攻（修士課程）の設置認可申請書」を提出した。
その大要は次の通りであった。(12)

①趣旨　経営学について高度な専門的研究とその能力をもつ人材を養成する。
②名称　大学院経営学研究科経営学専攻修士課程
③定員　一学年一〇名、収容定員二〇名
④修業年限　二年
⑤学士号　経営学修士
⑥開設時期　一九七九年四月一日
⑦教員について。外部から次のような教授を新採用する。

　財務管理論　木内　佳市　一九二一年一二月生まれ、大阪大学経済学部教授
日本経営史　梅井　義雄　一九〇六年九月生まれ、専修大学教授

また、特講担当として、外部から次のようなメンバーを招聘する。

日本経営史　藤田貞一郎　一九三五年二月生まれ、同志社大学教授
経営管理論　田杉　競　一九〇八年六月生まれ、京都大学教授
マーケッティング論　森下二次也　一九一三年一二月生まれ、大阪学院大学教授
生産工学　新宮　哲郎　一九二六年一月生まれ、広島大学教授
ディシジョンメーキング　柴田　隆史　一九〇八年二月生まれ、広島修道大学教授
管理会計論　宮川　嘉治　一九二七年七月生まれ、広島大学教授

原価計算論　　溝口　一雄　一九二一年四月生まれ、神戸大学教授

一二月二五日、去る六月二九日文部省に申請していた三学部の定員増の認可がおりた。(13)

一九七九年二月一一日、一九七九年度の経済学部、経営学部の入試が、本学、東京、京都、岡山、広島、福岡、高松の七会場で行なわれた。検定料は一万五〇〇〇円（前年度は一万三〇〇〇円）。文部省定員は経済・経営とも三五〇名に増えた。募集人員は経済・経営両学部とも三五〇名とし、文部省定員にあわせた。志願者は経済が一七七三名（前年度二四七二名）、経営が二四四五名（前年度一八六五名）で、昨年と異なり、経済が大きく減少し、経営が大きく増えた。隔年結果現象となった。合格発表は二月二〇日。入学者の確保人数を経済学部・経営学部ともに四五〇名とし、歩どまり率を考慮して、経済学部が九七四名、経営学部が八一三名を発表した。

二月二〇日、人文学部（英語英米文学科、社会学科）の入試が、本学、広島、高松の三会場で実施された。文部省定員は英語英米八〇名、社会一〇〇名に増えた。募集定員は英語英米八〇名、社会一〇〇名とし、文部省定員にあわせた。志願者は英語英米が三九八名（前年度五四七名）、社会が九三〇名（前年度一一二一名）で、両学科とも志願者が増えると見込んでいたのに大きく減少し、意外な結果であった。合格発表は二月二八日。入学者の確保人数を英語一〇〇名、社会一三〇名として、歩どまりを考慮して、英語英米が二五〇名、社会が三九九名を発表した。

一九七九年度の学費は前年度に比し、授業料を二万円引上げ、一八万円とした。(14)

なお、伊藤学長・理事長ら大学当局は学費値上げについて、学友会総務委員会に二回にわたり

（一九七八年一二月二日、一九日）、説明、交渉している。(15)

二月一三日、伊達功経済学部長の任期満了に伴なう経済学部長選挙が行なわれ、望月清人教授（四六歳）が当選した。(16)

三月一日、伊藤学長は『学園報』第四二号に、「大学を反省する」と題し、卒業生へのはなむけの言葉をおくっている。そこで、伊藤学長は、諸君は大学でなにを身につけたのか、またわれわれ教師の教育はどれだけ有効だったのか、ともに悔いが残るが、後悔しているだけでは始まらない、お互い前に向って進もうと言い、大卒者に期待されているものは、総合的判断力、適応力、先見性、基礎的素養、問題意識を以て現実を分析する能力、洞察力等であると述べている。(17)

三月二〇日、第二八回卒業式が行なわれ、経済学部四三二名、経営学部三九六名、人文学部英語英米文学科七一名、社会学科八八名が卒業した。また、経済学研究科修士課程三名（宇都宮敬ら）が修了した。(18)

三月二二日、大学院経済学研究科（修士・博士）の入試（第二次）が行なわれ、修士二名が受験し、二名が合格した。博士課程はいなかった。(19)

三月三〇日、去る一九七八年一一月三〇日に文部省に申請していた大学院経営学研究科経営学専攻修士課程の設置が認可された。その際、文部省から「基礎となる学部の入学定員を守ること」という留意点がついた。(20)

三月三一日、伊藤恒夫理事長ら大学当局は、大学院経営学研究科設置が認可されたので、文部省（文部大臣内藤誉三郎）に対し、「松山商科大学大学院学則変更、松山商科大学学位規則変更届け」を提出した。その大要は、大学院学則第二条に修士課程経営学研究科を加える、第一六条に経営学修士を加える、第三七条で研究科委員会を二つ置くことにする、第三八条で研究科運営委員を三名から二名に変更する、第四〇条に経営学研究科の入学定員一〇名、総定員二〇名を加える、等であり、学位規則として第二条に経営学修士を加えることであった。また、学期の期間、休業日の変更、在学料を改訂（一二三万円から一二五万円に）する、というものであった。[21]

三月三一日、小原一雄（中国語）が六五歳の定年により退職した（四月一日、再任）。また、月岡利男（民法物権）が退職し、関西大学に転任した。

〔注〕

（1）『学内月報』第一六号、一九七八年四月一日。『六十年史（資料編）』一二六～一三一頁。

（2）『学園報』第三九号、一九七八年四月一日。

（3）同。

（4）『学内月報』第一七号、一九七八年五月一日。なお、編入生を含む。『六十年史（資料編）』一六一、一七四頁。

（5）『学園報』第四〇号、一九七八年八月一日。

（6）『学内月報』第二〇号、一九七八年八月一日。

（7）入江ゼミナール「つくし」第一二号、一九八〇年四月一日。

（8）『温山会報』第二二号、一九七九年九月。

（9）『学内月報』第二四号、一九七八年一二月一日。

（10）伊藤恒夫「再び学園充実のために」『学園報』第四三号、一九七九年四月一日。

（11）『学内月報』第二四号、一九七八年一二月一日。

（12）一九七八年一一月三〇日「松山商科大学大学院経営学研究科経営学専攻（修士課程）の設置認可申請書」国立公文書館所蔵。

（13）松山商科大学『学則変更申請書』国立公文書館、『学内月報』第二五号、一九七九年一月一日。

（14）松山商科大学『昭和五四年度入学試験要項』、『学内月報』第二七号、一九七九年三月一日。『六十年史（資

料編）』一七四頁。藤原保「昭和五四年度本学入試の結果について」『温山会報』第二二号、一九七九年九月。
(15)『学内月報』第二五号、一九七九年一月一日。
(16)『温山会報』第二七号、一九七九年三月一日。
(17)『学園報』第四二号、一九七九年三月一日。
(18)『学内月報』第二八号、一九七九年四月一日。なお、『六十年史（資料編）』では、前年の前期卒業生を含み、経済学部四三九名、経営学部四〇五名、人文学部英語英米文学科七一名、社会学科八八名である。
(19)『学内月報』第二八号、一九七九年四月一日。入江奨「昭和五四年度経済学研究科について」『温山会報』第二二号、一九七九年九月。『六十年史（資料編）』一六〇〜一六一頁。
(20)文部省大学局長佐野文一郎「松山商科大学経営学研究科の設置について（通知）」国立公文書館所蔵。
(21)国立公文書館所蔵。

㈣一九七九年（昭和五四）度

学長は伊藤恒夫が続けた（三年目）。経済学部長には新しく望月清人が就任した（一九七九年四月一日〜一九八一年三月三一日）。経営学部長は岩国守男、人文学部部長は星野陽が引き続き務めた。経済学研究科長は入江奨が引き続き務めた。本年度大学院経営学研究科修士課程が新設され、初代経営学研究科長には開設に尽力した神森智が就任した。全学の校務体制は、教務委員長は山口卓志に代わって、新しく辻悟一が就任した（一九七九年五月一日〜一九八〇年四月三〇日）、学生委員長は高橋久弥が続けた。入試委員長は藤原保に代わって新しく岩橋勝が就任した（一九七九年五月一一日〜一九八二年四月三〇日）。図書館長は元木淳が、経済経営研究所長も宮崎満が続けた。事務局長は墨岡博が続けた。学校法人面では稲生晴、越智俊夫、中川公一郎が理事を引き続き務め、伊藤理事長を支えた。(1)

本年度、定員増もあり、大学院経営学研究科が開設されたこともあり、各学部で次のような新しい教員が大量に採用された。(2)

経済学部

三好　　登　一九三九年一一月佐賀県生まれ、早稲田大学法学部法学研究科博士課程。講師として採用。民法。

宮本　順介　一九五〇年一月兵庫県生まれ、神戸商科大学大学院経済学研究科博士課程。講師として採用。経済学。

鈴木　陽一　東京生まれ。講師として採用。中国語。

経営学部

木内　佳市　一九二一年一二月宮崎県生まれ。教授として採用。管理会計論、経営分析。経営学研究科の要員。

栂井　義雄　一九〇六年九月大阪府生まれ。教授として採用。日本経営史。経営学研究科の要員。

二宮　周平　一九五一年五月愛媛県生まれ、大阪大学大学院法学研究科博士課程。講師として採用。民法総則、法学。

墨岡　　学　一九四九年九月山口県生まれ、広島大学大学院理学研究科修士課程修了。講師として採用。物理学、情報処理論。

高尾　典史　一九五一年八月和歌山県生まれ、同志社大学大学院文学研究科修士課程修了。講師として採用。英語。

居川　正弘　一九二八年三月広島県生まれ、広島市立工業専門学校卒。講師として採用。品質管理論。

人文学部

牧園　清子　福岡県生まれ。早稲田大学大学院文学研究科修士課程修了。東京都老人総合研究所助手。講師として採用。社会福祉論。

国崎　敬一　一九四九年一一月神奈川県生まれ、東京大学大学院社会学研究科博士課程。講師として採用。社会学。

四月一日、伊藤学長は『学園報』第四三号に「再び学園充実のために」を寄せ、そこで、大学の真の充実は教職員の数や諸施設が増えることだけではない、「特色ある大学」「魅力ある大学」づくりであり、学生の勉学意欲を刺激し、魅力ある講義への努力でないかと述べている。(3)

四月五日、午前一〇時より体育館において、入学式が挙行された。経済学部四一七名、経営学部四一六名、人文学部英語英米文学科一二五名、社会学科一九〇名、経済学研究科修士課程二名が入学した。(4) 何れの学部とも文部省定員を大きく上回り、入学させている。文部省からの入学定員を守るようにとの留意点は守られなかった。

新設の経営学研究科の入試（修士）は四月二二日に行なわれ、六名が受験し、四名が合格した。(5)

五月一九日、「旧本館惜別の会」が行なわれ、六月、老朽化が激しい旧本館（一九二四年四月竣工の鉄筋コンクリートの建物）が解体された。そして、その跡地に三階建の教室を主とする建物（五号館）と、それに接続し、一号館の東に接する、一部七階建て六階の建物（現在では本館と呼ばれている）を建設することになり、七月二三日に起工式が行なわれた。来年三月には三階建ての建物が、一〇月末には残り六階の建物が完成予定であった。(6)

そして、旧本館前にあった新田長次郎翁の銅像が正門に移築されている。

六月二九日、学友会の学生大会が開かれている。議題が不明であるが、この日付けで「学生自治会規約」が制定されているので、この学生大会で学友会を自治会に名称替えをすることを決定したものと推定される。(7)

本年度も、学生の自主的研究発表の場である、第一三回学内ゼミ、第一九回中四ゼミ（一一月、山口大学）、第二六回全日ゼミが開催された。本学からも参加発表したが、その参加状況、詳細は不明である。

九月一七日に、一九八〇年度の大学院入試（第一次）が行なわれ、経済学研究科二名が受験し、二名が合格した。経営学研究科は二名が受験し、合格者はいなかった。(8)

一九七九年一二月末で、伊藤恒夫学長の任期が終了するので、松山商科大学学長選考規程により、選挙がおこなわれることになり、各学部、事務及び温山会から推薦委員が選出された。経済学部から高橋久弥、田辺勝也、村上克美、望月清人、経営学部から岩国守男、神森智、高沢貞三、中川公一郎、人文学部から星野陽、渡部孝、事務職員から大野赳、墨岡博、竹田盛秋、中本賀祟、正岡謙二、山崎敏夫、温山会から鶴居律、新田仲三の各委員が選ばれた。(9)

そして、一一月一日、六日に推薦委員会が開かれ、理事を長らく続けていた経済学部教授の稲生晴教授一人が推薦された。

一一月二〇日学長候補者選挙が行なわれ、投票の結果、稲生晴教授（五四歳）が選出された。(10) 本学出身の学長としては増岡喜義につぐ二人目の学長であった。

一九七九年は新制大学昇格三〇周年にあたり、一二月、『松山商科大学新制三〇周年論文集』が刊行された。経済、経営、法律、社会学、心理学、語学・文学、体育の各教員が多数論文を発表している。

一九七九年一二月三一日、伊藤恒夫学長・理事長は三年の任期を全うし退任した。

◇　◇　◇

三年間にわたる伊藤恒夫学長時代（在任：一九七七年一月一日～一九七九年一二月三一）の歴史について特記すべきことについてまとめておこう。

第一に、一九七七年一月から『学内月報』が創刊され、学内の情報が教職員に発信されはじめた。

第二に、「学園充実委員会」が設置され、その答申にもとづき経済・経営・人文学部の定員増がはかられた（一九七九年度から経済・経営は各三〇〇名から三五〇名に、人文英語は五〇名から八〇名に、社会は五〇名から一〇〇名に増やした）。

第三に、「学園充実委員会」の答申にもとづき、経営学研究科修士課程の開設がはかられた（一九七九年度）。

第四に、本学図書館が松山市民に開放された（一九七七年一〇月）。

第五に、御幸グラウンドが落成した（一九七八年四月）。

第六に、老朽化著しい一九二四年竣工の旧本館が解体され、その跡地に五号館と本館の建設が着工された（一九七九年七月）。そして、本館前に置かれていた長次郎翁の銅像が正門に置かれた。

第七に、「学園充実委員会」の答申にもとづき、法学部設置委員会が設けられたが（一九七八年三月）、実現されなかった。

〔注〕
（1）『六十年史（資料編）』一二六～一三一頁。『学内月報』第二八号、一九七九年四月一日。『学内月報』第二九号、一九七九年五月一日。『学内月報』第三〇号、一九七九年六月一日。
（2）『学園報』第四三号、一九七九年四月一日。
（3）伊藤恒夫「再び学園充実のために」『学園報』第四三号、一九七九年四月一日。
（4）『学内月報』第二九号、一九七九年五月一日。なお、『六十年史（資料編）』一七四頁では、経済学部四一九名、経営学部四二〇名、人文学部英語英米一二六名、同社会一九一名。
（5）『学内月報』第二九号、一九七九年五月一日。『六十年史（資料編）』一六一頁。
（6）伊藤恒夫学長「『旧本館惜別』に思う」『学園報』第四四号、一九七九年八月一日。
（7）『学内月報』第三一号、一九七九年七月一日。自治会の規約は、『学生便覧』に載せられている。
（8）『学内月報』第三五号、一九七九年一一月一日。
（9）同。
（10）『学内月報』第三六号、一九七九年一二月一日。

第三章　稲生晴学長時代（一九八〇年一月一日〜一九八五年一二月三一日）

第七代学長
稲生　晴

一九八〇年（昭和五五）一月一日、稲生晴教授が第七代学長兼学校法人松山商科大学理事長に就任した。同時に松山商科大学短期大学部学長も兼務した。稲生晴は本校出身者で増岡喜義につぐ二人目の学長であった。稲生学長、この時五四歳であった。

稲生晴教授の主な経歴は次の通りである。

一九二五年（大正一四）三月愛媛県西宇和郡四ツ浜村大字田部の梶原家に生まれる。一九四二年（昭和一七）一二月県立八幡浜商業学校卒業。一九四三年四月松山高等商業学校（校長は田中忠夫）

に入学し（一九四四年四月から松山経済専門学校に校名変更）、一九四五年九月経専を卒業した。高商・経専時代は戦争末期で、先生は勉強どころでなく、勤労奉仕と戦争に明けくれた。二年生の九月には長崎県の三菱造船所に勤労動員され、その後徴兵され、高知県で本土防衛に当たり、敗戦を迎えた。また、この時期に梶原家から八幡浜の稲生家（大地主、多額納税議員の家）に養子に入った。敗戦後の一九四六年四月九州大学法文学部経済学科に入学し、無知から科学に目覚め、マルクス経済学の岡橋保ゼミに入り、また、向坂逸郎教授（労農派マルクス主義者）から絶大な影響を受け、向坂が組織した資本論研究会に参加し、向坂門下生となり、一九四九年三月卒業した。同年四月大学院に進学し、引き続き岡橋ゼミで研究し、一九五二年四月同大学助手となり、一九五三年四月松山商科大学短期大学部講師に採用された。担当科目は銀行および金融論等であった。一九六〇年四月松山商科大学助教授、一九六五年四月同教授となった。校務では一九六七年六月経済研究所所長（～一九六九年六月）、一九六九年五月、八木亀太郎学長・理事長の下で理事となり、その後の太田、伊藤学長・理事長時代も理事（教学担当）を務め、本学園の発展を推進した（～一九七九年一二月）。[1]

稲生先生の思想・理念は岡橋・向坂教授の門下生でマルクス主義であったが、大学は企業の利潤追究の営利団体とは異なり、学問研究を目的とする学園協同体であり、両立すると考えていた。また、稲生先生は時代の動き、要請に対し、現実的に対応する能力、柔軟性を有し、さらに、協同体の構成員の意見を聞きながら運営せんとする民主的考えも有していた。

稲生先生が学長・理事長職を務めた一九八〇年代の前半は、第二次石油危機後の世界的同時不況（一九八〇～一九八二年）の時期であり、一九八三年からは日本経済の躍進・経済大国化が始まる時期にあたる。

〔注〕

（1）稲生晴退職記念号『松山大学論集』第六巻第三号、一九九四年八月等より。

(一) 一九八〇年（昭和五五）一月～三月

一九八〇年一月一日、稲生晴教授が第七代松山商科大学学長兼学校法人松山商科大学理事長に就任した。同時に松山商科大学短期大学部学長も兼務した。

稲生学長の就任の辞は未見であるが、後、『温山会報』第二三号（一九八〇年一一月）に「就任の挨拶」を載せている。その大要は次の通りである。[1]

「新制大学三十周年を経た今日、日本の大学が人材養成の面で重大な問題をかかえていることはご存知の通りであります。日本の大学樹林の大勢はその中で五十七年の樹令を誇る本学の樹勢をも例外とするものではありません。末期的混迷の社会現象のなかで大学は何をしているのか、自ら社会・職場の現状において自らの人生を問われているのであります。

私は今深く歴史に学び、正しく現状を把握し、果断に歴史を作る意志と力を発揮しなければならぬと思っています。実業界においても、学問の領域においても人間は往々にして自分の当面する課題の複雑さと困難さを実感し強調することはできても他方先人の時代と活動を比較的に単純容易なものとみる傾向があります。人は戦前の松山高商はいい学校であったと評します。しかし最初から高い社会的評価を受けることができたのでしょうか。さらにまた当時の時代環境のおかげで簡単に楽々とよくなりえたのでしょうか。私は断じてそうでないと思います。わがくにの旧制専門学校の歴史をみると大正初年から昭和初年にかけてその数は急増しています。大正十二年創立の本学はいわば当時の新設校であり後発校でありました。それが急増した同系統の学校群の中で競り勝ち天下に松山高商の名を上げた根本的な動力は何か。私は先師、先人の格別の努力と業績に深く思いを致さざるをえません。正に人は石垣、人は城であります。

時移り、世もひとも大きく変わりました。大学の大衆化という大勢の中で、本学の規模も学生数約四五〇〇名、教職員約二〇〇名を数えるに至っています。このような学園の質量の変化の現実にたって本学の伝統的特色を継受するとともにさらに新たに魅力ある学園、個性をもった学園づくりに全学の力を結集すべきときであると思います。教職員各自が自らの実践を通じて抱いている問題意識をどのように統一し、どのように改善のエネルギーにするか、これが私に与えられた重要課題であります。

幸いにして本学の基本的特質は生き続け一貫しています。第一に本学は教員を中心とする自治運営の学園共同体であり第二には教職員と学生との親密な人間関係を保っています。私は本学の教職員がその時間と空間において学生と接触し、交流する量が大きいことを多としています。卒業生は学園の最大の資産であります。元気な魅力ある人材を一人でも多く輩出し、さらに新たに学園の存在価値を高め、本学の樹勢を強化することを念願して止みません」

この挨拶から、母校出身で母校愛にみち、本学の歴史、基本的特質（自治経営の学園協同体、家族主義的エートスの存在）を十二分に理解し、本学園を発展させんとする稲生学長の強い意思をみてとることができる。

稲生理事の理事長就任に伴い、理事の補充選挙が行なわれ、一九八〇年一月一日から経済学部の伊達功教授が新しく理事に就任し、稲生理事長を補佐することになった。(2) 稲生理事長は、経済学部の入江奨教授に頼んだが、断わられたとのことである。

稲生学長・理事長就任時の、経済学部長は望月清人（一九七九年四月一日〜一九八一年三月三一日）、経営学部長は岩国守男（一九七八年四月一日〜一九八〇年三月三一日）、人文学部長は星野陽（一九七七年一月一日〜一九八〇年一〇月三一日）、大学院経済学研究科長は入江奨（一九七八年四月一日〜一九八四年三月三一日）、経営学研究科長は神森智（一九七九年四月一日〜一九八一年三月三一日）が務めていた。全学の校務体制は、教務委員長は辻悟一（一九七九年五月一日〜一九八〇年四月三〇日）、学生委員長は高橋久弥（一九七七年四月一日〜一九八一年三月三一日）、入試委員長は岩橋勝（一九七九年五月一一日〜一九八二年四月三〇日）、図書館長は元木淳（一九七六年四月一日〜一九八〇年三月三一日）、経済経営研究所長は宮崎満（一九七七年四月一日〜一九八〇年三月三一日）が務めていた。事務局長は墨岡博（一九七三年一月一日〜一九八一年三月三一日）が続けた。学校法人面では越智俊夫（一九七四年三月一日〜一九八〇年一二月三一日）、中川公一郎（一九七七年一二月一日〜一九八六年三月三一日）が理事を務め、伊達功（一九八〇年一月一日〜一九八〇年一二月三一日）が新しく理事に就任した。(3)

二月七日、意欲的な稲生学長・理事長は、新しい「学園充実計画委員会」（第三次）を立ち上げ、委員に各学部長（望月清人、岩国守男、星野陽）、短期大学部主事（井出正）、そして各学部から比嘉清松、中原成夫（以上、経済）、三好和夫、三浦正孝（以上、経営）、飛驒知法、横山知玄（以上、人文）、そして理事から伊達功、事務から菅原実が委員となった。以後、「学園充実計画委員会」で取り上げるテーマを選択整理し、大学のビジョンについて審議していった。(4)

二月一一日、一九八〇年度の経済学部、経営学部の入試が、本学、東京、京都、岡山、広島、福岡、高松の七会場で行なわれた。検定料は一万六〇〇〇円（前年度一万五〇〇〇円）。募集人員は前年と同じで、経済・経営両学部とも三五〇名（文部省定員と同じ）。志願者は経済が一八四二名（前年一七三三名）、経営が二〇〇六名（前年二四四五名）で、経済が増えたが、経営が大幅に減少した。隔年結果減少が続いた。合格発表は二月二〇日。入学目標数は経済・経営とも四五〇名で歩留りを考慮して、経済が一〇二五名、経営が八三二名を発表した。

人文学部（英語英米文学科、社会学科）の入試は、二月二二日、本学、広島、福岡、高松の四会場で実施された。募集定員は英語英米八〇名、社会一〇〇名（文部省定員と同じ）。志願者は英語英米が四五四名（前年三九八名）、社会が一二三六名（前年九三〇名）で、共に回復・増大した。合格発表は二月二八日。入学目標数は人文英語英米九〇名、社会一一〇名で歩留まりを考慮して、英語英米が二一二名、社会が二八二名を発表した。

なお、学費は入学金は一三万円（前年度と同じ）、授業料は二〇万円（前年度一六万円）、維持費は五万円（前年度と同じ）、施設拡充費は二万円（前年度と同じ）、その他が二万四五〇〇円で、合計

四二万四五〇〇円で、授業料を四万円上げた。(5)

二月二九日、経済学研究科長の任期満了による研究科長選挙が行なわれ、入江教授が再任された。(6)

三月一日、稲生学長は卒業生に対し、『学園報』第四六号に「卒業生におくることば」を載せた。そこで、稲生学長は何にも負けない気力をもって出発してください。前向に努力すれば道はおのずから開けてきます、人生の道程に当たっては常に長期の視点、歴史の法則を知ることが大事です。そして、個人の幸福は他人の幸福なくして実現しない、個人の幸福と社会の幸福は本来一致する、そういう考えで魅力ある社会を建設する人間になってほしいと、述べた。(7)

三月一三日、「学園充実計画委員会」が「大学のヴィジョンについて」を答申した。

三月一九日、午前一〇時より第二九回卒業式が体育館にて行なわれ、経済学部三九一名、経営学部四二一名、人文学部英語英米文学科五〇名、社会学科七七名が卒業した。また、経済学研究科修士課程二名が修了した。(8)

稲生学長は式辞において、大要次のように述べた。


「卒業生諸君、諸君は今まさに大学の門を去らんとしていますが、若干の無力感と不安感を抱かれていると推察します。しかし、不安のない人生というものはありません。今はただ虚心担懐、何ものにも負けない気力で、前向きの姿勢で積極的に勤めれば道はおのずから開けてきます。

人の一生は棺を覆うて定まると言います。我々はいつか人生の卒業を迎えますが、その人生の道程を悔いなく歩みたいものです。この道を行くに当たって近くを見なければ転びます。遠くを見なければ方向を誤ることになります。我々は日々の当面する問題に対処すると同時に、常に長期的視野をもっていることが大切です。諸君は社会科学で歴史的法則の見方考え方を学びました。人は歴史的法則を知ることによって、より自由に、より人間的に、より創造的に生きることが可能なのです。

今年に入って内外において政治的、経済的不安が激化していますが、大切なことはこれらの諸現象の底にあるものは何かを正しく把握すること、そして、歴史のながれのなかで把握することです。また、現在、政治的経済的社会的行き詰まりを軍事的方策で打開しようとする動きがみられますが危険です。今こそ、歴史に学び、真実を追求して平和確立のために努力しなければならない時であると確信します。

諸君、この激動の時代を乗り切るためには、精神を強くし、健康に留意し、勤勉に生活し、常に学ぶ心を生涯にわたって忘れないで生きて欲しい、諸君が一層魅力ある人物となり、魅力ある社会を建設することに役立って欲しい[9]」

三月二一日、大学院経済学研究科（修士・博士）、経営学研究科（修士）の入試（第二次）が行なわれ、経済は修士一名が受験し、一名が合格した。経営は四名が受験し、四名が合格した[10]。

三月三一日、経済学部では、大学院経済学研究科の設置要員として採用された国沢信（計量経済学）、大鳥居蕃（国際経済論）、上田藤十郎（日本経済史）が退職した。経営学部では、菅野源一郎（商品学・化学）、田辺義治（体育）が退職した。人文学部では、渡植彦太郎（社会学）や人文学部要員として採用された大道安次郎（社会学史）、升元正爾（英語）らも退職した(11)。

〔注〕

（1）『温山会報』第二三号、一九八〇年一一月。
（2）『六十年史（資料編）』一二六～一三一頁。
（3）『六十年史（資料編）』一二六～一三一頁。『学内月報』第二八号、一九七九年四月一日。『学内月報』第二九号、一九七九年五月一日。『学内月報』第三〇号、一九七九年六月一日。
（4）『学内月報』第三九号、一九八〇年三月一日。『学内月報』第四〇号、一九八〇年四月一日。
（5）松山商科大学『昭和五五年度入学試験要項』、『学内月報』第三八号、一九八〇年二月一日。『学内月報』第三九号、一九八〇年三月一日。岩橋勝「昭和五五年度入試実施の概況」『学園報』第四六号、一九八〇年三月一日。
（6）『学内月報』第三九号、一九八〇年三月一日。
（7）『学園報』第四六号、一九八〇年三月一日。
（8）『学内月報』第四〇号、一九八〇年四月一日。大学院の修了者は『六十年史（資料編）』一六一頁。なお、『六十年史（資料編）』一四一頁は、経済学部四〇〇名、経営学部は四三〇名で、それは前年の前期卒業者を含んだ数字。
（9）松山大学総務課所蔵の稲生学長の式辞。
（10）『学内月報』第四〇号、一九八〇年四月一日、『六十年史（資料編）』一六一頁。
（11）『学内月報』第四〇号、一九八〇年四月一日、『温山会報』第二三号、一九八〇年一一月。

(二) 一九八〇年（昭和五五）度

稲生晴学長二年目である。経済学部長は望月清人が続けた。経営学部長は岩国守男に代わって新しく高沢貞三が就任した（一九八〇年四月一日～一九八四年三月三一日）。人文学部長は星野陽が一〇月三一日まで務めたが、病気辞任し、一一月一日から渡部孝に代わった（一九八〇年一一月一日～一九八四年一〇月三〇日）。経済学研究科長は入江奨、経営学研究科長は神森智が引き続き務めた。全学の校務体制は、教務委員長は辻悟一に代わって新しく原田満範が就任した（一九八〇年五月一日～一九八六年三月三一日）。学生委員長は高橋久弥、入試委員長は岩橋勝が引き続き務めた。図書館長は元木淳に代わって、新しく田辺勝也が就任し（一九八〇年四月一日～一九八三年三月三一日）、経済経営研究所長も宮崎満に代わって、新しく辻悟一が就任した（一九八〇年四月一日～一九八一年三月三一日）。事務局長は墨岡博が続けた。学校法人面では越智俊夫、中川公一郎、伊達功が引き続き理事を務め、稲生理事長を支えた。[1]

本年度も、次のような新しい教員が採用された。[2]

経済学部

川東　竫弘　一九四七年一一月香川県生まれ、大阪市立大学大学院経済学研究科博士課程、日本学術振興会奨励研究員。講師として採用。日本経済論、農業経済論。

河野　良太　一九四八年熊本県生まれ、神戸大学大学院経済学研究科博士課程。講師として採用。経済原論Ⅲ。

経営学部

吉田　美津　兵庫県生まれ、同志社大学大学院文学研究科博士課程。講師として採用。英語。

松村　英介　大阪府生まれ。助手として採用。体育。

人文学部

小池　春江　東京生まれ。教授として採用。英米文学、英語。

四月一日、稲生学長は、新入生に対し、『学園報』第四七号に「新入生に与えることば―心を起こし身を起こせ―」を載せ、そこで、本学における大学生活に勝負をかけ、大学で本物の勉強をしてもらいたい、昔から『詩をつくるより田をつくれ』という格言があるが、田を作ると同時に詩をつくることも重要で、大学で人間文化を培い耕していると胸を張っていえるような大学生活をおくってほしい、と述べた。(3)

四月五日、午前一〇時より入学式が体育館にて挙行され、経済学部五〇〇名、経営学部四七一名、人文学部英語英米文学科七九名、同社会学科一一九名、計一一六九名が入学した。経済学研究科修士課程は三名（片岡孝暢ら）、経営学研究科修士課程は四名が入学した。(4) この入学式のとき、全学の教員が檀上にあがり、各学部長から一人一人の教員の紹介・顔見せがなされたが、和気藹々、「家族主義的」校風のみられる大学の風景であった。

この入学式の稲生学長の式辞は、総務課所蔵の式辞資料の中になく、未見である。

九月一六日、大学院（修士）の入試（九月期）が行なわれた。経済学研究科の志願者はいなかった。経営学研究科は二名が受験し、二名が合格した。(5)

九月三〇日、新本館（現本館）の定礎式が行なわれた。

一一月二〇日、学校法人松山商科大学評議員の任期満了（一一月末）に伴なう選挙が行なわれ、教育職員の当選者は、入江奨、岩国守男、越智俊夫、神森智、高沢貞三、田辺勝也（新）、伊達功、中川公一郎、比嘉清松（新）、望月清人、山口卓志（新）、渡部孝であった。(6) 任期は一二月一日から三年間であった。

一一月二一日、稲生学長・理事長ら大学当局は文部省に大学院経営学研究科博士課程設置協議書を提出した。(7)

本年度も学生の自主的研究活動の発表の場である、第二〇回中四ゼミ（一二月一三、一四日、本学）、第二七回全日ゼミ（インゼミ）が開かれた。(8)

一二月二三日に、松山全日空ホテル四階の「万葉の間」にて、一九八〇年の忘年会が実施された。「家族主義的エートス」のあらわれであり、和やかな会合であった。

一二月三一日、理事の越智俊夫と伊達功が退任し、一九八一年一月一日より、望月清人（一九八一年一月一日～一九八三年一一月三〇日）と岩国守男（一九八一年一月一日～一九八三年一二月三一日）が新しく理事に就任し、稲生理事長を支えることになった。(9)

一九八一年一月二六日、午前一一時半より本館（地下一階、七階建）と五号館（三階建）の落成式が本館の六階ホールで行なわれた。(10)

二月一〇日～一二日にかけて、一九八一年度の入試が行なわれた。入試制度は岩橋勝入試委員長のもとでこれまでと大きく変更された。それは次の通りであった。

①人文学部の試験日を早め、また、これまで同一日に実施していた経済、経営の入試を切り離し、三学部を三日連続で単独で試験を行なうことにし、経済学部が二月一〇日、経営学部が二月一一日、人文学部が二月一二日とした。

②試験科目は選択科目を昨年までの七科目から数ⅡBを廃止して六科目とした。

③試験時間は各科目とも一〇分ずつ短縮し、国語・選択が七〇分、英語を九〇分とした。
④英語・国語の一部にマーク式を導入した。

試験会場は従来通りで、本学、東京、京都、岡山、広島、福岡、高松の七会場であった。検定料は一万六〇〇〇円（前年度と同じ）。募集人員は文部省定員通りで、経済・経営両学部とも三五〇名、人文学部は英語英米が八〇名、社会が一〇〇名であった。志願者は経済が三一五七名（前年一八四二名）、経営が二五二一名（前年二〇〇六名）で、ともに大幅に増えた。併願のためであった。人文学部は英語英米が四三一名（前年四五四名）、社会が八八五名（前年一三三六名）で意外にもともに減少した（前年の反動だろう）。大学全体では合計六九九四名（前年五六三八名）で過去最高となった。合格発表は二月二三日で、経済学部が一一三一名、経営学部が九九三名、人文学部英語英米が二二五名、社会が三〇〇名を発表した。なお、学費は入学金は一三万円（前年度と同じ）、授業料は二五万円（前年度二〇万円）、維持費〇円（前年度五万円）、施設拡充費は四万円（前年度二万円）、その他の委託徴収費（温山会費、自治会費、生協出資金等）が二万九五五〇円で、合計四四万九五五〇円であった。前年度に比し二万円の値上げであった。なお、今年度から維持費を授業料の中に入れた。また、委託徴収費のうち、学友会の自治会への変更により、学友会費が自治会費に変わった。(11)

当時の入試風景について述べておこう。入試が終わると、その日のうちに本館の六階の大会議室で採点作業が始まり、大半は記述式であったため、夜の九時、一〇時になることも多かった。選択科目は科目により平均点に大きな差があると不公平となるため、科目間で得点調整が行われた。その場合には、採点が終わるのが真夜中になることもあった。採点作業は黙々としていたが、ときには雑談もあり、他学部の教員と話もはずむ風景がみられた。大学生協からの差し入れがあり、コーヒーやジュースが置かれた。入試の合格者の人数は、目標入学者数が理事会より示され、入試委員が中心となり、過去三年間の歩留り率をもとに手作業で計算して教授会の審議にかけた。入試判定教授会では、この時期総合判定というものがあり、合格最低点の一定数については実業高校出身者や僻地の高校等を総合的に判断して合否を決めていた。そして、合格発表日には、合格者の氏名も公表していた。これらは、いずれも後に廃止された。入試は大変労苦が多かったので、入試手当が支払われた。受験料収入の三分の一を経費に、三分の一を法人に、三分の一を教職員に分配した。その入試手当の配分は時の教職員会が決めていた（特に繁忙な入試委員長や入試課長等への特別手当も支給され、各科目の出題手当を計算し、残りを教職員に定率、定額で計算して配分した）。志願者が増えると、結構な手当となっていた。現在は減額されているが、形を変えて続いている。

三月一八日、望月清人経済学部長の任期満了に伴なう経済学部長選挙が行なわれ、新しく高橋久弥教授（五〇歳）が選出された。[12]

三月一日、稲生学長は、卒業生に対し、『学園報』第五〇号に「軽信を慎め」と題したはなむけの言葉を載せ、そこで、情報社会の今日において、情報に毒されることがあるので、情報をよく吟味し、真偽をただし、軽信しないよう戒めている。[13]

三月二〇日、午前一〇時より第三〇回卒業式が体育館にて挙行された。経済学部四四三名、経営学部四〇二名、人文学部英語英米文学科一一二名、社会学科九六名が卒業した。また、経済学研究科修

士課程は四名、経営学研究科修士課程は二名が修了した。(14)

稲生学長は式辞において、現代世界は富の生産と消費が巨大化し、人間社会と自然環境との対立が地球的規模となり、バランスを失しており、物質的生産力に適合する社会的関係の変革が求められていること、歴史は天才や偉人が造るものではなく、大衆としての人間が造るものだとかを述べ、真実に生きよと呼びかけた。(15)

三月二三日、経済学研究科（修士・博士）、経営学研究科（修士）の入試（三月期）が行なわれ、経済は修士課程四名が受験し、三名が合格した。博士課程はいなかった。経営は修士課程四名が受験し、四名が合格した。(16)

三月二六日、文部省より大学院経営学研究科博士課程設置認可がおりた。(17)

三月三一日、経済学部の十亀豊一郎（歴史、西洋史）、経営学部の中島千秋（文学）、門前貞三（教育学、フランス語）、渡辺和俊（経営学）、人文学部の葉原幸夫（英語、英文学）、山岡政喜（集落社会学）らが退職、転職した。(18)

〔注〕

（1）『六十年史（資料編）』一二六〜一三一頁。
（2）『学園報』第四七号、一九八〇年四月一日、『学内月報』第四〇号、一九八〇年四月一日。
（3）『学園報』第四七号、一九八〇年四月一日。
（4）『学内月報』第四一号では経済学修士四名、経営学修士三名となっているが、間違い。『六十年史（資料編）』一六一頁では、経済学修士三名、経営学修士四名となっている。
（5）『学内月報』第四六号、一九八〇年一〇月一日。『松山商科大学一覧』一九八〇年度。
（6）『学内月報』第四八号、一九八〇年一二月一日。

（7）『松山大学九〇年の略史』五四頁。
（8）入江奨「学生の自主的研究活動の動向の一齣」『六十年史（写真編）』二四七〜二五〇頁。
（9）『学内月報』第四九号、一九八一年一月一日。
（10）『学内月報』第五〇号、一九八一年二月一日。『六十年史（資料編）』の年表。『松山商科大学一覧』一九八〇年度、一五九頁。
（11）松山商科大学『昭和五六年度入学試験要項』、『学内月報』第五〇号、一九八一年二月一日。『学内月報』第五一号、一九八一年三月一日。なお、この年は各学部とも補欠を出し、経済学部一一七七名、経営学部一一一八名、人文英語二六〇名、人文社会三四〇名の合格者となった（『学内月報』第五二号、一九八一年四月一日。『六十年史（資料編）』一七四頁、『松山商科大学一覧』一九八〇年度、八、九頁）。
（12）『学内月報』第五一号、一九八一年三月一日。
（13）『学園報』第五〇号、一九八一年二月一日。
（14）『学内報』第五二号、一九八一年四月一日。なお、『六十年史（資料編）』一四一頁は、経済学部四四七名、経営学部四〇五名、人文英語一一三名、社会九六名で、それは一九八〇年一〇月の卒業生を含んだ数字。
（15）松山大学総務課所蔵の稲生学長の式辞より。
（16）『六十年史（資料編）』一六一頁。なお、経営は九月期と三月期をあわせた人数。『松山商科大学一覧』一九八〇年度。
（17）『六十年史（資料編）』八六頁。
（18）『学内報』第五二号、一九八一年四月一日。

㈢一九八一年（昭和五六）度

稲生晴学長二年目である。経済学部長は望月清人に代わって新しく高橋久弥が就任した（一九八一年四月一日〜一九八三年三月三一日）。経営学部長は高沢貞三、人文学部部長は渡部孝が続けた。経済学研究科長は入江奨が続けた。経営学研究科長は神森智に代わって新しく元木淳が就任した

（一九八一年四月一日〜一九八三年四月一日）。全学の校務体制は、教務委員長は原田満範が続けた。学生委員長は高橋久弥に代わって新しく青木正樹が就任した（一九八一年四月一日〜一九八三年三月三一日）。入試委員長は岩橋勝が続けた。図書館長も田辺勝也が続けた。経済経営研究所長は辻悟一に代わって新しく山口卓志が就任した（一九八一年四月一日〜一九八三年一二月三一日）。事務局長は墨岡博に代わって、竹田盛秋が新たに就任した（一九八一年四月一日〜一九八七年三月三一日）。学校法人面では中川公一郎、望月清人、岩国守男が引き続き理事を務め、稲生理事長を支えた。[1]

四月一日、事務の教務部の組織変更がなされ、これまでの学部事務室がなくなり、教務課、学務課、入試課の三つの課を発足させた。[2]

本年度も、次のような新しい教員が採用された。[3]

経済学部

清野　良栄　一九五〇年一月福島県生まれ、九州大学大学院経済学研究科博士課程、九州大学助手。講師として採用。経済原論Ⅱ。

舘野日出男　一九四九年六月茨城県生まれ、上智大学大学院文学研究科博士課程。講師として採用。ドイツ語。

経営学部

藤井　泰　一九五四年一月山口県生まれ、広島大学大学院教育学研究科博士前期課程。講師として採用。教育学。

森本　三義　一九五二年四月愛媛県生まれ、松山商科大学経営学部卒。大学院経済学研究科

修士課程修了（神森ゼミ）。大阪大学大学院経済学研究科経営学専攻後期博士課程。講師として採用。簿記原理。

人文学部

鮎川　潤　一九五二年三月生まれ、大阪大学大学院人間科学研究科後期博士課程。講師として採用。社会病理学。

四月一日、稲生学長は、新入生に対し、『学園報』第五一号に「新入生歓迎のことば―流れに抗して自己形成を―」を載せ、そこで、安易な流れに抗し、主体的意欲的に学び、自分の頭で考えていく能力を養ってもらいたいと、述べた。(4)

四月一日、入学式が体育館で行なわれた。経済学部が四四五名、経営各部が四六九名、人文学部英語英米が一〇一名、同社会が一二七名入学した、経済学研究科では修士三名、経営学研究科では修士三名、博士一名が入学した。(5)

稲生学長は式辞のなかで、一九六八年のパリ五月革命に端を発し先進諸国に広がった大学紛争や昨今の校内暴力等を社会病理現象として捉え、その真相・原因・本質を論じ、新入生に対し、自分の頭で考え、まとめていく能力を養ってほしいと述べた。(6)

本年度から松山商大は学事日程を大きく変更した。原田教務委員長ら教務委員会はかねてよりの学内世論に従い、従来は夏休み明けに一週間程授業を行ない、後、前期試験をしていたが、夏休みに入る前に前期の授業と試験を終了することにした。それは学生に対し教育効果を高めるとともに夏休みを有効に利用できるようにするためであった。

また本年度から、専門ゼミのゲストスピーカー制度が実施された。さらにまた、本年度からカリフォルニア州立大学サクラメント校における短期英語研修講座を始めた。(7)

七月、学部長会規程を制定、施行した。

九月二〇日、大学院の九月期入試（修士課程）が行なわれた。経済学研究科は合格者ゼロ、経営学研究科は四名の合格者があった。(8)

本年度も、学生の自主的研究活動の発表の場である第一四回学内ゼミ、第二一回中四ゼミ（一一月一二日〜一三日、広島経済大）、第二八回インゼミ（一一月二一日〜二三日、福岡大学）が開かれ、各ゼミが取り組んだ。例えば経済学部の入江ゼミは中四ゼミで「スミスとケインズの比較研究」、インゼミでは「アダム・スミスの『国富論』における資本蓄積論の展開」を報告している。(9)

一九八二年二月九日〜一一日にかけて、一九八二年度の入試が行なわれた。二月九日が経済学部、一〇日が経営学部、一一日が人文学部であった。試験場は従来通りで、本学、東京、京都、岡山、広島、高松の七会場で行なわれた。検定料は一万八〇〇〇円。募集人員は経済・経営両学部とも三五〇名、人文学部は英語英米が八〇名、社会が一〇〇名であった。志願者は経済が二九一九名（前年三一五七名）、経営が二八〇六名（前年二五二一名）で、経済が減少し、経営が増え、隔年結果現象となった。人文英語英米は四九五名（前年四三一名）、社会が八四八名（前年八八五名）で英語英米が少し増え、社会が少し減った。大学全体では合計七〇六八名（前年六九九四名）となり、微増だが過去最高となった。合格発表は二月二〇日。目標入学者数は経済・経営が四五〇名、人文英語英米が一〇〇名、社会が一三〇名で、歩留りを考慮して、経済が一一〇七名、経営が一〇四九名、人文英語英米が二五五名、社会が三五五名を発表した。しかし、各学部とも目標をたっせず、その後補欠を出し、経済が二六名、経営が八三名、人文英語英米が二六名、社会が二六名を発表した。なお、学費は入学金は一三万円（前年度と同じ）、授業料は二七万円（前年度二五万円）、施設拡充費は五万円（前年度四万円）、その他が二万九五五〇円で、合計四七万九五五〇円で三万円の値上げであった。(10)

三月二〇日、午前一〇時より本学体育館にて第三一回卒業式が行なわれた。経済学部三九七名、経営学部四四三名、人文学部英語英米六〇名、同社会七九名が卒業した。また経済学研究科修士一名（片岡孝暢）、経営学研究科修士三名が修了した。(11)

稲生学長は式辞において、一九八〇年代初頭のスタグフレーションの状況を述べ、現下の経済矛盾を打開する道として、戦前の様な軍事化ではなく、平和経済の道を見出すよう努めなければならぬと述べ、最後に、ゲーテの言葉を引用し、「汝自身を知れ、お前の仕事のために、たゆまざる鍛錬をもって、お前を鍛え学べ」をはなむけとして贈るなど格調高いものであった。(12)

三月二三日、大学院（修士・博士）の入試が行なわれ、経済学研究科は修士課程九名が受験し、三名が合格した。経営は修士課程七名が受験し、五名が合格した。(13)

三月三一日、経済学部の増岡喜義（財政学、元学長、七八歳）が退職した。また、吉田建夫（経済原論）が退職し、摂南大学に転出し、鈴木陽一（中国語）も退職し、神奈川大学に転出した。経営学部では高石頼三郎（自然科学概論、物理学）らが退職した。なお、経営学部の辻悟一（経済地理）は一九八一年九月三〇日に退職し、大阪市立大学に転出している。(14)

〔注〕
（1）『六十年史（資料編）』一二六〜一三一頁。『学内報』（従来の『学内月報』の改題）第五二号、一九八一年四月一日。
（2）『学内報』第五三号、一九八一年五月一日。
（3）『学園報』第五一号、一九八一年四月一日。『学内報』第五二号、一九八一年四月一日。
（4）稲生晴「新入生歓迎のことば―流れに抗して自己形成を―」『学園報』第五一号、一九八一年四月一日。
（5）『学内報』第五三号、一九八一年五月。なお、『六十年史（資料編）』一六一、一七四頁、『松山商科大学一覧』一九八〇年度では、経済学部が四四二名、経営学部が四六八名、人英が一〇一名、人社が一二五名となっている（五月一日の在籍者）。
（6）松山大学総務課所蔵の稲生学長の式辞より。
（7）『学園報』第五二号、一九八一年七月一日。
（8）『学内報』第五八号、一九八一年一〇月一日。
（9）『つくし』第一四号、一九八二年四月一日、二一頁。入江奨「学生の自主的研究活動の動向の一齣」『六十年史（写真編）』二四七〜二五〇頁。
（10）『学内報』第六一号、一九八二年一月一日。『学内報』第六二号、一九八二年二月一日。『学内報』第六三号、一九八二年三月一日。増田豊「（昭和五七年度）入試状況」『温山会報』第二五号、一九八二年一一月。
（11）『学内報』第六四号、一九八二年四月一日。なお、『六十年史（資料編）』一四一頁は前年の前期卒業者を含み、経済学部四〇二名、経営学部四五〇名、人文英語六〇名、人文社会七九名。
（12）松山大学総務課所蔵の稲生学長の式辞より。
（13）『六十年史（資料編）』一六一頁。受験者、合格者は一次、二次の合計。
（14）『学内報』第六四号、一九八二年四月一日。『温山会報』第二五号、一九八二年一一月。

㈣一九八二年（昭和五七）度

稲生晴学長三年目である。経済学部長は高橋久弥、経営学部長も高沢貞三、人文学部長も渡部孝が引き続き務めた。経済学研究科長は入江奨、経営学研究科長は元木淳が引き続き務めた。全学の校務体制は、教務委員長は原田満範、学生委員長は青木正樹が引き続き務めた。入試委員長は岩橋勝に代わって新しく増田豊が就任した（一九八二年五月一日〜一九八四年三月三一日）。図書館長は田辺勝也、経済経営研究所長は山口卓志が引き続き務めた。事務局長は竹田盛秋が続けた。学校法人面では中川公一郎、望月清人、岩国守男が引き続き理事を務め、稲生理事長を支えた。(1)

本年度も次のような新しい教員が採用された。(2)

経済学部

増野　仁　一九四七年一〇月生まれ、東京都立大学大学院人文科学研究科博士課程。講師として採用。中国語。

間宮　賢一　一九五四年一〇月生まれ、神戸商科大学大学院経済学研究科博士課程。講師として採用。価格理論。

経営学部

高橋　紀夫　一九五二年三月生まれ、中央大学法学研究科博士課程。講師として採用。商法、手形小切手。

塩次喜代明　一九四七年一〇月生まれ、神戸大学大学院経営学研究科博士課程。助手として採用。

人文学部

奥村　義博　一九五一年二月生まれ、関西学院大学文学研究科博士課程。講師として採用。

英語。

四月一日、稲生学長は新入生に対し、『学園報』第五五号で「生き方への挑戦―新入生諸君へ―」を載せ、自分にはできないと自己限定することなく、自分に挑戦し、積極的行動的な学生生活を実行し、自分はやったぞという充実感を体得してほしい、と述べている。(3)

四月一日、午前一〇時より本学体育館にて入学式が挙行された。経済学部四五二名、経営学部四六一名、人文学部英語英米一〇三名、社会一三四名が入学した。経済学研究科は修士課程三名が入学し、経営学研究科は修士課程四名が入学した。(4)

稲生学長は式辞において、大学は学問の府であり、自らの頭でものごとを主体的に考える創造的能力を養ってほしい、世の中は流動と混迷の時代であり、自らの幸福と社会の発展の為に創造的な能力を身につけて欲しい、そのためにはすべてを疑えと述べ、最後に、先生方と交わり、友を作り、書物に親しみ、充実した大学生活を望む、と述べた。(5)

本年度より、従来の一時間一〇〇分授業を九〇分授業とした。また、授業の合間の休憩時間を一〇分から二〇分間にした。昼休み時間を四〇分から六〇分間にした。その結果、次のような時間割となった。(6)

①　八時四〇分～一〇時一〇分
②一〇時三〇分～一二時
③一三時　　　～一四時三〇分
④一四時五〇分～一六時二〇分

⑤一六時四〇分～一八時一〇分

五月二九日、稲生学長ら大学側は教職員とその家族のために第一回ファミリー・フェスティバルを御幸グラウンドで開催した。[7] 家族、子供がたくさん集まり、運動会を行い、模擬店も出た。稲生学長・理事長の「学園協同体」論の具現化であり、「松山商大伝統の家族主義」（神森先生の言葉）の復興であった。

九月二四日、人文学部長の任期満了に伴なう学部長選挙が行なわれ、渡部孝教授が再選された。[8]

九月二五日、大学院入試（修士課程）の九月期入試が行なわれ、経済学研究科は志願者四名、受験者三名、合格者三名であった。経営学研究科は志願者・受験者六名、合格者一名であった。[9]

一一月五日、来年が本学創立六〇周年にあたるので、稲生学長・理事長ら大学側は第一回の委員会を開いた。委員は、稲生学長、岩国理事、中川理事、望月理事、高橋経済学部長、高沢経営学部長、渡部人文学部長、梶原短期大学部長、田辺図書館長、山口経済経営研究所長、竹田事務局長、中本財務部長、武市学生部長、菅原総務部長であった。会議で次の五つの事業を計画し、実行することにした。[10]

①記念式典（一一月五日）

②教育研究充実基金の募金（一億円を目標とする。温山会五〇〇〇万円、大学関係五〇〇〇万円）

③大学の構想、計画について（校名変更、施設計画、学部編制など将来構想）

④学術、研究調査（六〇周年記念論文、地域調査）

⑤年史編纂（年表整理、史料・写真収集、六〇年史の編纂）

一一月一四日、前入試委員会で検討されていた推薦入学試験がはじめて実施された。選考方法は一般公募ではなく、西日本で初めての指定校制度を採用した。指定校制度は一高校から一人を高校長が推薦し、学部で審査を行なうというものであった。被推薦者の資格は昭和五八年三月卒業見込みのもの、評定平均値が経済・経営が一～三年一学期末まで三・五以上、人文学部は三・七以上（英語英米は英語が四・〇以上）、そして、クラブ活動などで培った魅力ある人格の持ち主で、バイタリティ、指導性を発揮できるものであった。審査は経済学部は作文（経営は小論文、人文はなし）と面接であった。推薦入学の定員は経済約九〇名、経営約一〇〇名、人文学部英語英米約二〇名、社会約三〇名であった。推薦入試の志願数、合格者数は次の通りである。[11] 優秀な生徒が推薦され、また高校との信頼関係からほぼ全員が合格した。

	募集定員	志願者数	合格者数
経済学部	約九〇名	一〇〇名	九九名
経営学部	約一〇〇名	九六名	九四名
人文（英）	約二〇名	二三名	二三名
人文（社会）	約三〇名	四〇名	四〇名

本年度も、学生の自主的研究活動の発表の場である、第一五回学内ゼミ、第二二回中四ゼミ（一二月一一、一二日、香川大学）、第二九回全日ゼミ（一二月二〇、二一日、関東学院大学）が開かれている。[12] 経済学部の清野ゼミは、以後、中四ゼミ、全日ゼミによく参加し、発表している。

一九八二年一二月末で稲生晴学長の三年の任期が終了するので、松山商科大学学長選考規程にもとづき、学長候補者推薦委員の選挙が行なわれ、一〇月一四日、教育職員では、経済学部から高橋久弥、田辺勝也、比嘉清松、山口卓志、経営学部から岩国守男、越智俊夫、高沢貞三、中川公一郎、人文学部から星野陽、渡部孝が選出された。事務職員は一〇月一六日に選挙し、山崎敏夫ら六名が選出された。そして、一一月六日の推薦委員会で稲生教授一人が推薦され、一一月一七日に稲生教授の信任投票となり、稲生教授が過半数を得て再選された。[13]

一二月一〇日、再選された稲生晴学長は『学園報』第五七号に「大学の個性強化をめざして」と題し、再任の挨拶を載せ、今日の大学生の現状を憂い、その原因を究明し、対策をたて、実行していかなければならないとし、教育方法の改善、大学の目的、独自性の明確化、三実主義の具現化などを述べた。

稲生学長は校訓「三実主義」については、これまで、特に式辞では言及しなかったが（理由は不明であるが、稲生先生の思想・信条から古いとして重要視しなかったものと推測される）、今回、再任に際し、はじめて言及した。大きな変化である。稲生学長は「本学の特殊を表現する指針として、『三実主義』があります。真実、実用、忠実を旨とするこの基本精神を現実の歴史的諸条件のもとで、いかに実践的な大学運営の綱領に具現するかがわれわれの課題であります」[14]と述べた。

この稲生学長の「三実主義」の順序は、一九五七年四月の星野通学長の順序（真実、忠実、実用）と異なる。また一九六二年四月以降の『学生便覧』の順序とも異なる。さらに稲生学長時代の『学生便覧』の順序とも異なり、稲生学長による順序の変更であった。そして、その順序は実は田中忠夫校長が一九四一年四月の始業式で述べた順序の再現・復活である。

なぜ、稲生学長が田中忠夫の順序に変更し、忠実よりも実用を先に回したのか、その説明はなく不明である。

ここからは、私の私見であるが、来年が創立六〇周年にあたるので、稲生先生は改めて、田中忠夫編の『三十年史』を読み直し、本学の歴史を勉強し、田中校長の功績（学園の拡張政策）を評価する中で、田中忠夫の「三実主義」の順序に引きつけられたものと思う。そして、その順序はまた、稲生学長が再任にあたり、大学の「個性化」を打ち出し、そのために「実用」を「忠実」よりも前に回し、重視せんとする思想の反映であったと思う。

一九八三年一月一日、Ⅱ期目の稲生学長は『学内報』第七三号に「年頭のことば」を載せ、本年の大学運営の課題として、第一に初めて推薦入学生を受け入れて、如何に学生生活の活性化を実現するのか、第二に創立六〇周年事業の推進、第三に新学部新学科の増設や新校地の開発、施設整備の基本方針の決定をあげた。(15)

二月九日～一一日、一九八三年度の入試（一般入試）が行なわれた。経済学部が二月九日、経営学部が二月一〇日、人文学部が二月一一日であった。試験場は本学、京都、岡山、広島、福岡、高松の六会場で行なわれた（東京は廃止）。検定料は一万九〇〇〇円。募集人員は経済・経営両学部とも三五〇名、人文学部は英語英米が八〇名、社会が一〇〇名であった（推薦を含む）。一般入試の志願者は経済が二六七一名（前年二九一九名）、経営が二六七〇名（前年二八〇九名）、人文英語英米が四五三名（前年四九五名）、社会が八三二名（前年八四八名）、合計六六二六名（前年七〇六九名）であった。各学部とも志願者が減少したのは、推薦入試の導入のためであった。合格発表は二月一八日で、経済が九二二名、経営が九二九名、人文英語英米が二二二名、社会が二九九名を発表した。しかし、その後、経済と人文英語英米の予想がはずれ、経済が四三名、人文英語英米が二八名の補欠を出した。なお、学費は入学金は一三万円（前年度と同じ）、授業料は二八万円（前年度二七万円）、施設拡充費は六万円（前年度五万円）、その他が二万九八五〇円で、合計四九万九八五〇円で、二万円の値上げであった。[16]

二月一五日、高橋久弥経済学部長の任期満了に伴う経済学部長選挙が行なわれ、田辺勝也教授（五一歳）が選出された。[17]

三月一日、稲生学長は、卒業生に対し、『学園報』第五八号にはなむけのことばを載せ、今日の経済の深刻な状況―世界同時不況、失業の増大、財政赤字等―を指摘し、経済難を軍備拡大で乗り切ろうとするのは危険な選択だと警鐘をならし、平和の道で経済の安定と繁栄の方向にこそ我々の明るい出口がある、今後いろいろな試練があるが、何事にも屈せず、耐え抜いて逞しく生きることを祈う、と述べている。[18]

三月一九日、午前一〇時より本学体育館にて第三二回卒業式が挙行された。経済学部三五四名、経営学部三八九名、人文学部英語九六名、同社会一七一名が卒業した。大学院経済学研究科は修士課程三名、経営学研究科は修士課程五名が修了した。[19]

稲生学長は式辞において、現代の世界同時不況、経済の行き詰まりを述べ、軍備増強の道でなく、平和経済の道に進まなければならぬ、と説き、安倍能成先生の「低履高思」（質素な生活と高邁な思考）やワーズ・ワースの言葉をはなむけに送る、学識高いものであった。[20]

三月二二日、大学院経済学研究科（修士・博士）、経営学研究科（修士）の入試（第二次）が行なわれ、経済研究科は修士課程三名が受験し、二名（一人女性）が合格した。博士課程は一名が受験し、合格した。経営研究科は修士課程五名が受験し、一名が合格した。(21)

三月三一日、経済学部の松野五郎（統計学）が退職した（四月より再雇用）。また高村晋（法学、行政法）らが退職した。(22)

〔注〕

（1）『学内報』第六四号、一九八二年四月一日。『六十年史（資料編）』一二六〜一三二頁。
（2）『学園報』第五五号、一九八二年四月一日。『学内報』第六四号、一九八二年四月一日。
（3）稲生晴「生き方への挑戦―新入生諸君へ―」『学園報』第五五号、一九八二年四月一日。
（4）『学内報』第六五号、一九八二年五月一日。『六十年史（資料編）』一六一、一七四頁。
（5）松山大学総務課所蔵の稲生学長の式辞より。
（6）『学内報』第六〇号、一九八一年一二月一日。
（7）『松山大学九十年の略史』五六頁。
（8）『学内報』第七〇号、一九八二年一〇月一日。
（9）同。
（10）『学内報』第七二号、一九八二年一二月一日。『学園報』第五七号、一九八二年一二月一〇日。
（11）『学内報』第六五号、一九八二年五月一日。『学園報』第五六号、一九八二年八月一日。『学園報』第五七号、一九八二年一二月一〇日。『学内報』第七二号、一九八二年一二月一日。『六十年史（資料編）』一七四頁。
（12）松山商科大学経済学部清野ゼミナール『AD2001』創刊号、一九八三年三月。清野ゼミは毎年中四国政経済ゼミナール大会と全日ゼミ（インゼミ）に参加し、発表している。
（13）『学内報』第七一号、一九八二年一一月一日。『学内報』第七二号、一九八二年一二月一日。『学園報』第五七号、一九八二年一二月一〇日。
（14）稲生晴「大学の個性強化をめざして」『学園報』第五七号、一九八二年一二月一〇日。
（15）稲生晴「年頭のことば」『学内報』第七三号、一九八三年一月一日。

(16)『学内報』第七三号、一九八三年一月一日。『学内報』第七五号、一九八三年三月一日。『学園報』第五六号、一九八二年一二月一〇日。同第五七号、一九八二年一二月一〇日。同第五八号、一九八三年三月一日。同第五九号、一九八三年四月一日。『六十年史（資料編）』一七四頁。
(17)『学内報』第七五号、一九八三年三月一日。『学園報』第五八号、一九八三年三月一日。
(18)『学園報』第五八号、一九八三年三月一日。
(19)『学内報』第七六号、一九八三年四月一日。なお、『六十年史（資料編）』一四一頁では前年前期卒業を含み、経済学部三五九名、経営学部三九一名、人文学部英語九六名、社会一七一名が卒業した。
(20)松山大学総務課所蔵の稲生学長の式辞より。
(21)『学内報』第七六号、一九八三年四月。『六十年史（資料編）』一六一頁。
(22)同。

(五)一九八三年（昭和五八）度

稲生晴学長は四年目である。本年は創立六〇周年の記念すべき年にあたる。

経済学部長は高橋久弥に代わって、田辺勝也が就任した（一九八三年四月一日〜一九八五年三月三一日）。経営学部長は高沢貞三、人文学部長は渡部孝、大学院経済学研究科長は入江奨が引き続き務めた。経営学研究科長は元木淳に代わって井上幸一が就任した（一九八三年四月一日〜一九八五年三月三一日）。全学の校務体制は、教務委員長は原田満範が続けた。学生委員長は青木正樹に代わって、前田繁一が就任した（一九八三年四月一日〜一九八五年三月三一日）。入試委員長は増田豊が続けた。図書館長は田辺勝也に代わって（学部長就任のため）、神森智が就任した（一九八三年四月一日〜一九八五年一二月三一日）、経済経営研究所長は山口卓志が続けた。事務局長は竹田盛秋が続けた。学校法人面では中川公一郎、望月清人、岩国守男が理事を続け、稲生理事長を支えた。(1)

本年度も次のような新しい教員が採用された。(2)

経済学部

光藤　昇　一九四八年一〇月岡山県生まれ、大阪市立大学大学院経営学研究科博士課程。東京工業大学助手。講師として採用。統計学。

ダビッド・ウイリアム・ポーター　一九五〇年三月米国生まれ。テキサス州立大学オースチン校博士課程。外国人特別講師として採用。一般教育英語担当（口頭英語特別プログラム）

経営学部

ウイリアム・ジョセフ・スネル　一九五九年五月英国生まれ。ロンドン大学キングスカレッジ英文科修士課程。外国人特別講師として採用。一般教育英語担当（口頭英語特別プログラム）。

四月一日、稲生学長は新入生に対し、『学園報』第五九号に「入学の諸君へ　商大で学び世界に翔べ」と題し、挨拶文を載せ、諸君はこれまで世界に類をみないハードな受験勉強をやってきたが、今後大学で自らを開放し、自主的でゆとりある生活に切り替え、大学で新しい学問と技芸を磨いてほしい。そして、試練から逃げるのではなく、自ら試練に立ち向かい、世界に羽ばたいてほしい、と呼びかけた。(3)

四月一日、午前一〇時より本学体育館において入学式が行なわれ、経済学部四四三名、経営学部四四四名、人文学部英語英米一〇七名、同社会一五二名、合計一一四六名が入学した。また、経済学

研究科修士課程二名、博士課程一名、経営学研究科修士課程二名が入学した。(4)

稲生学長は式辞において、本年が創立六〇周年の年であり、推薦入学生が初めて入学した年度であり、大学の使命を認識し、自らの頭で主体的に考え、分析、構想する能力を身につけるよう訴えた。(5)

七月、今秋の六〇周年記念事業計画が発表された。それは、次の通りであった。(6)

①一一月五日に記念式典および祝賀会をひらく。

②総合運動施設建設（農業用水池の松田池を埋め立てた御幸グラウンドの北側に隣接する傾斜地約三万平方メートルにプール、部室、音楽練習場、管理、研究棟、トレーニングセンター等）のための募金。

③大学の構想と将来計画の委員会（学園構想委員会）設置（校名の変更、学園の規模、教育研究内容、施設計画、学部学科の編制等の検討）

④学術研究調査（記念論文集、地域の産業、経済文化の調査等）

⑤年史編纂。

九月、六〇周年記念事業の一環として設置された「学園構想委員会」（委員長望月清人理事、委員、前経済学部長高橋久弥、経済学部長田辺勝也、経営学部長高沢貞三、人文学部長渡辺孝、短大学部長梶原正男、教務部長正岡謙二）の報告書が提出された。その大要は次の通りである。(7)

①校名

松山商科大学を松山大学に改称するというのが大方の意見である。

②学部編制および学部充実

社会のニーズに合った特色ある大学づくり、学部づくりをおこなう。経済学部では国際経済に関する科目、地域経済、地域産業に関する学科目を新設する。経営学部は経営情報関係の学科目を充実する。人文社会学科はフールドワークを重視する。新学部として第一に考えられるのは法学部である。

③施設

外国人のための宿泊施設、セミナーハウス、スクールバス、厚生会館、ゼミ専用室、広い駐車場、緑陰と芝生がほしい。

この時、校名変更も、法学部も、外国人のための宿泊施設、セミナーハウス、スクールバス、厚生会館、ゼミ専用室も、特色ある学部づくりも、すぐには実現しなかったが、スクールバス、ゼミ専用教室を除き、後に着実に実現していくことになる。

九月二四日、大学院入試（修士課程、九月期）が行なわれた。経済学研究科修士課程は三名が受験し、三名が合格した。経営学研究科修士課程は五名が受験し、三名が合格した。(8)

九月三〇日、前期卒業式が行なわれた。

一一月五日、午前一〇時から本館六階ホールにて、白石愛媛県知事（代理）、中村松山市長（代理）、坂上愛媛大学学長らの来賓、卒業生など二五〇名が参列し、創立六〇周年記念式典が挙行された。

稲生学長は式辞において、松山高商・商大の歴史を述べ、幾多の艱難を乗り越え、六〇年の歴史を刻んだことに感謝の念を謝し、本学の貴重な財産として、学内の自治運営、自由、闊達な家族主義的学風、卒業生の活躍・母校愛、また、創立者新田長次郎翁の誠実・高邁な人格識見に感謝を表明し、本学の公共的性格、地域社会との密着性を論じ、本学の三実主義を論じ、第三の創学をめざし、今後、教員、施設の充実、現実に適応した教育方式の開発、研究機能の強化、開かれた大学づくり、国際交流の拡大等々に務めたいと抱負を次のように表明した。

「本日茲に来賓各位の御臨席を仰ぎ、松山商科大学創立六〇年の記念すべき式典を催すことができます事は誠に本学の光栄であり、深甚な感謝と抑え難い喜びを覚えるものであります。

御高承の通り本学は大正一二年、松山高等商業学校の設立に始まり、昭和一九年、松山経済専門学校、昭和二四年、戦後学制改革に伴い松山商科大学に転換して、今年めでたく隆昌のうちに学園創立六〇年を迎えることが出来たのであります。官公立および私立の旧制高等専門学校の中には戦時文教統制に依って、或いは又、戦後の学制改革に際会して、断絶の運命を辿り、一貫した校史の幕を閉じる事になった学校も少なくありません。

本学が幾多の障害や艱難を乗り越えて、此の六〇年間一系の血統を保持し、いささか江湖の負託に応えて今日の発展をみました事は我々の大いなる誇りであります。これ偏えに創立者を初めとする歴代多数の先考の御尽力、卒業生の母校愛、更に学外関係者各位のご支援の賜ものと深く肝に銘じ、衷心より感謝の念を捧げるものであります。

十年一昔と申しますが、昭和四八年の末、即ち本学五〇周年の祝賀の後に起きた第一次オイルショックは高度経済成長時代の終焉と経済構造の転換を迫る直接的な引き金となり、これを契機として内外経済は低成長と激動する変革の時代を迎え、前途多事多端な茨の道に入ったのであります。今や時代環境の大きな転換点に立って、我々は国とともに、企業とともに又家庭とともに、わが学園の未来を築く為に今日の課題に対応し、勇敢にそして現実的にあくまで現実的に教育と研究の改善（変革）充実に取り組まなければなりません。その為には計り知れない苦労と苦心に耐えねばならぬと考える者であります。

幸いにして本学は誠に優れた恵まれた無形の資産をもっております。第一に挙げるべき事は創立以来六〇年間の一貫した学内自治運営と自由闊達にして家族的な学風（エトス）であります。第二番目は卒業生の活躍と母校愛（母校への帰属意識）であり、第三は文教当局、学界及び一般社会の評価と信用であります。一朝一夕に簡単に造ることのできないこの貴重な資産の相続者たる事を感謝し、これを守り、更に一層強め、高める責任を痛感するものであります。『万物は流転する』ものであります。存在するものは全て変化する事を余儀なくされています。この必然的変化を適応力と創造力によって成長発展とするか、硬直性（固陋性）と惰性によって衰退・滅亡するか一にかかって学園を構成する者の精神と実践にあると言わねばなりません。我々が常に心底に据えておくべき事は『学園は存在する。だがそれは常に新たに、日々新たに造る事によってのみ存在するのだ』という事であります。

創立六〇年を迎えたこの機会に心静かに先人の功績を（正しく深く）評定し（顕彰、検証）、さらに現状を冷厳に分析して限りなき未来に向かう創造的活動の課題と指針を明確にする事は我々に課せられた義務であります。私学としての本学の特色は教育を（教学）中心とした、学内教職員による自活的な経営管理体制であります。これは第一に創立者、新田長次郎温山翁の誠実にして高邁な人格識見とその一貫した方針と態度によって礎定されたものであります。創立の資金の殆んどの金額を負担し創立後の経常費の大半、留学費の全額を支弁しながら学園の経営についても、例えば入学者選抜についても一切介入すること無く『学校のことは先生方に一任する』という方針を終生守り通され、尚新田家代々の態度として受け継がれ今日に至っているのであります。

ついで、本学の公共的運営の性格及び地域社会との密着性という特色の源流は創立時の社会的・地域的諸条件と多数の有力支援者に端を発していると考えねばなりません。第一次世界大戦の期に、日本経済は急成長し、それに伴う高等教育志願者の増加に対応して時の政府（原内閣）は高等教育機関の大々的な拡張計画を策定し、大正八年から大正一三年の六年間に官立の高等専門学校を倍増以上に増設したのであります。この時期、四国に最初の高等学校として、大正八年に松山高等学校、同一一年高知高校、徳島高等工業、そしてわが松山高商は一二年四月、翌一三年には高松高商が開設されたのであります。当時の社会的情勢と気運の下で松山に高校に加えて高商を設置し、四国四県の中で学術文化教育の中枢県にしようという県民有識者の先進的な意欲は、時の松山市長加藤恒忠（拓川）、北予中学校長、元大阪高商校長加藤彰廉、大阪で東洋の製革王と謳われた郷土の財界成功者新田長次郎（温山）三先人を動かしてその同志的結束を生み出し、ついに私立松山高商の設立を達成したのであります。

この創立の三恩人の外に、地域の要望を代表した方々の中から特に名を刻むべき人物として、北川淳一郎（松高教授）、井上要（伊予鉄社長）、清家吉次郎（県会議員）、さらに岩崎一高（衆議院議員、市長)、井上久吉(松山市長)、石原操(五十二銀行頭取)、野本半三郎(市会、県会議員)、服部寛一(松高校長)、村上半太郎(霽月、愛媛銀行頭取)、山内正瞭(東京高商教授)、八木春樹(県会議員)、由比質(松高校長)を挙げ永くその恩顧を忘れてはならぬと思う次第です。

以上述べた事で明らかなように本学は特定の個人の信念にもとづく教育事業として独自に造られたものではなく、地域社会の要請と地域の政界、財界、教育界の指導者によって設立されたものであり、私学でありながら私学臭さのない本学独特の公共的性格は本学のこのような出自に起因しているといって過言でないと思います。そして繰り返し強調しますが、本学の全く私心のない良心的で誠実な運営、即ちその公共的性格は新田温山翁に続く新田家歴代の方々の一貫した方針とそれに感謝しつつ歴代の諸先生方が学内自治運営を円滑且つ公正に行い、対立も紛争も生じる事なく、只々、教育と研究に集中する事によってその実を挙げる事ができたからであります。

本学は、その創立に当たって一定の教学イデオロギーを内外に宣明した所謂『私学の建学の精神』と称する経典を持っておりません。今日の本学の教学指針と学風は六〇年の学内自治体制の下で幾多の諸先生が自らの教学実践を通じて生み出されたものであり、これを理念面でいうならば、真実、実用、忠実を尊ぶ教学方針、即ち『三実主義』の精神であり、実態面においては非官僚的な自主、自由の気風(エトス)と親密なる人間交流の関係であると申せましょう。このような精神と学風は初代校長加藤彰廉によって醸成され、次いで『加藤先生の墓守』たることを自任して、若冠三六歳にして校長となった田中忠夫先生の強い信念と経倫によって成熟したのであります。学園の前期二〇数年間の師父であった両先生の功績は誠に重且つ大なるものであるといわねばなりません。

太平洋戦争は本学にも甚大な打撃をもたらしました。敗戦後の学園復興と新制大学への転換の苦心は想像を越えるものがあります。この時、松山高商、経専を断絶する事なく私立単科大学への道を選択し、松山商科大学商経学部を実現した諸先生の努力、在学生卒業生の支援、地域社会のご援助は本学の歴史における第二の輝かしい創学とも言うべきものであります。以来昭和二七年には短期大学部商科第二部の設置、三七年には大学商経学部を廃止して経済、経営二学部制とし、四七年には大学院経済学研究科修士課程、四九年に同大学院博士課程と人文学部の設立、五四年大学院経営学研究科修士課程、五六年に同博士課程を設けました。こうして、今日、本学は大学三学部四学科、大学院二研究科、博士課程、そして短期大学部をもって学生総数約四九〇〇名を擁する規模となりました。

扨て、全国大学樹林、特に私立大学は暴風雨の時代を迎えて、その樹勢が問われています。六〇年生の本学も今や第三の創学を目指して、教員組織、施設機器の充実、現実に適応した教育方式の開発、研究機能の強化、開かれた大学づくり、国際交流の拡大、そしてこれを実現する為の財政基盤の強化に邁進しなければなりません。私はこの創学六〇周年の機会に際して三実主義の精神を高揚し、伝統ある学風を守り、吹き荒れる嵐の中で永遠の発展を期して一層、現状の革新と限りなき創造につとめる所存であります。

終りに臨み皆様方の多年にわたるご懇情を重ねて深謝するとともに向後末長きご指導とご高庇

をお願い申し上げて式辞といたします。

昭和五八年一一月五日

松山商科大学学長・理事長　稲生　晴」(9)

この創立六〇周年の記念式典の式辞について、少しコメントしておきたい。稲生学長は、田中忠夫編の『三十年史』（一九五三年一一月）を読み込み、その記述を踏まえたもので、加藤彰廉初代校長と並んで田中忠夫校長の功績を高く評価した。そして、校訓「三実主義」について、これまでの『学生便覧』では、星野通学長の説明により「真実・忠実・実用」の順序であったが、稲生学長は今回「真実・実用・忠実」の順序に変更した。それは、田中校長が一九四一年四月に述べた順序の復活となっていた。だが、この変更は、これまで指摘した通り、田中校長を高く評価する余り、稲生学長の勇み足であったと思う。

そのあと、祝賀会を体育館に移し、稲生学長の挨拶、新野進一郎県商工会議所会頭、日野桂父兄会会長、新田長夫氏等の祝賀挨拶が述べられた。(10)

一一月五日、創立六〇周年記念事業としての県内の統計資料を網羅した『愛媛県長期社会経済統計』が刊行された。それは、山口卓志研究所所長、研究所職員の努力の賜物であった。

一一月二〇日、一九八四年度の推薦入試が行なわれた。(11)

	募集定員	志願者数	合格者数
経済学部	約九〇名	一一八名	一〇六名

経営学部	約一〇〇名	一一六名	一〇六名
人文（英）	約二〇名	三〇名	三〇名
人文（社会）	約三〇名	四八名	四五名

なお本年度も、学生の自主的研究活動の発表の場である、第一三回中四ゼミ（日時、場所未確認）、第三〇回全日ゼミ（一一月二一日〜一三日、東北学院大学）が開かれた。(12)

一一月二四日、学校法人松山商科大学評議員の任期満了（一一月末）にともなう評議員選挙が行なわれた。教育職員から、入江奨、岩国守男、岩橋勝、越智俊夫、神森智、田辺勝也、高沢貞三、中川公一郎、比嘉清松、星野陽、山口卓志、渡部孝が選ばれた。(13)

そして、一二月一日の評議員会で新しい理事として中川公一郎（再任）、山口卓志（新）、高沢貞三（新）が選出された。(14)任期は一九八四年一月一日から三年間で、一九八六年一二月三一日まで。なお、経済学部の山口卓志はこの時四三歳であった。

一九八四年二月一日から御幸総合運動施設の工事が着工した。(15)

同年二月一〇〜一二日、一九八四年度の一般入試が行なわれた。日程の順序が従来と変わり（人文の要請により）、一〇日が人文学部、一一日が経済学部、一二日が経営学部となった。募集人員は経済三五〇名、経営三五〇名、人文学部英語英米八〇名、同社会一〇〇名であった（推薦を含む）。試験会場は、本学、京都、岡山、広島、福岡、高松の六会場であった。検定料は二万円。志願者は経済二三七三名（前年二六七一名）、経営二五〇八名（前年二六七〇名）で、二年連続ともに減少した。人文英語英米は四五三名（前年四五三名）で変わらなかったが、人文社会は九八四名（前年八三二名）で増えた。大学全体では合計六三一八名（前年六六二六名）で減少した。合格発表は二月二一日。経済が九五七名、経営が九五七名、人文英語英米が二二六名、同社会が三二三名（第一次補欠七一名を含む）を発表した。学費は入学金は一三万円（前年度と同じ）、授業料は三〇万円（前年度二八万円）、施設拡充費は七万円（前年度六万円）、その他が二万九三五〇円で、合計五二万九三五〇円、三万円の値上げであった。[16]

二月一七日、高沢貞三経営学部長の任期満了に伴なう学部長選挙が行なわれ、井出正教授（教育心理学、六一歳）が選ばれた。[17]

三月一日、入江奨大学院経済学研究科長の任期満了に伴う経済学研究科長選挙が行なわれ、伊達功教授（五九歳）が選ばれた。[18]

三月一九日、第三三回卒業式が本学体育館にて挙行された。経済学部四二二名、経営学部四一五名、人文学部英語英米文学科八二名、同社会学科一一四名が卒業した。大学院経済学研究科修士課程三名、経営学研究科修士課程四名が修了した。[19]

稲生学長は式辞において、生涯学び続けること、真実を追究し続けること、社会の平和の大切さ、二度と戦争をしてはならないこと、そして、どんな逆境におかれても楽観的に、勇気と希望を失うことなく、人生を堂々と歩んでください、と述べた。[20]

三月二三日、大学院の入試が行なわれ、経済学研究科修士課程は二名が受験し、合格者はゼロであった。博士課程の志願者はなかった。経営学研究科は修士課程二名が受験し、二名が合格した。また博士課程も二名が受験し、二名が合格した。[21]

三月三一日、経済学部のマンクマン（英語）、経営学部の木内佳市（管理会計論）、人文学部の八木亀太郎（七五歳、言語学、元学長）、鮎川潤（社会病理学）、短大の小原一雄（中国語）らが退職した。[22]

〔注〕

（1）『学内報』第七六号、一九八三年四月。『六十年史（資料編）』一二六〜一三一頁。
（2）『学園報』第五九号、一九八三年四月一日。
（3）稲生晴「入学の諸君へ　商大で学び世界に翔べ」『学園報』第五九号、一九八三年四月一日。
（4）『学園報』第五九号、一九八三年四月一日。『学内報』第七七号、一九八三年五月一日。『六十年史（資料編）』一六一、一七四頁。
（5）松山大学総務課所蔵の稲生学長の式辞より。
（6）『学園報』第六〇号、一九八三年七月二〇日。
（7）『学内報』第八二号、一九八三年一〇月一日。
（8）同。
（9）『学内報』第八四号、一九八三年一二月一日。『学園報』第六一号、一九八三年一二月一五日。
（10）『学園報』第六一号、一九八三年一二月一五日。『学内報』第八三号、一九八三年一一月一日。『学内報』第八四号、一九八三年一二月一日。
（11）『学内報』第七〇号、一九八三年七月一日。『学園報』第六〇号、一九八三年七月二〇日。『学内報』第八四号、一九八三年一二月一日。『学園報』第六一号、一九八三年一二月一五日。
（12）松山商科大学経済学部清野ゼミナール『AD2001』第二号、一九八四年三月。清野ゼミは中四国政経済ゼミナール大会と全日ゼミ（インゼミ）に参加し、発表している。
（13）『学内報』第八四号、一九八三年一二月一日。
（14）『学園報』第六一号、一九八三年一二月一五日。『学内報』第八五号、一九八四年一月一日。
（15）『学内報』第八六号、一九八四年二月。
（16）『学内報』第七九号、一九八三年七月一日。『学園報』第六〇号、一九八三年七月二〇日。『学内報』第八三号、一九八三年一一月。『学内報』第八七号、一九八四年三月。『学内報』第八八号、一九八四年四月。
（17）『学内報』第八七号、一九八四年三月一日。

(18)『学内報』第八八号、一九八四年四月一日。
(19)『学内報』第八八号、一九八四年四月一日。『学園報』第六三号、一九八四年四月一日。なお、前期卒業を含むと、経済学部四二六名、経営学部四一七名、人文英語英米八四名、同社会学科一一四名が卒業。
(20)松山大学総務課。『学園報』第六三号、一九八四年四月一日。
(21)『学内報』第八八号、一九八四年四月一日。
(22)『学内報』第八八号、一九八四年四月一日。『学園報』第六三号、一九八四年四月一日。

(六)一九八四年（昭和五九）度

稲生晴学長・理事長五年目である。経済学部長は田辺勝也が続けている。経営学部長は高沢貞三に代わって新しく井出正が就任した（一九八四年四月一日～一九八六年三月三一日）。人文学部長は渡部孝が一〇月三〇日まで続けたが、一一月一日より星野陽に代わった（一九八四年一一月一日～一九八六年一〇月三〇日）。星野は再登場であった。経済学研究科長は入江奨に代わり新たに伊達功が就任した（一九八四年四月一日～一九九〇年三月三一日）。経営学研究科長は井上幸一が続けた。

全学の校務体制は、教務委員長は原田満範、学生委員長は前田繁一が引き続き務めた。入試委員長は増田豊に代わり、新たに松井茂樹が就任した（一九八四年四月一日～一九八五年三月三一日）。図書館長は神森智が続けた。経済経営研究所長は理事に就任した山口卓志に代わって青野勝広が一九八四年一月一日に就任した（～一九八八年一二月三一日）。事務局長は竹田盛秋が続けた。学校法人面では中川公一郎、山口卓志、高沢貞三が引き続き理事を務め、稲生理事長を支えた。(1)

本年度も次のような新しい教員が採用された。(2)

経済学部

川崎　典子　一九五六年四月生まれ、国際基督教大学大学院教育学研究科博士前期課程。講師として採用。英語。

経営学部

村上　宏之　一九五六年三月生まれ、神戸大学大学院経営学研究科博士課程。講師として採用。会計学。

東渕　則之　一九五七年一二月生まれ、一橋大学大学院商学研究科修士課程。助手として採用。

人文学部

大谷　信介　一九五五年一二月生まれ、筑波大学大学院社会科学研究科博士課程。講師として採用。地域社会論。

仲田　誠　一九五四年一月生まれ、東京大学大学院社会学研究科博士課程。講師として採用。マスコミ論。

四月一日、稲生学長は新入生に対し、『学園報』第六三号に「これだけはやったと言えるように」と題した歓迎の辞を載せた。そこで、稲生学長は、大学は学問を深めるところである、高校時代と異なり、問題も解答も定まっておらず、自分の頭で学問対象と格闘しなければなりません。受け身ではなく、積極的に課題にとりくみ、これだけはやったと言えるように実行してみてください、と述べた。(3)

四月二日、午前一〇時より本学体育館にて入学式が挙行された。経済学部四六八名、経営学部四七六名、人文学部英語英米文学科一一〇名、同社会学科一二七名が入学した。また、経済学研究科修士課程は三名、経営学修士課程は五名、同博士課程は二名が入学した。[4]

稲生学長は式辞において、本学の建学の精神と特色ある学風について、本学園にはオーナーが居らず、教学と経営が一致した学園自治体制であること、それは、温山翁の金は出すが、学校の事は教職員に一任するという方針に起因すること、そして、学風は、良心的な運営と非官僚的家族主義的なエトスと述べ、ついで、校訓について田中校長が定式化した「三実主義」（真実・実用・忠実）を説明し、最後にハンス・カロッサの「美しき惑いの年」を贈った。[5]

この式辞の中で、稲生学長は校訓「三実主義」について本格的に説明した。その触りの個所を引用しよう。

> 「本学には高商初代校長加藤彰廉先生の訓辞に初まり三代目校長田中忠夫先生により確立された三実主義と称する、校訓があります。これは六十年を越えて刻み込まれた本学の伝統的な人間形成の原理であります。本学の卒業生が全国各地各職域において活躍し高い社会的評価を受けているのはこの校訓に基く精神的薫化によるところが大きいのであります。三実主義とは真実、実用、忠実を旨として生活をたてる事であります。真実とは真理に対するまことであります。皮相な現象に惑わされないで進んでその奥に真理を求め、枯死した既成の知識に安住しないでたゆまず自ら科学する態度であります。実用とは用に対するまことであります。真理を求めて学問教養を高めると同時に生活者として実業、職業、実生活の技能、技術を身につける態度であります。言葉を換えれば高きを思うとともに低きを行う心構えであります。忠実とは人に対するまことで

あります。人の為に図っては己を虚うし、人と交わりを結んでは終生、節操を変えず自分の言行に対してはどこまでも責任をとるという態度であります。これは科学や技術の根本である人間の徳義あるいは信義を重んずる心得であります。

以上、三実主義は教育研究機関としてのわが大学の実践原理であり、又、個人の人生の生活原理ともすべきものであります。諸君が三実主義を明確に意識化し尊重することを心からお願いする次第であります」

このように、田中忠夫先生を高く評価する稲生学長は、田中忠夫の順序（真実・実用・忠実）により説明した。しかし、これまでも述べたように、稲生学長の「三実主義」の順序は、星野通の順序・『学生便覧』の順序と異なっていた。もし、変更するなら、学内で審議した上で、変更し、『学生便覧』を書き直す手続が必要であったが、その手続きをしなかった。だから、稲生学長の順序の変更は定着しなかった。

九月二〇日に『松山商科大学六十年史（写真編）』が刊行された。編集委員長は望月清人教授で、この写真史の編纂には井出正、神森智、星野陽、竹田盛秋、渡部重久が携わった。この写真編には、写真の掲載だけでなく、元学長や名誉教授、事務局長など一五人が思い出を寄せている。大鳥居蕃「『松山商科大学三十年史』補遺」、増岡喜義「田中先生と新田家の思い出」、八木亀太郎「難波津悲帖」、太田明二「回顧　松山商科大学」、伊藤恒夫「『教育』と『研究』の在り方を求めて」、稲生晴「大学院設置の思い出」、古茂田虎生「途中乗車」、菊池金二郎「商大の思い出」、小原一雄「短大回顧」、越智俊夫「おじんの繰り言」、井上幸一「教授会の思い出」、入江奨「学生の自主的研究活動の動向の一齣」、神森智「政治活動禁止規定のことなど」、墨岡博「事務組織の変遷にみる六十年」、竹田盛秋「回想―松田池のこと」など。[6] それらは、本学の歴史の一齣を綴っている。その中で、入江、神森教授の一文は本学の学生の自主的研究活動や政治活動の動向を伝える出色のものであった。

九月二一日、渡部孝人文学部長の任期満了（一〇月三一日）に伴う人文学部長選挙が行なわれ、星野陽が選出されている（二度目）。[7]

九月二二日、大学院入試（修士課程、九月期）が行なわれた。経済学研究科は志願者はゼロであった。経営学研究科は五名が受験し、二名が合格した。[8]

なお、本年度も、学生の自主的研究活動発表の場である、第二四回中四ゼミ（一一月一〇日〜一一日、山口大学）、第三一回全日ゼミ（一一月二三日〜二五日、立命館大学）が開かれた。[9]

一一月一四日、稲生理事長ら大学当局は、「学園構想委員会」の報告書（一九八三年七月）に基づき、法学部を設置すべく、法学部設置委員会を設置した。委員は山口卓志（教学担当理事）、高沢貞三（総務担当理事）、田辺勝也（経済学部長）、井出正（経営学部長）、星野陽（人文学部長）、越智俊夫（法律関係）、石原善幸（同）、前田繁一（同）、森田邦夫（同）、三浦正孝（一般教育関係）で、委員長は山口卓志教学担当理事であった。[10] 以後、山口委員長を中心に議論が進められていった。

一一月一八日、一九八五年度の推薦入試が実施された。結果は次の通りである。[11]

	推薦入学人員	志願者数	合格者数
経済学部	約九〇名	一二六名	一〇八名

経営学部　　約一〇〇名　一一七名　一〇八名
人文（英）　約二〇名　二六名　二五名
人文（社会）約三〇名　四八名　四七名

このように、今回の推薦入試においては、前年までと異なり、経済、経営ともに少なからず不合格者を出した。当初の推薦入試の趣旨にもとづく受験生が推薦されていないことへの反省からしぼったためであった。

一二月、『創立六十周年記念論文集』が刊行された。経済編八名、経営編八名、会計編六名、法律編二名、社会学編三名、語学・文学編六名、教育学編二名、体育編三名が執筆している。[12]

一九八五年二月三日〜四日、一九八五年度推薦入学者（経済一〇八名、経営一〇八名、人文英語二五名、社会四七名）のガイダンスを国立大洲青年の家で合宿して行なった。[13]

二月一一日、田辺勝也経済学部長の任期満了に伴なう学部長選挙が行なわれ、第一〇代経済学部長に比嘉清松教授（四八歳）が選出された。[14]

二月九日〜一一日にかけて、一九八五年度の一般入試が行なわれた。九日が人文学部、一〇日が経済学部、一一日が経営学部であった。募集人員は経済三五〇名、経営三五〇名、人文英語英米八〇名、同社会一〇〇名であった（推薦を含む）。試験会場は、本学、京都、岡山、広島、福岡、高松の六会場であった。検定料は二万円。本年度は丙午の年に生まれた高校生の受験年度で、当初から志願者の減少が予想されていた。志願者は経済二一九五（前年二三七三名）、経営一九五五名（前年二五〇八名）、人文英語英米三八二名（前年四五三名）、同社会五九一名（前年九八四名）、合計五一二三名（前年六三一八名）で、予想通り減少した。しかも大幅に減った（一八・九％減）。合格発表は二月二一日。経済九四二名、経営九四二名、人文英語英米二五四名、同社会三二二名、合計二四六〇名を発表した。なお、経済と人文社会は不足し、第一次補欠として経済五一名、人文社会二〇名を出した。学費は入学金一四万円（前年度一三万円）、授業料三二万円（前年度三〇万円）、施設整備費七万円（前年度と同じ）、その他二万九八五〇円、合計五五万九八五〇円で、入学金一万円、授業料二万円を値上げした。(15)

三月七日、井上幸一経営学研究科長の辞任に伴う後任研究科長選挙が行なわれ、越智俊夫教授が選ばれている。(16)

三月一五日、稲生学長は卒業生に対し、『学園報』第六六号に「送別のことば」を載せた。そこで、稲生学長は、「精出して、燃えて、よく生きよ」と激励した。そして、人の一生は短いが、諸君がそれぞれの存在価値を自覚し、自分の生命価値を尊び、よく生きること、自分の可能性を追求し、自分を成長させ、自分の花を咲かせることを願うと述べた。(17)

三月二〇日、午前一〇時より体育館にて第三四回卒業式が挙行された。経済学部四〇一名、経営学部四五四名、人文学部英語英米文学科八二名、同社会学科一一一名が卒業した。経済学研究科修士課程は一名、経営学研究科修士課程は二名が修了した。(18)

稲生学長は式辞において、ゲーテの「有能な人は常に学ぶ人である」を引用し、現代社会の様々な諸問題に対し、平和と繁栄を求める方策を誤まらぬよう、本学で学んだ社会科学を導きの糸として、生き抜いてくださいという、格調高いものであった。(19)

三月二二日、二三日、大学院入試が行なわれ、経済学研究科修士課程は三名の志願者があり、一名が合格し、経営学研究科修士課程は四名の志願者があり、一名が合格した。博士課程はゼロであった。[20]
三月三〇日、六〇周年記念事業の大きな柱として計画され、一九八四年二月から建設がすすめられてきた御幸総合運動施設（五〇メートルプール、サブアリーナ、研究・管理棟、部室棟、野外劇場）が完成した。そして名称を御幸キャンパスと決定した。[21]また、その斜行エレベーターは建築業界で有名となった。

三月三一日、経営学部の二宮周平（民法、法学）が退職し、立命館大学に転出した。

〔注〕

（1）『学内報』第八八号、一九八四年四月一日。『六十年史（資料編）』一二六〜一三一頁。
（2）『学内報』第八八号、一九八四年四月一日。
（3）『学園報』第六三号、一九八四年四月一日。
（4）『学内報』第八九号、一九八四年五月一日。
（5）松山大学総務課所蔵の稲生学長の式辞より。
（6）「松山商科大学六十年史刊行」『学園報』第六五号、一九八四年一二月一日。
（7）『学内報』第九四号、一九八四年一〇月。
（8）同。
（9）松山商科大学経済学部清野ゼミナール『AD２００１』第三号、一九八五年三月。清野ゼミは中四ゼミと全日ゼミ（インゼミ）に参加し、発表している。
（10）『学内報』第九六号、一九八四年一二月一日。『学園報』第六九号、一九八五年一二月一日。
（11）『学園報』第六五号、一九八四年一二月一日。
（12）松山商科大学『創立六十周年記念論文集』一九八四年一二月。
（13）『学内報』第九八号、一九八五年二月一日。
（14）『学園報』第六六号、一九八五年三月一五日。

(15)『学内報』第九〇号、一九八四年六月一日、『学内報』第九五号、一九八四年一一月一日、『学内報』第九八号、一九八五年二月一日。『学内報』第一〇〇号、一九八五年四月一日、『学園報』第六六号、一九八五年三月一五日。

(16)『学内報』第一〇〇号、一九八五年四月一日。

(17)『学園報』第六六号、一九八五年三月一五日。

(18)『学内報』第一〇〇号、一九八五年四月一日。なお、一九八四年九月期の卒業生を加えると、経済学部四〇五名、経営学部四五八名、人文学部英語英米文学科八二名、同社会学科一一一名が卒業。

(19)松山大学総務課所蔵の稲生学長の式辞より。

(20)『学内報』第一〇〇号、一九八五年四月一日。『学園報』六七号、一九八五年四月一日。

(21)『学内報』第一〇〇号、一九八五年四月一日。

(七)一九八五年（昭和六〇）度

稲生晴学長・理事長六年目、最終年である。経済学部長は田辺勝也に代わり、新しく比嘉清松が就任した（一九八五年四月一日～一九八九年三月三一日）。経営学部長は井出正が続けた。人文学部長も星野陽が続けた。経済学研究科長は伊達功が続けた。経営学研究科長は井上幸一に代わって越智俊夫が就任した（一九八五年四月一日～一九八五年一二月三一日）。全学の校務体制は、教務委員長は原田満範が続けた。学生委員長は前田繁一に代わって金村毅が就任した（一九八五年四月一日～一九八七年三月三一日）。入試委員長は松井茂樹に代わって八木功治が就任した（一九八五年四月一日～一九八七年三月三一日）。図書館長は神森智が一九八五年一二月三一日まで続けた。経済経営研究所長は青野勝広が続け、事務局長は竹田盛秋が続けた。学校法人面では中川公一郎、山口卓志、高

沢貞三が引き続き理事を務め、最後の稲生理事長を支えた。(1)

本年も次のような新しい教員が採用された。(2)

経済学部

三崎　敬之　一九二〇年二月生まれ、東京帝国大学卒業。教授（特任）として採用。歴史。

経営学部

占部　都美　一九二〇年二月生まれ、東京商科大学卒業。教授（特任）として採用。経営学原理、経営学概論。大学院要員。

佐伯　滋　一九二三年七月生まれ、早稲田大学卒業。講師（特任）として採用。文章表現

人文学部

今枝　法之　一九五六年一一月生まれ、慶應義塾大学大学院社会学研究科博士課程。講師として採用。社会学。

村田　邦夫　一九五三年一二月生まれ、神戸大学大学院法学研究科博士課程。講師として採用。文化史。

四月一日、午前一〇時より本学体育館にて入学式が挙行された。経済学部四三一名、経営学部四八七名、人文学部英語英米文学科一二〇名、同社会学科一五五名、経済学研究科修士課程一名、経営学研究科修士課程三名が入学した。(3)

稲生学長は式辞において、本学に対し誇りをもち、大学生活において、学問に精出し、立派な田（将来の職業生活）を作る為に、しっかりと詩（学問文化）をつくること、その中で、精神、頭脳、

人間性を鍛え、社会の法則を探求し、社会の進歩と平和のために尽くすよう述べた。(4)

九月二一日、大学院の入試が行なわれた。経済学研究科修士課程は三名が受験し、二名が合格した。経営学研究科修士課程は一〇名が受験し、六名が合格した。(5)

九月三〇日、稲生理事長ら大学当局は、一九八六年度から始まる一八歳人口の急増期に応じるために、一九八六年度から一九九二年度までの期間を限定した臨時定員増を文部省に申請した。それは次の通りである。(6)

経済学部　三五〇名　→　四〇〇名
経営学部　三五〇名　→　四〇〇名
人文英語　八〇名　→　一〇〇名
同　社会　一〇〇名　→　一二〇名

一〇月三〇日、稲生理事長ら大学当局は、公約に従い、本学に法学部を設置することを決定した。昨年一一月に法学部設置委員会（委員長山口卓志教学担当理事）を設置して、一〇回に及ぶ会議をへて、そして、九月二六日の合同教授会、一〇月三〇、三一日の理事会、評議員会で承認を得た。一九八八年四月開設を目標に一九八六年七月末までに文部省に申請すべく準備に入った。法学部設置の趣旨は、第一に文科系総合大学としての学際的な教育研究を一層充実させることができること、第二に法律知識を持った人材を養成することで地域社会のニーズに応えること、第三に法学部の設置によって本学の水準を高め、私学間競争に堪えうる体力をつけること、であった。(7)

なお、本年度も、学生の自主的研究活動発表の場である、第二五回中四ゼミ（一一月九日、一〇日、松山商科大学）、第三二回全日ゼミ（一一月二九日〜一二月一日、中央大学）が開かれた。[8]

本年末で稲生学長の任期が満了するので、松山商科大学学長選考規程に基づき、一〇月一七日に学長候補者推薦委員の選挙が行なわれ、経済学部から比嘉清松、田辺勝也、村上克美、望月清人、経営学部から岩国守男、中川公一郎、倉田三郎、高沢貞三、人文学部から渡部孝、星野陽が選ばれ、また事務職から六人、温山会から二人選ばれた。そして、一一月五日、学長候補者推薦委員会（委員長渡部孝）が開かれ、そこで越智俊夫経営学部教授一人が推薦された。一一月一四日、越智教授に対する信任投票が行なわれ、越智教授（六一歳）が学長に当選した。[9]

一一月一七日、一九八六年度の推薦入試が行なわれた。[10] 経済学部では不合格者が少なからず出た。推薦制の趣旨に沿った優秀な学生を高校側が送ってきていないことが指摘された。

	推薦入学人員	志願者数	合格者数
経済学部	約九〇名	一一八名	一〇六名
経営学部	約九〇名	八六名	八四名
人文（英）	約二〇名	二四名	二四名
人文（社会）	約三〇名	三五名	三五名

一二月二五日、文部省より臨時定員増の認可がおりた。[11]

一二月三一日をもって、稲生晴学長が二期六年の任期を終えて退任した。

◇　　◇　　◇

六年間にわたる稲生晴学長・理事長時代（在任：一九八〇年一月一日〜一九八五年一二月三一日）の歴史について特記すべきことをまとめておこう。

第一に、種々の教学改革が行なわれた。

①大学院経営学研究科博士課程が開設された（一九八一年度）。

②時代の変化に対応し、学事日程が変更された（一九八一年度）。

③入試日程が変更され、併願方式が採用された（一九八一年度）。

④個性的な教育改革が実施された。

•専門ゼミのゲストスピーカー制度の発足（一九八一年度）。

•カリフォルニア州立大学サクラメント校への短期英語研修講座の開設（一九八一年度）

•外国人特別講師制度が採用された（一九八三年度）

⑤指定校推薦入試制度が実施された（一九八三年度）。

⑥学部長会規程が制定、施行され、民主的な大学運営がなされた（一九八一年七月）

第二に、施設面で充実・拡大がすすんだ。

①本館と五号館が落成した（一九八一年一月）。

②御幸に総合運動施設「御幸キャンパス」が完成した（一九八五年三月）。

第三に、六〇周年記念事業が挙行された（一九八三年一一月）。

第四に、『松山商科大学六十年史（写真編）』（一九八四年九月）、『松山商科大学六十年史（資料編）』（一九八五年六月）が刊行された。しかし、六〇年史そのものは刊行されなかった。

第五に、かねてよりの課題として法学部開設が決断された（一九八五年一〇月）。

第六に、時代の要請に対応し、臨時定員増を文部省に申請し、認可を受けた（一九八六年度〜一九九二年度）。

第七に、稲生学長は田中忠夫校長を高く評価していた。愛校心、学園の拡張路線については共通するものがある。私見であるが、稲生先生は「戦後の田中忠夫的存在」と言いうるだろう。稲生先生は、理事長退任後、自ら編纂委員長となり、田中忠夫先生の評伝に尽力し、『田中忠夫先生』（一九八六年一二月）を刊行した。そして、稲生先生はみずから第一章「松山高商と田中忠夫先生」を執筆した。

第八に、校訓「三実主義」について、稲生先生は一期目には一切言及しなかったが、二期目、六〇周年から述べ始めた。その順序は、星野通学長の順序（真実・忠実・実用）と異なり、戦時の田中校長の順序（真実・実用・忠実）で述べたものであった。しかし、学内で審議した上で順序を変更したのではなかったので、『学生便覧』は星野通の制定当初の順序のままであり、齟齬がみられたことである。

第九に、稲生先生のマルクス主義の思想・信条・理念と大学経営との関連について。その思想・信条・理念は、入学式、卒業式の式辞の際に、その一端がみられた。大学経営については、基本は、「拡張主義路線」の推進であった。しかし、理事会主導型ではなく、学園協同体論を堅持し、委員会をつくり、民主的な手続きをとって進めていったことである。

〔注〕

(1)『学内報』第一〇〇号、一九八五年四月一日。『学内報』第一〇一号、一九八五年五月一日。『六十年史（資料編）』一二六～一三一頁。
(2)『学内報』第一〇〇号、一九八五年四月一日。『温山会報』第二八号、一九八五年一一月。
(3)『学内報』第一〇一号、一九八五年五月一日。
(4)松山大学総務課所蔵の稲生学長の式辞より。
(5)『学内報』第一〇六号、一九八五年一〇月一日。『学園報』第六九号、一九八五年一二月一日。
(6)同。
(7)『学内報』第一〇八号、一九八五年一二月一日。『学園報』第六九号、一九八五年一二月一日。
(8)松山商科大学経済学部清野ゼミナール『AD2001』第四号、一九八六年三月。清野ゼミは中四ゼミと全日ゼミ（インゼミ）に参加し、発表している。
(9)『学内報』第一〇七号、一九八五年一〇月一日。『学内報』第一〇八号、一九八五年一二月一日。『学園報』第六九号、一九八五年一二月一日。
(10)『学内報』第一〇八号、一九八五年一二月一日。『学園報』第六九号、一九八五年一二月一日。
(11)『学内報』第一〇九号、一九八六年一月一日。

第四章　越智俊夫学長時代（一九八六年一月一日～一九八八年三月三一日）

第八代学長
越智俊夫

一九八五年（昭和六〇）一一月一四日の学長選挙により越智俊夫教授（六一歳）が次期学長に当選した。越智教授は記者会見に応じ、「六〇年を超える歴史と伝統をもつ大学だが、最近の私大を取り巻く環境は厳しいものがある。地域の活性化に役立つ人材育成と地域社会との連携に力を入れ、タイアップしながら進めたい。また、文科系総合大学への途をめざす法学部の開設に微力を尽くしたい。そのためには一つの大学を創る気構えで臨みたい。それには皆さんの協力が必要で全学一丸となって進めたいと思っている」と法学部開設の抱負を述べた。(1)

越智教授の主な経歴は次の通りである。[2]

一九二四年（大正一三）一月愛媛県生まれ。一九四一年（昭和一六）三月愛媛県立松山中学校卒業、一九四三年九月松山高等学校文科乙類卒業、一九四六年九月東京帝大法学部政治学科卒業。同年一二月松山経済専門学校教授に就任。一九四九年四月松山商科大学開設に伴い、商経学部講師。一九五二年七月同助教授、一九五九年一〇月同教授。一九六二年四月経済・経営学部設置に伴い、経営学部教授。講義は商法会社、労働法等を担当。校務面では、一九六七年七月学生部長、一九六八年四月から一九七二年三月まで経営学部長、一九八五年四月から経営学研究科長に就任していた。学校法人面では、一九七四年三月から一九八〇年一二月まで理事を務めた。

一九八六年一月一日、越智俊夫教授が第八代学長兼学校法人松山商科大学理事長に就任した。同時に松山商科大学短期大学部学長も兼務した。

越智学長・理事長の時代は、プラザ合意（一九八五年九月）により急激に円高不況が深刻化した時期であるが、その不況は早期に回復し、一九八六年一一月からは大型好景気が到来し（〜一九九一年四月までの五三カ月）、同時に株価や土地が高騰しバブルが発生した時代にあたる。

〔注〕

（1）『学内報』第一〇八号、一九八五年月一二月一日。

（2）越智俊夫追悼記念号の略歴、『学園報』六九号、一九八五年一二月一日。

㈠一九八六年（昭和六一）一月～三月

越智俊夫学長・理事長就任時の、経済学部長は比嘉清松（一九八五年四月一日～一九八九年三月三一日）、経営学部長は井出正（一九八四年四月一日～一九八六年三月三一日）、人文学部長は星野陽（一九八四年一一月一日～一九八六年一〇月三〇日）、経済学研究科長は伊達功（一九八四年四月一日～一九九〇年三月三一日）、経営学研究科長は岩国守男（一九八六年一月一日～一九九〇年三月三一日）であった。全学の校務体制は、教務委員長は原田満範（一九八〇年五月一日～一九八六年三月三一日）、学生委員長は金村毅（一九八五年四月一日～一九八七年三月三一日）、入試委員長は八木功治（一九八五年四月一日～一九八七年三月三一日）が務め、図書館長は新しく宮崎満が就任した（一九八六年一月一日～一九八七年一一月）。経済経営研究所長は青野勝広（一九八四年一月一日～一九八八年一二月三一日）、事務局長は竹田盛秋（一九八一年四月一日～一九八七年三月三一日）であった。学校法人面では中川公一郎（一九七七年一二月一日～一九八六年三月三一日）、山口卓志（一九八四年一月一日～一九八七年一一月）、高沢貞三（一九八四年一月一日～一九九〇年一一月三〇日）が理事を務めていた(1)。

二月九日から一一日にかけて、一九八六年度の一般入試が行なわれた。九日が経営学部、一〇日が経済学部、一一日が人文学部であった。募集人員は一九八六年度からの臨時定員増（経済・経営は各三五〇名の定員をさらに各五〇名増、人文英語英米は八〇名の定員をさらに二〇名増、同社会は一〇〇名の定員をさらに二〇名増）により、経済四〇〇名、経営四〇〇名、人文英語英米一〇〇名、同社会一二〇名となった（推薦を含む）。試験会場は、本学、大阪、岡山、広島、福岡、高松の六会場であった。本年から京都に代わって大阪会場が新設された。志願者は経済二九一一名（前年二一九五名）、経営二六九七名（前年一九五五名）、人文英語英米五六二名（前年三八二名）、同社会一〇五五名（前年五九一名）で、すべての学部・学科で増大し、合計七二二五名（前年は丙午の年で五一二三名、前々年は六三一八名）となった。合格発表は二月二一日。経済一〇二三名（前年九四二名）、経営一〇〇八（前年九四二名）、人文英語英米二七〇名（前年二五四名）、同社会二九六名（前年三二二名）、合計二五九七名（前年二四六〇名）を発表した。臨時定員増（一四〇名）にもかかわらず、強気で少なめの発表（前年より一三七名増）したため、全学部で目標を確保することが出来ず、後、三月一九日に第二次補欠として経済二〇一名、経営八四名、人文英語英米五七名、同社会六三名を出すことになった。

学費は入学金一五万円（前年度一四万円）、授業料三四万円（前年度三二万円）、施設設備費八万円（前年度七万円）、その他二万九八五〇円、合計五九万九八五〇円であった。(2) 前年に比し四万円の値上げであった。

二月一二日、井出正経営学部長の任期満了に伴う経営学部長選挙が行なわれ、中川公一郎教授（五二歳、経営学概論、企業形態論等、理事）が当選した。(3)

三月一日、越智学長は、卒業生に対し、『学園報』第七〇号にはなむけの言葉を載せ、そこで、ローマの諺に健全な精神は健全な身体に宿るとあるが、健康第一をモットーに生きてもらいたい、と述べた。(4)

三月二〇日、午前一〇時より本学体育館にて第三五回卒業式が挙行され、経済学部四二六名、経営学部四一〇名、人文学部英語英米文学科九八名、同社会学科一二四名が卒業した。また、経済学研究科修士課程二名、経営学研究科修士課程三名が修了した。(5)

越智学長は式辞において、これまでの学長と異なり、きわめて平易に、試験と人生のことについて述べ、卒業生に対し、嫌な試験から開放されたからといって安心しないように戒め、これからの人生は環境厳しい職場で人生の選別が行われ、試され、試験の連続であること、出題するのもあなた、解答するのもあなたと述べ、健康を害しないよう頑張ってくださいと述べた。(6)

三月二一日、二二日、大学院の入試（修士・博士課程）が行なわれた。経済学研究科修士課程は二名が受験し、一名が合格した。博士は一名が受験したが、合格しなかった。経営学研究科修士課程は三名が受験し、三名が合格し、博士は一名が受験し、一名が合格した。(7)

三月三一日、経済学部の梶原正男（国際経済論）が退職した。また、鈴木茂（哲学）が退職し、立命館大学に転任した。経営学部の越智武（体育）、短期大学部の太田明二（元、学長）らも退職した。(8)

〔注〕

（1）『学内報』第一〇〇号、一九八五年四月一日。『学内報』第一〇一号、一九八五年五月一日。『学内報』第一一〇号、一九八六年二月一日。

（2）八木功治「昭和六一年度入試を振り返って」『学内報』第一一一号、一九八六年三月一日。『学内報』第一一二号、一九八六年四月一日。

（3）『学内報』第一一一号、一九八六年三月一日。

（4）『学園報』第七〇号、一九八六年三月一日。

（5）『学内報』第一一二号、一九八六年四月一日。

（6）松山大学総務課所蔵の越智学長の式辞より。

（7）『学内報』第一一二号、一九八六年四月一日。
（8）同。

(二) 一九八六年（昭和六一）度

越智俊夫学長一年目。経済学部長は比嘉清松が続けた。経営学部長は井出正にかわって新しく中川公一郎が就任した（一九八六年四月一日～一九九〇年三月三一日）。人文学部長は星野陽が一〇月三〇日まで続け、一一月一日から千石好郎に代わった（一九八六年一一月一日～一九九〇年一〇月三一日）。経済学研究科長は伊達功、経営学研究科長は岩国守男が続けた。全学の校務体制は、教務委員長は原田満範に代わって新しく岩林彪が就任した（一九八六年四月一日～一九八八年三月三一日）。学生委員長は金村毅、入試委員長は八木功治、図書館長は宮崎満、経済経営研究所長は青野勝広が続けた。事務局長は竹田盛秋が続けた。学校法人面では理事の中川公一郎が経営学部長に就任したため退任し、経営学部教授の神森智が再度就任した（一九八六年四月一日～一九八八年一二月三一日）。また、山口卓志と高沢貞三は引き続き理事を務め、越智理事長を支えた。(1)

本年度も次のような新しい教員が採用された。(2)

経済学部

入江　重吉　一九四七年六月愛媛県生まれ、京都大学大学院文学研究科博士課程。助教授として採用。哲学。

波多野五三　一九五七年七月広島県生まれ、広島大学大学院教育学研究科博士課程。講師として採用。英語。

経営学部

浅野　剛　一九五二年一月福岡県生まれ、松山商科大学経営学部卒。米国ペンシルベニヤ州私立メアリウッド大学大学院国際経営学科修士課程。助手として採用。

人文学部

西上　勝　一九五六年一月奈良県生まれ、東北大学大学院文学研究科博士課程。講師として採用。中国語。

四月一日、午前一〇時より本学体育館にて入学式が挙行され、経済学部五〇五名、経営学部五〇四名、人文学部英語英米文学科一二六名、社会学科一四七名、経済学研究科修士課程二名、経営学研究科修士課程八名、博士課程一名が入学した。経済、経営は共に五〇〇名を超え、マスプロとなった。

越智学長は式辞において、本学には真実、忠実、実用という三実主義という校訓があるが、これは人生の大きな目標でもある。真実を求め、忠実に生きれば、結果は世の中の役に立ち、実用につながると平易に説明し、本学の卒業生の活躍を数字で示し（上場企業一八一八社中、重役が六九名、大学ランク六三位）、誇りを持ってスタートを切ってくださいと述べた。そして、色々な書物を読み、あらゆるタイプの人とつきあい、知識を貪欲に吸収して学んで欲しい。意欲して創造すること、それが人生最高の幸せというフランスの哲学者の言葉をおくり、歓迎の辞を述べた[3]。

本年の最大の課題は文部省への法学部の設置申請であった。山口担当理事を中心に膨大な申請書類の準備がなされた。法学部の教員の採用人事については、一般教育科目担当の人事は山口理事が、法学専門教育担当の人事は森田邦夫が中心になって進められた。

七月三〇日、学校法人松山商科大学は文部省に対し「松山商科大学法学部設置認可申請書」（第一次申請書）を提出した。その大要は次の通りである。(4)

①設置の趣旨

国際化・情報化が急速に展開をみせる現代社会では、新しい法環境への対応が重要である。法律に関する基礎的知識の習得及び法的思考力の育成が必要で、社会環境の変化に対応した法学教育により諸問題の合理的解決、正しい法秩序の形成に貢献するために設置する。法学部設置により文系総合大学としての教育研究の一層の充実をはかる。

②入学定員　二〇〇名、収容定員八〇〇名

③学士号　法学士

④開設年　一九八八年四月

⑤カリキュラムの特色

・一般教育科目では、時代の動向を反映させ、国際関係論、国際事情、地域と福祉、婦人論概説、経営学などの新しい科目を置く。

・法学部の学科目で、他の文系科目と比較して実践的性格が強いことを考慮して、企業法コース、公法・政治コース、生活法コースの三コース制を採用する。コースの目的に応じて主要科目（各コースA群）を置き、専門知識に幅をもたせるために選択科目群（B群）および総合的・学際的知識として関連科目（C群）を置く。

九月一〇日、学校法人松山商科大学は、文部省に対し、「大学設置認可に係る説明聴取資料（松山商科大学法学部）」を提出した。申請書をコンパクトにまとめたもので、[5] 念入りな法人側の姿勢が窺われる。

九月二七日、大学院九月期入試（修士課程）が行なわれた。経済学研究科修士課程は四名が受験し二名が合格した。経営学研究科修士課程は三名が受験し一名が合格した。[6]

九月二九日に、星野陽人文学部長の任期満了に伴なう人文学部長選挙が行なわれ、新しく千石好郎（四九歳、社会学）が選出された。任期は一一月一日から二年間であった。[7]

本年度も、学生の自主的研究活動の場である、第三三回全日ゼミ（一一月二二日〜二三日、南山大学）、第二六回中四ゼミ（一一月二九日〜三〇日、香川大学）が開かれた。[8]

一一月一六日、一九八七年度の推薦入試が行なわれた。それは次の通りである。[9]

	募集人員	志願者	合格者
経済学部	約九〇名	一二六名	一二一名
経営学部	約九〇名	一〇五名	一〇四名
人文（英）	約二〇名	二三名	二三名
人文（社会）	約三〇名	三五名	三五名

一一月二〇日、任期満了に伴う学校法人の評議員選挙が行なわれ、教育職員では、神森智、山口卓志、比嘉清松、中川公一郎、入江奨、稲生晴、高沢貞三、越智俊夫、岩国守男、田辺勝也、宮崎満、

星野陽が選出された。

そして、一二月一九日の評議員会で理事選挙が行なわれ、現理事の神森智（五九歳）、高沢貞三（五四歳）、山口卓志（四六歳）の三人が再選された。(10)

一二月、松山商科大学田中忠夫先生編纂委員会編の『田中忠夫先生』が刊行された。編纂委員長は稲生晴、編纂委員は神森智。序を越智俊夫学長が書き、第一章は稲生晴前学長が「松山高商と田中忠夫先生」と題し、田中校長の人物、功績を記し、第二章以降で田中忠夫先生縁の人たちが思い出を多数載せている。(11)

一九八七年二月二日、文部省より「法学部設置認可申請書」（第一次申請書）について、第一次審査にパスした旨の通知を受けたが、(12)若干の留意事項がついた。留意事項とは、「コース制設定の趣旨に即した特色ある履修方法等について更に検討すること」であり、口頭による具体的留意事項は次の如くであった。(13)

①刑法の設置科目、単位、履修方法等再検討すること
②共通科目、A・B群の履修単位が同数であるが、重要性に応じて傾斜配分などをすること
③民事訴訟法、刑事訴訟法の担当者を区別すること
④民法概論と民法Ⅰ～Ⅳおよび企業法通論と商法Ⅰ～Ⅲの内容を明確にすること

二月九日～一一日、一九八七年度の一般入試が行なわれた。九日が経営学部、一〇日が経済学部、一一日が人文学部であった。募集人員は昨年度から臨時定員増により、経済四〇〇名、経営四〇〇名、人文英語英米一〇〇名、社会一二〇名であった（推薦を含む）。試験会場は、本学、大阪、岡

山、広島、福岡、高松の六会場であった。検定料は二万三〇〇〇円。志願者は経済二九四三名（前年二九一一名）、経営二九四三名（前年二六九七名）、人文英語英米五二九名（前年五六二名）、同社会九六九名（前年一〇五五名）で、経営が大幅に増え、合計七三八四名となり、前年を少し上まわった（前年七二二五名）。合格発表は二月二一日。合格者は経済一一二〇名（前年一〇二三名）、経営一〇七一名（前年一〇〇八名）、人文英語英米三三八名（前年二七〇名）、同社会三七九名（前年二九六名）、合計二九〇八名（前年二五九七名）を発表した。各学部とも、前年に比して弱気で多めに発表した。しかし、経営は歩留まり予測がはずれ、二〇三名の補欠を出した。なお、学費は入学金一六万円（前年度一五万円）、授業料三六万円（前年度三四万円）、施設設備費九万円（前年度八万円）、その他二万九八五〇円、合計六三万九八五〇円で、[14]昨年度より四万円値上げした。

二月一一日、経済学部長の任期満了に伴う学部長選挙が行なわれ、比嘉清松が再選された。[15]

三月二〇日、午前一〇時より本学体育館にて、第三六回卒業式が挙行された。経済学部三八九名、経営学部三八六名、人文学部英語英米文学科九二名、同社会学科一二九名が卒業した。また経済学研究科修士課程は二名、経営学研究科修士課程は四名が修了した。[16]

越智学長は式辞において、現在日本は国際化という第三の開国を迎えている。地理的、空間的、ヨコの拡がりとしての国際化の時代、歴史的時間的タテのつながりとしての高齢化の時代を迎えて広さ、長さを生きていかねばならない。皆さん、どうか在学中に育てたしっかりした頭をもった自分、思いやりのあるユトリをもった自分をもってもらいたい。真実・忠実・実用の伝統ある三実主義の精神を厳しい社会の中で実践してください、と激励した。[17]

三月二三日、二四日大学院の入試が行なわれた。経済学研究科修士課程は五名が受験し、二名が合格した。経営学研究科修士課程は三名が受験し、二名が合格した。博士課程はともに志願者はいなかった。(18)

三月三一日、経営学部の井上幸一（商学総論等）が退職した（四月一日から再雇用）。また人文学部の伊藤恒夫（教育学等）が退職した。(19)

〔注〕

（1）『学内報』第一一二号、一九八六年四月一日。『学内報』第一一三号、一九八六年五月一日。

（2）『学内報』第一一二号、一九八六年四月一日。『学園報』第七一号、一九八六年四月一日。

（3）松山商科大学総務課所蔵。『学内報』第一一三号、一九八六年五月一日。

（4）国立公文書館「六二、一二　松山商科大学　愛媛一　一四」より

（5）同。

（6）『学内報』第一一八号、一九八六年一〇月一日。

（7）『学内報』第一一九号、一九八六年一一月一日、『学園報』第七三号、一九八七年二月一日。

（8）松山商科大学経済学部清野ゼミナール『AD2001』第五号、一九八七年三月。清野ゼミは参加、発表している。

（9）『学内報』第一二〇号、一九八六年一二月一日。『学園報』第七四号、一九八七年三月一日。

（10）『学内報』第一二〇号、一九八六年一二月一日。『学内報』第一二一号、一九八七年一月一日。『学園報』第七三号、一九八七年二月一日。

（11）『学内報』第一二一号、一九八七年一月一日。

（12）『学内報』第一二六号、一九八七年六月一日。

（13）「松山商科大学法学部設置認可申請に係る一部変更認可申請書」（昭和六二年六月二九日）より。

（14）『学内報』第一一六号、一九八六年八月一日。『学園報』第七二号、一九八六年九月一日。同第七三号、一九八七年二月一日。同第七四号、一九八七年三月一日。

(15)『学内報』第一二三号、一九八七年三月一日。『学園報』七四号、一九八七年三月一日。
(16)『学内報』第一二四号、一九八七年四月一日。『学園報』第七五号、一九八七年四月一日。
(17)同。
(18)『学内報』第一二四号、一九八七年四月一日。
(19)同。

(三)一九八七年（昭和六二）度

越智俊夫学長・理事長二年目。経済学部長は比嘉清松、経営学部長は中川公一郎、人文学部長は千石好郎が続けた。経済学研究科長は伊達功、経営学研究科長は岩国守男が続けた。全学の校務体制は、教務委員長は岩林彪が続けた。学生委員長は金村毅に代わって新しく増田豊が就任した（一九八七年四月一日～一九八九年三月三一日）。入試委員長は新しく岡野憲治が就任した（一九八七年四月一日～一九八八年三月三一日）。図書館長は宮崎満が一一月三〇日まで続け、一二月一日から星野陽が就任した。経済経営研究所長は青野勝広が続けた。事務局長は七月から山崎敏夫が就任した。学校法人面では神森智（一九八六年四月一日～一九八八年一二月三一日）、山口卓志（一九八四年一月一日～一九八七年一一月）、高沢貞三（一九八四年一月一日～一九九〇年一一月三〇日）が引き続き理事を務め、越智理事長を支えた。(1)

本年度、次のような新しい教員が採用された。(2)

経済学部

二神　孝一　一九五八年七月兵庫県生まれ、神戸大学大学院経済学研究科博士課程。講師として採用。経済学。

経営学部

石倉　文雄　一九三一年六月生まれ、京都大学法学部卒。教授として採用。税法。

立田　浩之　一九四一年二月広島県生まれ、広島大学大学院工学研究科修士課程。教授として採用。経営工学概論。

湊　晋平　一九三三年三月兵庫県生まれ、大阪大学工学部卒。教授として採用。経営工学。

酒井　達郎　一八六二年一月鹿児島県生まれ、日本体育大学大学院修士課程。助手として採用。体育。

人文学部

奥山　達　一九二六年六月東京府生まれ、東京大学文学部卒。教授として採用。国際事情。

また、法学部要員として藤井高美（法人所属、前愛媛大学法文学部教授）が教授として採用されている。なお、石倉（税法）、奥山（国際事情）、藤井（政治史）の採用は、法学部開設に向けての先取り人事であった。

四月一日、午前一〇時より入学式が愛媛県県民文化会館メインホールで挙行され、経済学部四九五名、経営学部五一五名、人文学部英語英米文学科一四五名、同社会学科一三一名が入学した。また、経済学研究科修士課程は四名、経営学研究科修士課程は三名が入学した。入学式は従来は本学体育館で行なわれていたが、今年度から愛媛県県民文化会館に変更した。本年も昨年と同様に、予想を上回る学生が入学し、マスプロ化が一層進展した。

越智学長は式辞において、建学の三恩人を讃え、校訓三実主義を述べ、法学部の増設を説明したあと、現代はスピーディに変化している複雑な時代であり、難しい選択をせまられることもありますが、積極的に自分の力でチャレンジしてくださいと、激励した。(3)

本年度も法学部設置認可申請に向けて、準備がなされた。とりわけ、「第一次申請」に対し、文部省から「留意事項」（一九八七年二月二日）がついたため、それへの対応に追われることになった。そして、その対応作業（教育課程の変更、教員の交替等）が終り、六月二九日に、学校法人松山商科大学は文部省（文部大臣塩川正十郎）に、「松山商科大学法学部設置認可申請に係る一部変更認可書」「松山商科大学法学部設置認可申請書（二次）」を提出した。それは、主として、教員の変更であった。

そして、八月二八日、学校法人松山商科大学は文部省に「昭和六三年度開設予定　松山商科大学法学部設置認可申請書関係資料　総括表」を提出した。これまでの申請書をまとめたものであった。

さらに、一〇月二八日、学校法人松山商科大学は文部省に、「松山商科大学法学部設置認可申請に係る補正申請書」を提出した。それは、去る、六月二九日付けで申請した書類（二次）の補正であった。(4)

ところがである。文部省からの法学部設置認可への「留意事項」への対応は、かなり激務な作業であった。その中心であった山口卓志理事・法学部設置委員長は、法学部第二次認可申請書提出（六月二九日）後体調を崩し、悪性リンパ腫におかされ、松山市文京町の松山日赤病院に入院され、三カ月にわたり病魔と戦いながら、一一月七日午後一〇時四七分死去された。四七歳であった。法学部申請に伴う悲劇であった。(5) 連絡を受け、経済学部の何人かが病院に駆けつけた。私はそのとき奥様から「山口は意識混濁の中、ベッドから起き上がり、何度も大学に行かなければ、大学に行かなければと叫び、皆が制止しようとしたが山口の力は強かった」との話を聞いた。

九月二六日、大学院の入試が行なわれた。経済学研究科修士課程は受験生はいなかった。経営学研究科修士課程は二名が受験し、一名が合格した。(6)

一一月一五日、一九八八年度の推薦入試が行なわれた。それは次の通りである。(7)

	募集人員	志願者	合格者
経済学部	約九〇名	一二九名	一二三名
経営学部	約九〇名	一四一名	一四一名
人文（英）	約二〇名	一九名	一九名
人文（社）	約三〇名	三〇名	二九名

一一月二六日、山口卓志教授（評議員で理事）死去にともなう評議員補欠選挙があり、人文学部長の千石好郎が選出された。また、一二月一日、理事欠員による理事選挙が行なわれ、宮崎満教授が選出され、一二月一日から理事に就任し（総務担当）、越智理事長を補佐することになった。なお、任期は前任者の残任期間となるため、一九八九年一二月三一日までであった。(8)

本年度も、学生の自主的研究活動の場である、第二七回中四ゼミ（一一月二八日〜二九日、徳山大学）、第三四回全日ゼミ（日時未確認、富山大学）が開かれた。(9)

一二月三日、経営学研究科長の任期満了に伴う科長選挙があり、岩国守男教授が再選された（〜

一九九〇年三月三一日(10)。

一二月一八日、法学部の設置認可が文部省の審査会を通過し、一二月二三日に文部大臣より認可証が交付された。それは、次の通りである。(11)

「校高　第八の八〇号　学校法人松山商科大学

昭和六一年七月三一日付けで申請の松山商科大学法学部の設置を、下記のように認可します。ついては、施設、設備、教員組織等に関する年次計画は、申請どおり、確実に履行してください。

昭和六二年一二月二三日

文部大臣　中島　源太郎

記

1　名称　松山商科大学

2　位置　愛媛県松山市文京町四番地二

3　学部・学科及び定員

法学部法学科　入学定員二〇〇人　収容定員八〇〇人

4　修業年限　四年

5　開設年次　第一年次

6　開設時期　昭和六三年四月一日

そして、文部省高等教育局長より、次のような通知があった。[12]

「学校法人

松山商科大学理事長殿

文部省高等教育局長

阿部　充夫

松山商科大学法学部の設置について（通知）

昭和六一年七月三一日付けで申請のあった、松山商科大学法学部の設置は、別紙のとおり認可になりましたが、下記の事項に留意の上、その実施に遺漏ないようお願いします。

なお、この留意事項に対する履行計画を、昭和六三年三月三一日までに報告してください。

また、施設、設備、教員組織に関する年次計画については、その履行状況を、完成に至るまで毎年度報告するとともに、年次計画に重大な変更を加えようとするときは別途通知するところにより、予め文部大臣の承諾を受けて下さい。

記

コース制による履修指導については、教育効果が上がるよう十分配慮すること」

その後、また、変更が生じたので、一九八八年一月一三日、学校法人松山商科大学は、文部省に対し、「松山商科大学法学部設置認可申請書に係る一部変更書」を提出した。[13]

一九八八年一月二〇日、法学部校舎（七号館）が竣工した。

二月一日、越智理事長ら学校法人は、法学部開設準備に入った。法学部開設準備委員会委員として、委員長に高沢貞三、委員に石倉文雄、石原善幸、中原成夫、前田繁一、三好登、高橋紀夫、松村英介、森田邦夫を任命し、また開設準備の事務職として、猪野道夫、奥村泰之を任命した。(14)

また、同日、越智理事長は「松山商科大学キャンパスプラン会議」を設置し、委員（理事、学部長、図書館長、研究所長、学生委員長、教務委員長、事務局長、管理課長）を指名し、学園整備の基本構想と施行順位を諮問した。(15)

二月九日～一二日にかけて、一九八八年度の一般入試が行なわれた。九日が経営学部、一〇日が経済学部、一一日が人文学部、そして一二日が新設の法学部の試験であった。募集人員は臨時定員増により、経済四〇〇名、経営四〇〇名、人文英語英米一〇〇名、同社会一二〇名、法学部二〇〇名であった（推薦を含む）。試験会場は、本学、大阪、岡山、広島、福岡、高松の六会場であった。検定料は二万四〇〇〇円。志願者は経済二九六二名（前年二九四三名）、経営二九九四名（前年二九四三名）、人文英語英米五七〇名（前年五二九名）、同社会八九八名（前年九六九名）で、三学部合計は七四二四名で前年の七三八四名を少し上まわった。新設の法学部は一九八八名と健闘した。四学部合計九四一二名となった。合格発表は二月二〇日。経済一〇八七名、経営一〇四九名、人文英語英米三三九名、同社会三九五名、法学部六六九名、合計三五三九名を発表した（経営は、補欠四八名を含む）。なお、学費は入学金一七万円（前年度一六万円）、授業料三八万円（前年度三六万円）、施設設備費一〇万円（前年度九万円）、その他三万四八五〇円、合計六八万四八五〇円で、(16)昨年度より四万円値上げした。

なお、この時の入試で、入試問題のミス、誤配があった。九日の経営学部の午前の国語試験問題で、問題一の設問（二）で解答欄がないというミスが発生し、さらに午後の経営学部の英語入試問題で、大阪会場で翌日の経済学部の英語の入試問題が配られるという誤配がおきた。誤配にすぐ気づいたが、後の祭りで、急遽本部からファックスで経営の英語問題を送り、コピーして試験して乗り切った。そして、一〇日の経済学部の英語入試問題はもはや使用できないので、予備問題で試験がなされた。この誤配という不祥事について、新聞報道された記事は次の通りである。

「九日、大阪市西区の大阪ＹＭＣＡ会館会館で行われた松山商科大学（松山市文京町、越智俊夫学長）の経営学部の入学試験で、誤って翌日の経済学部の問題が配られた。

間違って配布されたのは英語の試験用紙で試験開始後、まもなく係員がミスに気付き回収。松山市の入試本部から正規の問題用紙をファックスで取り寄せ、コピーして配り直し試験を再開した。

この混乱で午後一時半からの英語の試験は約三十分から一時間中断した。受験生が翌日の問題を数分間見たことになったため、大学側では『予備の問題を使って試験を実施する』ことを急きょ決めた。

試験問題は松山から封をして職員が現地まで運んだが、封筒の表には『営　英語』とあった。試験問題用紙には表紙の左上にアルファベットの記号で経済学部を示す『Ｅ』が記入されていたが、配る前に確認しなかったらしい。

ファックスが送りだされた本物の問題はところどころが字がつぶれて見えにくい個所もあり、大学側は黒板に正しい表現を書くなどしたため試験時間を五分間延長した。

九十八人の受験生のうち十日に東京や京都の他大学の試験を受ける六人は、移動が間に合わなくなるため、特別に配慮、別室で約三十分後に試験を実施。その他の学生は約一時間、再開が遅れた。

大阪での試験は九日が初日。この日午前九時半から国語と数Ⅰ、地理、世界史、日本史、政経、簿記のうち一科目、それに午後から英語の順で試験が行われた。

係員の一人は間違いに気付いた時は『頭が真っ青になった』という。

同大学入試本部によると、問題の英語試験問題は、受験者数が確定したあと二月初めに茶封筒一個に入れ封をした。この時解答用紙（マークシート）は経営学部のものだったが、問題用紙は間違えて経済学部の英語問題冊子を入れた。封筒は『営　英語』と表書きされており、試験当日の配布直前まで開けないことになっている。

同本部では、九日夜入試委員会を開き、対策を検討した結果、誤って配布された問題は十日の経済学部の問題としては使えない、と判断。予備として準備していた問題を使って試験を行うことを決めた。予備問題の解答はマークシート式になっていないが、大学側では試験開始前に各会場で受験の公平を期すためやむを得ずとられた措置であることを受験生に説明し、了承を求めることにしている。

これに対し大阪での試験場の受験生の父親は『英語の問題で他学部の問題が配布され、あわてて回収された。ファックスとコピーによる用紙はアルファベットが見えにくかったようだ。他の試験場と比べ大きなハンディになった』と憤っている。

岡野憲治入試委員長の話。初歩的なミスで大阪での受験生に迷惑をかけ、申し訳ない。一層気をつけたい[17]」

この誤配問題はマスコミに報道され、マスコミが大学に押し寄せ、大騒動となった。大学首脳部も大混乱に陥った。しかし、徹夜で英語の予備問題をもとに問題を作成・印刷し、一〇日の経済学部の試験を乗り切った。

二月一三日、経営学部長の任期満了に伴う経営学部長選挙が行なわれ、中川公一郎教授が再選されている（一九八八年四月一日より二年間）[18]。

二月二五日、任期満了に伴う経済学研究科長選挙が行なわれ、伊達功教授が再選された（一九八八年四月一日より二年間）[19]。

三月一九日、第三七回卒業式が挙行された。経済学部四二六名、経営学部四七五名、人文学部英語英米文学科一〇五名、同社会学科一一五名が卒業した。また、経済学研究科修士課程は二名、経営学研究科修士課程は七名が修了した[20]。

越智学長は式辞において、皆さん方はこれから漕ぎだす社会に期待と共に一抹の不安を感じているのではないかと思いますが、健康という言葉を餞におくりたい、健康とは肉体的、精神的健康は勿論、前向きに社会に適応して行く姿勢を意味しています、と激励した。[21]

三月一六日、一七日、大学院の入試が行なわれ、経済学研究科修士課程は三名が受験し、二名が合格し、博士課程は一名合格した。経営学研究科修士課程は四名が受験し、二名が合格し、博士課程は一名が合格した。[22]

三月三一日、経営学部の井出正教授（心理学等）が退職した。また、高尾典史助教授（英語）が退職し、転職した。[23]

〔注〕

（1）『学内報』第一二四号、一九八七年四月一日。

（2）『学内報』第一二五号、一九八七年五月一日。『学園報』第七五号、一九八七年四月一日。

（3）『学内報』第一二五号、一九八七年五月一日。『学園報』第七五号、一九八七年四月一日。松山大学総務課所蔵。

（4）国立公文書館所蔵「松山商科大学」より。

（5）『学内報』第一三一号、一九八七年一二月一日。

（6）『学内報』第一三〇号、一九八七年一〇月一日。

（7）『学内報』第一三三号、一九八七年一二月一日。『学園報』第七八号、一九八八年四月一日。

（8）『学内報』第一三二号、一九八七年一二月一日。『学園報』第七七号、一九八八年三月一五日。

（9）松山商科大学経済学部清野ゼミナール『AD2001』第六号、一九八八年三月。清野ゼミは参加、発表している。

（10）『学内報』第一三二号、一九八七年一二月一日。

（11）国立公文書館所蔵『松山商科大学』より。『学内報』第一三三号、一九八八年一月一日。『学園報』第七七号、一九八八年三月一五日。

（12）国立公文書館所蔵『松山商科大学』より。

（13）同。

(14)『学内報』第一三五号、一九八八年三月一日。
(15)同。
(16)『学内報』第一三五号、一九八八年三月一日。『学園報』第七八号、一九八八年四月一日。
(17)『愛媛新聞』一九八八年二月一〇日。
(18)『学内報』第一三五号、一九八八年三月一日。『学園報』第七七号、一九八八年三月一五日。
(19)『学内報』第一三六号、一九八八年四月一日。
(20)同。
(21)『学内報』第一三六号、一九八八年四月一日。松山大学総務課所蔵。
(22)『学内報』第一三六号、一九八八年四月一日。『学園報』第七八号、一九八八年四月一日。
(23)『学内報』第一三六号、一九八八年四月一日。

第四編　経済・経営・人文・法　四学部時代

（一九八八年四月一日～）

第一章　越智俊夫学長時代（一九八八年四月一日～一九八八年一二月一六日）

一九八八年四月は、法学部開設の年である。松山商科大学は経済、経営、人文、法学部の四学部体制となった。

(一) 一九八八年（昭和六三）度

学長は越智俊夫で、三年目。経済学部長は比嘉清松、経営学部長は中川公一郎、人文学部長は千石好郎が続けた。新設の法学部長には前田繁一が就任した。経済学研究科長は伊達功が続け、経営学研究科長は岩国守男が続けた。全学の校務体制は、教務委員長は岩林彪に代わって新しく三浦正孝が就任した（一九八八年四月一日～一九八九年三月三一日）。学生委員長は増田豊が続けた。入試委員長は岡野憲治に代わって、新しく原田満範が就任した（一九八八年四月一日～一九九二年三月三一日）。図書館長は星野陽が一一月三〇日まで続けたが、病気辞任し、一二月一日から望月清人に交代した（一九八八年一二月一日～）。経済経営研究所長は青野勝広が続けた。事務局長は山崎敏夫が続けた。学校法人面では神森智、高沢貞三、宮崎満が理事を続け、越智理事長を支えた。[1]

本年度、法学部の新設に伴ない、次のような多くの教員が採用された。[2]

法学部

竹内　　正　一九二五年二月鳥取県生まれ、京都大学大学院法学研究科。教授として採用。刑法。

竹宮　　崇　一九四一年一二月愛媛県生まれ、九州大学大学院法学研究科博士課程。教授として採用。憲法。

野間　礼二　一九二六年五月大阪府生まれ、京都大学法学部卒。裁判官。教授として採用。法学。

小橋　　馨　一九五九年六月京都府生まれ、同志社大学大学院法学研究科博士課程。講師として採用。法学・民事訴訟法。

田村　　譲　一九四三年一月愛媛県生まれ、明治大学大学院法学研究科博士課程。教授として採用。法学。

澤田　充明　一九二二年一〇月愛媛県生まれ、東京帝大大学院。教授として採用。生物学。

青木　信之　一九五九年三月大阪府生まれ、広島大学大学院教育学研究科博士課程。講師として採用。英語。

大和田英子　筑波大学大学院文芸言語研究科。講師として採用。英語。

経済学部

鈴木　　茂　一九四九年三月愛媛県生まれ、京都大学大学院経済学研究科博士課程。教授として採用。財政学総論。

外崎　光広　一九二〇年六月北海道生まれ、同志社大学大学院法学研究科。高知短期大学教授。教授として採用。婦人論概説。

星島　一夫　一九二二年九月岡山県生まれ、京都帝大大学院経済学研究科。愛媛大学教授。教授として採用。地域と福祉。

中嶋　慎治　一九五二年三月京都府生まれ、同志社大学大学院経済学研究科博士課程。講師として採用。国際関係論。

藤井　輝明　一九六〇年五月徳島県生まれ、京都大学大学院経済学研究科博士課程。講師として採用。計量経済学、経済学。

村上扶美枝　同志社大学大学院文学研究科博士課程。講師として採用。英語。

カロリン・フンク　一九六一年一月西ドイツ生まれ、フライブルグ大学大学院修士課程。講師として採用。ドイツ語。

経営学部

笠原　俊彦　一九四二年三月香川県生まれ、一橋大学大学院商学研究科博士課程。教授として採用。経営学原理・経営学総論。

吉田　友之　一九五五年二月京都府生まれ、関西大学大学院商学研究科博士課程。講師として採用。保険論。

人文学部

中村　章　一九二三年一月愛媛県生まれ、東京高等師範学校卒。教授として採用。体育。

王　振昆　一九三三年五月中国生まれ、北京大学卒。講師として採用。中国語。

また、既存学部から法学部への移籍があり、経済学部の前田繁一（政治学等）、森田邦夫（商法総則商行為等）、中原成夫（ドイツ語）が、経営学部の石倉文雄（税法）、石原善幸（民法総則等）、松村英介（体育）が法学部に移籍した。また、藤井高美（法人所属）も法学部に移籍した。(3)

四月一日、午前一〇時より愛媛県県民文化会館にて入学式が挙行された。経済学部四八七名、経営学部四五二名、人文学部英語英米文学科一一〇名、同社会学科一四八名、法学部三〇一名が入学した。大学院経済学研究科修士課程は二名、博士課程は一名が入学した。経営学研究科修士課程は三名、博士課程は一名が入学した。(4)

越智学長の式辞において、新しくスタートする法学部の一期生を迎え、新生ショウダイ元年と言わせて頂きます。皆さん一人一人がこれからの学生生活を通じてその豊かな個性をつくって頂きたい、と述べた。(5)

さて、この年に入り、入試手当配分にあたり、①故山口卓志教授に入試手当が配分されていないこと（山口教授は多忙な中、出題をしていた）、また、②前年の一二月のボーナスが支給されていないことが判明し、理事会と教職員会（委員長八木功治、書記長藤本昌司、委員に田村譲、川東ら）の間で団体交渉が行なわれた。理事会側は当初「死んだ人には出せない」などと主張していたが、教職員側は本学の給与規程は公務員の給与規程に準拠しており、公務員が在職中死亡した場合には期間計算してボーナスを支給していることを指摘し、追及した。その後、理事会側も折れ、給与規程を改正し、遺族に支給した。③さらに、本年大量の新人教員が採用されたが、その約半分の人たちの給与計算（初任給格つけ）に誤りがあることが判明した。理事会側は当初「法学部ができたので特別だ」などと道理に合わない主張をしていたが、これも教職員会側と団体交渉の末、理事会側も誤りを認め、最終的に訂正された。

さらにまた、本学では、④三六協定が締結されていないこと、⑤事務職員の残業手当の計算式が基本給のみで計算され、付加Ⅰ、付加Ⅱ、扶養手当が含まれておらず、労働基準法に違反して低く計算されていることを問題とし、追求したが、理事会もその誤りを認め、是正した。これにより、事務職員の待遇是正、労働条件の改善がなされた。

五月、経済学部は第一回経済学部学内ゼミナール大会を開催した。それまで、中断していた学内ゼミナール大会の復活であり、ゼミ活性化のためであった。三年生のゼミ生が四年生になって発表した。[6]

九月二二日、人文学部長の任期満了に伴う人文学部長選挙が行なわれ、千石教授が再選された（～一九九〇年一〇月三一日）。[7]

九月二四日、大学院入試（修士課程）が行なわれた。経済学研究科の受験者はいなかった。経営学研究科は四名が受験し一名が合格した。[8]

九月二八日、法学部ができたことにより、越智学長は学長の諮問機関として、新校名検討委員会を発足させ（委員は教員八名、事務職員六名、大学学生三名、短大学生二名、委員長は望月清人経済学部教授）、審議の結果、一〇月二五日に答申が出た。それは、「松山商科大学の名称を『松山大学』とし、松山商科大学短期大学部を『松山短期大学』とするのが望ましい」というものであった。そして、その直後の合同教授会で審議決定し、一一月二日の評議員会および理事会にて、来春より校名変

更することを決定した。(9)

一〇月三一日、去る二月二日付けで諮問のあったキャンパスプランについて、「キャンパスプラン会議」（議長神森智理事）の答申がなされた。それは次の通りであった。(10)

①昭和六四年度（一九八九）に、教室棟、厚生棟及び研究室棟を、昭和六五年度（一九九〇）に教室棟（三号館の建て替え）を建設する必要がある。

②上記に引き続いて、体育館、武道館、図書館書庫（増設）、教室棟（二号館の建て替え）、図書館等を建設整備することが必要である。

一一月一日、越智理事長は「学長選挙に投票できる者の会議（有権者会議）」を開いた。それは、現行の学長選挙の推薦委員会方式において、特に一人に絞ることへの不満があった。そこで、付帯決議として、「学長選考規程検討委員会」を理事長の諮問機関として組織し、一九九〇年三月三一日までに現行学長選考規程の検討を行なうこととすることが決議された。(11)

一一月二〇日、一九八九年度の推薦入試が行なわれた。経済、経営、人文は指定校制であったが、新設の法学部は一般公募制をとった。その結果は次の通りである。(12)

	募集人員	志願者	合格者
経済学部	約九〇名	一二〇名	一一二名
経営学部	約九〇名	一四九名	一四七名
人文（英）	約二〇名	一八名	一八名
人文（社）	約三〇名	三三名	三二名

法学部　　約四〇名　　二四七名　　四一名

本年度も、学生の自主的研究活動の場である、第二八回中四ゼミ（一一月二六、二七日、広島経済大学）、第三五回全日ゼミ（一二月二〇日〜二二日、関西大学）、が開かれた。(13)

一二月末で越智俊夫学長の任期が満了となるので、現行の松山商科大学学長選考規程に基づき、一〇月、各母体から推薦委員の選出がなされた。推薦委員は、経済学部から岩林彪、田辺勝也、比嘉清松、村上克美、経営学部から岩国守男、神森智、高沢貞三、中川公一郎、人文学部から国崎敬一、千石好郎、法学部から竹宮崇、森田邦夫。事務職から山崎敏夫等八名、温山会から二名であった。一一月一六日、学長候補者推薦委員会が開かれ、理事の神森智経営学部教授一人が推薦された。そして、一一月二四日に神森教授への信任投票が行なわれ、神森智経営学部教授（六一歳）が九代目の学長に選出された。

ところが、また、悲劇が起きた。学長選さなかの、一一月一八日、越智俊夫学長・理事長は体調不良により日赤に入院した。そして、一ヶ月後の一二月一六日午後五時肺梗塞による呼吸不全のため逝去した。享年六四歳であった。

◇　　◇　　◇

三年間にわたる越智俊夫学長時代（在任：一九八六年一月一日〜一九八八年一二月一六日）の歴史において特記すべきことをまとめておこう。

第一に、第四の学部として法学部が開設された（一九八八年四月）。

第二に、施設面では、法学部校舎（七号館）が竣工した（一九八八年一月）。

第三に、法学部開設に伴い、松山商科大学を松山大学に校名変更することが決定された（一九八八年一一月）。

第四に、法学部開設に伴う犠牲は大きかった。法学部開設のため文字通り獅子奮迅の働きをしていた法学部設置委員長の山口卓志理事（経済学部教授）が四七歳の若さで、亡くなったことである（一九八七年一一月）。さらに続いて、一年後、越智学長自身が在職期間を満了することなく、亡くなった（一九八八年一二月）。

第五に、入試問題の誤配という前代未聞のミスが発生した（一九八八年二月）。

第六に、キャンパスプラン会議が開かれ、今後の施設建設の方向性が示された（一九八八年一〇月）。

第七に、推薦委員会で学長候補を一人に絞ることへの不満から学長選考規程の検討がはじまった（一九八八年一一月）。

〔注〕
（1）『学内報』第一三六号、一九八八年四月一日。
（2）『学内報』第一三六号、一九八八年四月一日。『学園報』第七八号、一九八八年四月一日。
（3）同。
（4）『学内報』第一三七号、一九八八年五月一日。
（5）同。

(6) 松山大学経済学部のホームページより。
(7)『学内報』第一四二号。一九八八年一〇月一日。
(8) 同。
(9)『学内報』第一四三号、一九八八年一一月一日。『学内報』第一四四号、一九八八年一二月一日。
(10)『学内報』第一四四号、一九八八年一二月一日。
(11)『学内報』第一五六号、一九八九年一二月一日。
(12)『学内報』第一四五号、一九八九年一月一日。『学園報』第八〇号、一九八九年二月八日。
(13) 松山商科大学経済学部清野ゼミナール『AD2001』第七号、一九八九年三月。清野ゼミは参加、発表している。

第二章　神森智学長代理・学長時代（一九八八年一二月一六日〜一九九一年一二月三一日）

第九代学長
神森　智

一九八八年（昭和六三）一一月二四日、越智学長の後を受けて、神森智教授が次期学長に選出された。翌二五日、神森教授は記者会見し、次のような抱負を語った。

「いい大学にする。いい短大にするということに努めたい。皆さんに知恵を出してもらって、問題提起をし、お世話をするのが私の役割と考えている。現在は限られたエリートでなく大衆化した教育になって来ているだけに、本学の校訓三実を生かした、実際に役に立つ〝実用主義〟に馴染む人材の養成をして行きたい。また松山高商以来の連綿として流れている自治の精神を受け継ぎ、大学を運営し、まずは今春スタートした法学部の完成に向け力をそそぎたい」[1]

一二月一六日、越智学長・理事長の逝去に伴い、次期学長に決まっていた神森智教授が松山商科大学学長代行、短大学長代行ならびに学校法人松山商科大学理事長代行に就任した。[2]

一二月一六日に、理事欠員に伴なう評議員会が開かれ、理事選挙が行なわれ、比嘉清松教授が選出された。[3] 経済学部長との兼務であった。

一二月二七日午後一時より三三番教室にて故越智俊夫前学長の大学葬が行なわれ、約一〇〇〇名が参列した。葬儀委員長の神森智学長代理が、追悼の辞を述べ、越智先生が尽力された法学部を立派に完成させたいと、述べた。[4]

一九八九年（昭和六四）一月一日、神森智教授が第九代松山商科大学学長兼理事長に就任した。また、短大学長も兼務した。

神森教授の主な経歴は次の通りである。

一九二七年（昭和二）九月広島県生まれ、一九四四年三月旧広島県立広島商業学校を卒業し、同年四月松山経済専門学校に入学。戦時下で授業はほとんどなく、勤労奉仕の学生生活であった。一年生の一〇月新居浜の住友機械に動員されたが、健康を害して、広島市の実家に帰省したところ原爆に被災された。敗戦後の一九四五年一〇月松山に戻り、焼け残った加藤会館で授業を受け、一九四七年三月に卒業。一九四七年九月旧広島財務局に勤務後、旧大蔵省税務講習所広島支所教官に就任。そして、公認会計士試験に合格。一九五三年四月、松山商科大学短期大学部講師に就任。一九五八年一〇月松山商科大学商経学部経営学科助教授、一九六二年四月経営学部助教授、一九六五年一〇月同教授になった。校務では、一九六一年から六四年まで学生部次長、一九六九年一月から八木亀太郎理事長時代に理事に就任し（財務担当）、一九七四年一二月まで務めた。一九七六年四月から経営学部長に就任（～一九七八年三月）。一九七九年四月経営学研究科が設置されるや、その初代研究科長に就任（～一九八一年三月）。一九八三年四月から一九八五年一二月まで図書館長。一九八六年四月から再び法人理事に就任していた。[5]

神森学長代理・学長時代の時期（一九八八年一二月一六日～一九九一年一二月三一日）には、世界政治では、東西冷戦が終結し（一九八九年一二月）、ソ連邦が消滅するという世界史的事件がおきた（一九九一年一二月）。国内では、経済的には大型好景気（一九八六年一一月～一九九一年四月まで の五三カ月）の最後の時期であり、同時に株価や土地が暴騰し、バブルが絶頂に達し、そして、一九九一年からバブル崩壊が始まる時期にあたる。

また、この時期、本学では臨定増（一九八六年四月～一九九二年三月）が続き、マスプロ化が進み、また一九八八年四月の法学部開設もあり、教員も多数赴任し、それに伴い、価値観も多様化し、従来の松山商科大学学長選考規程の推薦制方式への批判が渦巻き、学内で対立がみられるようになった時代でもある。

神森学長時代は、歴史的にみると、本学園の拡張・発展のピークの時代であり、同時に疾風怒濤、対立・混乱・混迷の始まりの分水嶺に位置付けられる。

〔注〕
（1）『学内報』第一四四号、一九八八年一二月一日。『温山会報』第三一号、一九八八年一二月。
（2）『学内報』第一四五号、一九八九年一月一日。
（3）同。
（4）『学内報』第一四五号、一九八九年一月一日。『学園報』第八〇号、一九八九年二月八日。
（5）神森智編著『税務会計と財務会計』セキ株式会社、二〇一八年四月、『学内報』第一四四号、一九八八年一二月一日、『学園報』第八〇号、一九八九年二月八日。『温山会報』第三一号、一九八八年一二月、等より。

(一) 一九八九年（昭和六四・平成元）一月〜三月

一月一日の神森智新学長の就任の挨拶は次の通りである。

「このたび、松山商科大学の学長を仰せ付けられ、学長選考規程の定めによって短期大学部の学長を兼ね、また、寄附行為の規定によって学校法人の理事長をも兼務することとなりました。

私には、学歴はなく、官公庁や産業界や他大学の幹部等に面識のある人も少ないし、また、肝心の学内の行政をこなしうる自信は全くありません。到底、その任にあらず、先が思いやられるという気持ちが日に日に募っているというのが、偽らざるところです。どうぞ皆さんのお助けをお願いします、というご挨拶を申し上げるほかないのが、今の心境です。

ところで、この春が来ると、私がこの学校に来てから満三六年を経過することになります。この学校の歴史六六年の半分以上をみてきたわけですから勢い、そのもつ問題点については、気付いていることも少なくありません。

たとえば、これを、学校法人の運営についてみますと、現在の評議員および理事の定数は商経学部当時のままですが、これでいいのかということ。また、理事の職務分担は昭和四〇年代の半ばに決めたときのままですが、今後もこれでいけるのか、ということなどであります。

また、法人および大学（短大を含む）両者の運営についてみますと、この学校では、昔から教員の行政への干与の度合いが大きく、大多数の方が常に何等かの役を持たされているという状態が慢性的に続いております。これは教育研究の面で問題はないのか。また、職員のモラールにどのような影響があるのか、ということなどがあります。

元来、この学校が、設立時の寄附者新田長次郎の『学校のことは学校で』という方針に従って、創立（大正一二年・一九二三年）以来、自治経営ないし自主経営の伝統がありますから、皆さんに智恵を出しあって頂くことによって経営と運営を行っていくのが、この伝統を維持するための不可欠の条件でありますが、教員の方に多くの役をお願いし過ぎますと、上記のような問題が生ずることになりますので、どの辺りに調和点を見出すべきか、難しい問題だと思います。これについても、皆さんのお知恵をお借りしなければならないところであります。

マスコミにも話しましたが、大学の学長にはPresident型とRektor型の二つのタイプがあります。前者は社長型とでもいい、後者は世話役型とでも表しましょうか。社長型は、文字どおり組織の長であり、在任期間も永いのが普通ですが、世話役型は、いってみれば忘年会の幹事役のようなもので、在任期間は短く、年齢も若い人が適任であります。私立大学の一部には、President型の学長がありますが、多くの大学の学長はRektor型であります。

本学の学長ももちろん後者であります。それは、この学校のもつ自治経営ないし自主経営の伝統からしてもそうあるはずのものといえるでしょう。皆さんのお持ちの知恵を掘り起こし、これを調整していくのが学長の固有の役割であるかと思います。この意味でも、教職員の皆さんのお助けを切にお願いいたします。

昭和六七年（一九九二）の後に来る私立大学存亡の危機を、たんに回避するだけではなく、教職員にとっても、学生にとっても、受験生にとっても、また地域社会にとっても、魅力のある大学・短大となることができますよう、教職員の皆さんの智恵とお力を頂戴いたしたく、また、何なりとお叱りを賜りますよう、幾重にもお願いを申し上げて、ご挨拶といたします」(1)

このように、神森智学長・理事長は、本学園の問題点をあげ、学園の自治経営・自主経営の伝統のもと、皆さん方に智恵をだしてもらい、世話役型の学長として大学運営をしていくことを表明した。

神森学長・理事長就任時の校務体制は、経済学部長は比嘉清松、経営学部長は中川公一郎、人文学部長は千石好郎、法学部長は前田繁一が続けた。全学の校務体制は、教務委員長は三浦正孝、学生委員長は増田豊、入試委員長は原田満範、図書館長は望月清人であった。経済経営研究所長は青野勝広に代わって新しく渡部孝が就任した（一九八九年一月一日〜）。そして、次長職が設けられ塩次喜代明が就任した（一九八九年一月一日〜）。事務局長は山崎敏夫が続けた。学校法人面では、宮崎満（総務）、高沢貞三（教学）が引き続き理事を務め、一月一日から比嘉清松（財務）が新たに理事に就任し、神森理事長を補佐することになった。(2)

一月七日、昭和天皇が亡くなり、八日元号が平成に代わった。

一月一三日に、神森智新学長・理事長は、前越智理事長時代に開始した松山商科大学学長選考規程検討問題について、有権者会議を開き、学長選考規程は寄附行為とかかわりが深いため、あらためて「寄附行為・学長選考規程検討委員会」を設置することを提案し、了承され、そして、二月一日付けで次の委員が任命された。[3]

(1)教育職員の評議員から互選された委員（稲生晴、岩国守男、千石好郎、中川公一郎）

(2)事務職員の評議員から互選された委員（中本賀祟、山崎敏夫）

(3)各学部から二名づつ選出された委員（宍戸邦彦、村上克美、倉田三郎、原田満範、岡山勇一、渡部孝、前田繁一、森田邦夫）

(4)事務職員から選出された委員（越智純展、掛川猛、田窪千古、武市幸雄、西原重博、藤本昌司）

その諮問事項は、寄附行為については、理事長・学長の兼務制、理事の定数、理事の選任、評議員の定数、評議員の選任であり、学長選考規程については、学長・理事長の兼務制、直接選挙制、学生の参加、同窓会関与の在り方等であった。[4]

このように、神森理事長は、学長・理事長の兼務制に疑問をもち、また、学長は推薦制ではなく、直接選挙制の導入に問題意識をもっていたことが窺われる。

二月九日〜一二日にかけて、一九八九年度の一般入試が行なわれた。九日が経営学部、一〇日が経済学部、一一日が人文学部、そして一二日が法学部の試験であった。募集人員は経済四〇〇名、経営四〇〇名、人文英語英米一〇〇名、同社会一二〇名、法二〇〇名であった（推薦を含む）。試験会場は、本学、大阪、岡山、広島、福岡、高松の六会場であった。検定料は二万五〇〇〇円。志願者は経済三三八〇名（前年二九六二名）、経営三四三七名（前年二九九四名）、人文英語英米七四五名（前年五七〇名）、同社会一三四三名（前年八九八名）、法二〇一九名（前年一九八八名）で全学部で増大し、合計一万〇九二四名（前年九四一二名）となり、はじめて一万名を超えた。合格発表は二月二一日。合格者は経済一〇四九名、経営一一三三名、人文英語英米三三一名、同社会三九三名、法四一四名、合計三三二〇名を発表した。しかし、その後、人文英語と法の歩留まり予測がはずれ、英語一四名、法三五名の補欠を出した。なお、学費は入学金一八万円（前年度一七万円）、授業料四二万円（前年度三八万円）、施設設備費一〇万円（前年度一〇万円）、その他三万五八五〇円（前年度三万四八五〇円）、合計七三万五八五〇円（前年度六八万四八五〇万円）で、五万円の値上げであった。(5)

二月一三日、比嘉清松経済学部長の任期満了に伴う経済学部長選挙が行なわれ、村上克美教授（五〇歳）が選出された。また、二月二三日、法学部長選挙が行なわれ、前田繁一に代わって新しく藤井高美教授（六七歳）が選出された。(6)なお、本学の規程では六五歳以上は役職につけないことになっているが、藤井教授は法学部設置に伴う要員で例外とされた。

三月一五日、神森学長は卒業生に対し、『学園報』第八一号に「卒業する皆さんへ」と題し、「よい社会人」になるように、また、本学の卒業生の活躍を紹介し、自信と誇りをもって活躍してくださいと、次のようなはなむけの言葉を載せた。(7)

「皆さんには蛍雪の功なり、晴れて、卒業の日を迎えられたこと、真にご同慶の至りです。皆さんのうちのほとんどの人にとっては、今回の卒業は、学校教育における最後の卒業となるものでありましょうから、高校までの卒業のときとは違った、一入感慨深いものと感じていることかと思います。

さて、元来、学校で教育を受けることは、よい社会人になるためのものであるはずですから、皆さんが、今までに受けてきた十数年間の学校での教育は、よい社会人になるための、いわば栄養であり、肥料であり、また、ウォーム・アップであったわけで、本番すなわちよい社会人であるかどうかが問われるのは、すべてこれからのことでありますが、ここにいう『よい社会人』とは円満に仕事ができ、何事についても適切な判断と行動ができ、また、円満な家庭をつくることができる人物であろうかと、私は思います。

ところで、本学に、古くから伝えられている三実主義と呼ばれる校訓があることは、皆さん、ご存じのはずです。真実、忠実および実用がこれです。うえの、よい社会人の内容をなす『円満に仕事ができる』ためには、一方で実用的な知識が必要であるとともに、人にたいするまこと、すなわち忠実が求められるはずであります。また、『何事についても適切な判断と行動ができる』ためには、真理に対するまことすなわち真実、偏らない思考が必要とされるはずであります。さらに『円満な家庭をつくる』ためには、人にたいするまことすなわち忠実が必須のものとなるはずであります。校訓『三実』は、ひとり在学中の訓えであるだけでなく、永く、皆さんの人生の座右の銘とするに値するものであると思います。

つぎに、皆さんは、それぞれの職場で、『円満に仕事のできる』人材として活躍なさることでしょうが、皆さんの先輩は、産業界をはじめ、官公庁や公認会計士・税理士・教員としてなど、各方面でめざましく活躍しております。次のような情報を知っておりますか。昨年発行されたある経済雑誌にある記事によると、『ダイヤモンド職員録』に記載されている会社の重役三万名余について、その出身大学別の人数の多い順に並べると、国公私立大学四百九十一校中、本学は第四十九位、私立大学三百五十七校中では第十七位とのことです。また、同じ雑誌の別の記事によると、所得番付上位五百社中の上場会社三百七十六社について同様なことをした場合、本学は国公私立大学中三十九位、私立大学では十四位となっております。

いま、これを地元愛媛についてますと、伊豫銀行では二人の専務取締役が本学卒業生、愛媛銀行では頭取・専務・常務が、東邦相互銀行では社長が、伊予鉄道では会長・社長が、いよてつそごうでは社長が、愛媛新聞では専務・常務が、日興証券・住友海上火災の松山支店長などが卒業生といった状況です。中央では、松下電工社長、日本ドリーム観光社長、日新製鋼副社長、野村証券副社長、日興証券常務、三和銀行取締役等が卒業生です。くわしくは紹介はできませんが、愛媛県庁には副知事をはじめ数名の部長クラス以下約六百名の職員が本学の卒業生、愛媛県の高校商業科教員の七割までは本学の卒業生、愛媛県内の公認会計士の半数は本学の卒業生です。また、東北大学・一橋大学・大阪大学・大阪市立大学・同志社大学・京都女子大学・神戸大学・岡山商科大学・広島大学・広島修道大学・広島経済大学・広島女学院大学・高知大学・九州大学・北九州大学・大分大学等の教授（学長は五名）も輩出しています。ついでですが、国会議員、県会議員、市長など、かわったところでプロ野球の選手、国際線の機長、彫刻家、謡曲家元などもいます。

少し余談になりましたが、皆さんの先輩は各方面で活躍しており、しかも群を抜いていること、先に紹介した経済雑誌の記事のとおりです。皆さんは、本学の卒業生であることに充分な自信と誇りをもって、胸を張って、活躍して頂きたいのであります。

以上は、皆さんを社会に送り出すにあたって、とくに申し上げたいところであります。

くれぐれも健康に留意して活躍のほど念じています」

三月一七日、一八日、大学院の入試が行なわれた。経済学研究科修士課程は三名が受験して一名が合格した。経営学研究科修士課程は六名が受験して四名が合格した。博士課程は共に受験者はゼロであった。[8]

三月一九日、午前一〇時より第三八回卒業式が県民文化会館にて挙行された。経済学部四〇四名、経営学部四四六名、人文学部英語英米文学科一〇八名、同社会学科一四三名が卒業した。また大学院経済学研究科修士課程は四名、経営学研究科修士課程は四名修了した。[9]

神森学長は原稿なしに式辞を述べたので、その式辞は残っていないが、さきの『学園報』第八一号で述べられた内容とほぼ同じで、特に本学卒業生の活躍ぶりを数字でそらんじ、席上にいた人たちは、神森学長の頭脳明晰、記憶力に驚嘆したものであった。

三月三一日、評議員の補欠選挙（入江奨、神森智の補充）が行なわれ、新評議員として、高橋久弥、村上克美、田村譲が選ばれた。任期は一九八九年四月一日から一一月三〇日までであった。[10]
三月三一日、経済学部の入江奨教授が定年退職（六五歳）した（四月一日から再雇用）。人文学部ではK．Rグレッグが退職した。[11]
三月三一日で松山商科大学名は終了し、翌日から松山大学名となった。
以上で、松山商科大学時代（一九四九年四月一日〜一九八九年三月三一日）は終わるが、神森学長時代の途中であり、その退任まで論述しておきたい。

〔注〕
(1)『学内報』第一四五号、一九八九年一月一日。
(2)『学園報』第八〇号、一九八九年二月八日。
(3)『学内報』第一四五号、一九八九年一月一日。
(4)『学内報』第一四九号、一九八九年五月一日。
(5)『学内報』第一四七号、一九八九年三月一日。『学内報』第一四八号、一九八九年四月一日。『学園報』第八〇号、一九八九年二月八日。
(6)『学内報』第一四七号、一九八九年三月一日。
(7)『学園報』第八一号、一九八九年三月一五日。
(8)『学内報』第一四八号、一九八九年四月一日。
(9)同。
(10)『学内報』第一四九号、一九八九年五月一日。
(11)『学内報』第一四八号、一九八九年四月一日。

(二)一九八九年(平成元)度

一九八九年四月一日、校名が変更され、松山大学・松山短期大学が発足した。そして、新しい校章・シンボルマーク・ロゴマークがつくられ、大学の正門の石碑も「学校法人　松山大学」の名が刻まれた。(1)

法学部は二年目に入り、神森学長・理事長は一年目である。経済学部長は新しく村上克美が就任した(一九八九年四月一日～一九九三年三月三一日)。経営学部長は中川公一郎、人文学部長は千石好郎が続けた。法学部長は新しく藤井高美が就任した(一九八九年四月一日～一九九一年三月三一日)。経済学研究科長は伊達功、経営学研究科長は岩国守男が続けた。図書館長は望月清人が続けた。総合研究所長(四月から経済経営研究所を松山大学総合研究所に改称)は渡部孝が続けた。全学の校務体制は、教務委員長は三浦正孝に代わって新しく森田邦夫が就任した(一九八九年四月一日～一九九〇年三月三一日)。入試委員長は原田満範が引き続き務めた。学生委員長は増田豊に代わって新しく清水茂良が就任した(一九八九年四月一日～一九九一年三月三一日)。学校法人面では、宮崎満(総務)、高沢貞三(教学)、比嘉清松(財務)が引き続き理事を務め、神森理事長を補佐した。(2)

本年も法学部をはじめ、各学部で次のように多くの新教員が採用された。(3)

法学部

城戸　正彦　一九二七年九月愛媛県生まれ、京都大学大学院法学研究科。教授として採用。国際法。

小脇　一海　一九二〇年三月愛媛県生まれ、九州帝国大学卒。教授として採用。民法、法学。

佐伯　守　一九四二年四月愛媛県生まれ、東洋大学大学院文学研究科博士課程。教授として採用。法哲学。

横山　信二　一九五一年五月広島県生まれ、広島大学大学院法学研究科修士課程。助教授として採用。行政法。

伊藤　浩　一九五三年八月千葉県生まれ、立教大学大学院法学研究科博士後期課程。講師として採用。民法物権。

経済学部

北島　健一　一九五五年六月大阪府生まれ、京都大学大学院経済学研究科博士課程。講師として採用。産業経済論。

西山　文夫　一九五九年三月熊本県生まれ、同志社大学大学院文学研究科博士課程前期。講師として採用。英語。

経営学部

高橋　俊章　一九六一年八月島根県生まれ、広島大学大学院教育学研究科博士課程前期。講師として採用。英語。

中川　優　一九六二年七月石川県生まれ、神戸大学大学院経営学研究科博士後期課程。講師として採用。コンピータ入門。

人文学部

レイノルズ　一九四八年一月米国生まれ、講師として採用。英会話等。

四月一日、神森学長は『学園報』第八二号に「新入生のみなさんへ」と題し、学生は生徒ではなく研究者であり、大学は単なる学校ではなく研究機関であり、同時に人間形成の場であることを認識し、三実主義の校訓のもと、先輩の後を継ぐ気概を持ってほしいと、次のような歓迎の辞を載せた。(4)

「新入生の皆さん、皆さんの入学を心から歓迎いたします。学部入学生の方には、いまからの四年間を、大学院の博士前期課程に入学の方には、二年間を、皆さん一人一人の人生にとって、充分に意義のあるものとされるよう期待し、また祈念しております。

さて、皆さんは「松山大学」の「学生」であります。まず、「学生」という呼び名についてですが、これは大学で学ぶ人にたいしてのみ使われる言葉です。高校までは生徒です。学生という言葉は、英語ではstudentですが、スペルをみておわかりのようにstudyする人すなわち研究者を意味し、本来の英語では大学の学生のみをさす言葉です（アメリカにはhigh school studentという言い方があるようですが）。皆さんは生徒ではなく、研究者となったのだということを自覚し、また、大学は単なる学校ではなく、研究機関であるということを認識して頂きたいのであります。

では、研究とはどのようなことでありましょうか。それは高校までの学習とどこが違うのでしょうか。高校までの学習は、多分、一つの問題に対しては一つの答えしかないという内容のものであったかと思いますが、研究にあっては一つの問題にたいする様々な考え方や答えを調べ、それを通じて自らの結論を模索するのであります。したがって、研究は単なる知識の獲得行為ではありません。それは広く深い思考を伴うものです。

しかし、大学は研究をのみ行うところではありません。大学は学校でもあり、そこでは教育が行われなければなりません。教育の目的ないし意義は「人格の完成」（教育基本法）ないし「よい社会人の育成」にあります。人間性の涵養・人格の陶冶は教育の基本であり、本義でありま す。このことに関するかぎり、大学も高校までと同じであります。

なお、本学には、三実主義と呼ばれている伝統ある校訓があります。真実、忠実および実用がこれであります。真実は真理に対するまこと、忠実は人に対するまこと、実用は用に対するまことと説明されています（学生便覧）。三実主義は、人間形成と研究に対する基本的要請を示したものとして尊重されるべき訓えであると思います。また、それは、単に在学中の訓えに止まらず、永く座右の銘とするに値する訓えであろうと考えます。

つぎに、皆さんは、わが「松山大学」の学生であります。この松山大学は、産業界をはじめとする各界では、皆さんが偏差値本位で考えているのよりは、はるかに高い評価を与えられている大学であります（以下、中略―『学園報』第八一号で述べた内容とほぼ同じ―）。

要は、わが松山大学は、皆さんが考えているよりは、はるかに優れた大学であるということでありまして、この点をよく認識して頂きたいのであります。そして、誇りと自信をもって、胸を張って、これらの先輩のあとを継ぐべく、三実主義のもと、人間形成と研究に専念してほしいのであります」

四月一日、午前一〇時より愛媛県県民文化会館にて入学式が挙行された。経済学部四九三名、経営学部五九四名、人文学部英語英米文学科一三七名、同社会学科一七一名、法学部二〇四名が入学した。また大学院経済学研究科修士課程一名、経営学研究科修士課程五名が入学した。(5)経済、経営は歩留り計算がはずれ、目標以上に新入生が入学し、極端なマスプロになった。

神森学長は、原稿なしに式辞を述べられ、三実主義の下、大学生活を頑張って欲しいと激励した。

本年度、校名変更に伴い、経済経営研究所の名称を「松山大学総合研究所」に改称し、商経研究会の名称を「松山大学学術研究会」に改称した。そして、松山商大論集は「松山大学論集」に、松山商大研究叢書は「松山大学研究叢書」変更した。(6)

四月一日、神森理事長・学長は『学内報』四月号において、松山大学・松山短期大学の発足により、ようやく名が体を表すことになり、今後、文科系の新しい学部・学科はもちろん、理工科系の学部・学科すらとりこむことのできる大きな器が与えられた点で大きな意義があると述べた。そして、今、学園が対処しなければならない課題として、法学部の完成・法学研究科の設置、人文学部・学科の改組、大学院の設置、短大の改組、学長選考規程の検討、法人理事・評議員制度の改正（寄附行為の変更）、教員の学内行政関与の度合いの低減、職員の責任と権限の拡充、熟年層の給与の改善、教育の充実（国際化、施設の充実）、研究態勢の強化、事務室の近代化、厚生施設の充実、等々の壮大な諸課題を挙げた。(7)何れも、神森先生の年来の考えを表明したものであったが、一部を除き、どれも難題であった。

そして、神森学長・理事長は、これらの課題のうち、差し当たり、法学部の完成、法学研究科の設置、学長選考規程の検討、新教室棟（八号館）の建設等に取り組んだ。

本年度の校名変更に伴い、大学側は新しい校歌を制定することを決め、校歌の募集がなされた。締め切りは五月二六日で、審査委員は早坂暁（委員長）、和田茂樹らにお願いし、作曲は団伊玖磨に頼んだ。校歌募集に二〇五名（二五四編）の応募があり、そして、六月二六日に委員会を開き、北川康宏の歌詞を最優秀に選んだ。(8)

本年度も理事会と教職員会側（委員長高橋久弥、書記長武智牧人、委員に田村、川東ら）との間で、種々の給与条件・労働条件をめぐって団体交渉がなされた。

①本学の給与は公務員準拠・人勧準拠であったが、事務職員の初任給をつぶさに調べたところ、職員の大学卒は公務員の大卒の一号俸上となっていたが、短大卒は半年遅れ、高校卒は一号俸下であった。そこで、教職員会側は給与体系の不公平・矛盾をつき、また近年のマスプロ化に伴う教職員の過労を指摘し、大卒の事務職員並にするよう初任給の給与改訂を要求し、理事会もその主張の道理性を認め、短大〇・五号俸、高校卒二号俸アップした。

②教員は大卒も修士修了者も博士課程単位取得者も公務員と同じで不統一であった。事務職員の大卒との不均衡を指摘し、是正を求め、理事会もその主張の道理性を認め、教員一号俸アップし、改善された。

③また、教職員の採用時における過去の経験年数の計算方式について、種々の経験年数（大学院浪人、海外留学、大学院を二つ修了、無職、非常勤講師等々）のカウントが他大学に比して悪く、且つ各経験年数の端数をを切り捨てにして、あとで合計して計算し、また端数を切り捨てる不利

な計算方式をしていた点について是正を求めたが、理事会側もその非を認め、是正された。

④本学の初任給の格付けについて、職員は高卒からを基準にしていたが、教員は大卒からを基準にしていた。職員の場合は殆ど遅れはなかったが、教員の場合は、種々の事情により、大学に一浪して入学したり、在学中大学院に入るために留年したりして、大卒が遅れる場合が多々あった。また、大卒後、働いたり、外国に留学したり、大学院修士修了後更にキャリアアップのために別の大学院に入学したりして、大学院の修了も遅れる場合がある。調べたところ、教員のストレート組は約一割で九割は大学卒業が遅れていた。教員の場合大卒が基準だから、就職後同じ仕事をしながらストレート組と給与格差が生じ、それが定年まで続き、退職金も年金にも格差がつくというのは不合理である。いわゆる同一労働同一賃金の原則に反する。例えば、教員で高校を卒業し、家庭の事情で就職し、五年間働き学費をためて、大学に入学し、卒業した場合、本学の場合、初任給の格付けが五号俸遅れとなる。そこで、教職員会側は他大学の「遅れ是正」事例も示して交渉を行ない、理事会側も定年まで格差が続くのはおかしいとその道理を認め、大卒後の遅れについては、勤続五年経過後、毎年一号俸づつアップして改善することになった。なお、大卒前の遅れについては、五〇%の改善であったが、不十分であった。

⑤教員で研究し、博士号（論文博士）を取得した場合、その成果を讃えるために一号俸アップの要求をしたが、理事会側の「優れた教員を確保する」の精神のもと、すんなり実現することになった。そして、すでに取得している教員について過去に遡って支給し、また、新採用の教員で博士号を取得していた場合にも適用することになった。

⑥さらにまた、本学の給与規程について、さまざまな不備が存在していた。給与規程明示の原則がとられていない、死亡した場合の臨時給与の規定がない、途中退職した場合の臨時給与支給規定もない、給与の計算式の明示もない、入試手当の基準日の規定がない、等々。理事会側もそれらの不備を認め、共に協力して給与規程を作成することになり、教職員会側が給与規程の改定原案を作成し、理事会と交渉を行ない、理事会も概ね認め、改定された。

七月七日、去る二月に設置された「寄附行為・学長選考規程検討委員会」（稲生晴委員長）は、二月一日、二月二七日、三月二三日、四月二八日、五月一五日、六月一二日、六月一六日の七回にわたる会議を開き、六校の大学を視察し、検討を重ね、原案を提出し、六月下旬から七月上旬にかけて構成員に意見をはかったが、経済学部教員会議の名での意見書や教職員会の委員長名での意見書が出て、意見が纏まらず、七月七日の第八回委員会で答申案をとりまとめることが困難だとして、委員会を解散した。(9)

九月二七日、加藤会館の跡地周辺に建設されることになった新教室棟（八号館）の地鎮祭が挙行された。(10)

九月三〇日、大学院入試（修士課程）が行なわれた。経済学研究科修士課程は二名が受験し、一名が合格した。経営学研究科修士課程は七名が受験し、五名が合格した。(11)

一〇月二八日、新田長次郎翁ゆかりの「西宮新田邸」（温山翁の嫡孫故新田利国邸、新田籌子さん所有）の寄贈をうけた。同邸は長次郎の娘婿木子七郎が設計し、一九三三年に建設されたもので、ス

ペイン風の洋館であった。(12)

一一月一九日、一九九〇年度の推薦入試が行なわれた。その結果は次の通りである。(13)

		募集人員	志願者	合格者
経済学部	（指定校）	約九〇名	一二四名	一一七名
経営学部	（指定校）	約一二〇名	一六二名	一六二名
人文英語	（指定校）	約二〇名	三四名	三四名
	（一般公募）	若干名	三名	三名
同　社会	（指定校）	約一五名	一三名	一三名
	（一般公募）	若干名	一名	一名
法学部	（一般公募）	約四〇名	二六六名	四〇名

一一月二〇日、任期満了に伴う評議員選挙が行なわれ、教育職員では、岩国守男、岩橋勝（新）、宍戸邦彦（新）、千石好郎、高沢貞三、田辺勝也、田村譲、中川公一郎、比嘉清松、星野陽、宮崎満、村上克美、が選出されている。(14)

一一月三〇日、理事会は、有権者会議を開催し、さきの「寄附行為・学長選考規程検討委員会」（稲生委員長）解散の決定を受けて、次のことを提案し、承認された。(15)

①寄附行為・学長選考規程検討委員界設置要綱（一九八九年一月一三日施行）を廃止する。

②一九八八年一一月一日開催の有権者会議の付帯決議の期限を一九九〇年一二月末日まで延期する。

③評議員会の意見を聴いた上で、学長選考規程検討委員会要綱を準備する。

④寄附行為の検討については、評議員会の意見を聴いて決める。

一二月一五日、任期満了に伴う理事の選挙が評議員会にて行なわれ、宮崎満、比嘉清松（共に五三歳）が再任され、新たに宍戸邦彦教授（四八歳）が選出された。任期はいずれも一九九〇年一二月一日から一九九二年一二月三一日までの三年間であった。[16]宍戸教授は高沢貞三理事の後任で、教学担当であった。

一二月二〇日、理事会は評議員会を開き、「学長選考規程検討委員会要綱（案）」を提案し、了承を得た。[17]

本年度も、学生の自主的研究活動の場である、第二九回中四ゼミ（一〇月二八日、二九日、山口大学）、第三六回全日ゼミ（一一月二四日〜二六日、福岡大学）が開かれた。[18]

一九九〇年一月一八日、神森智理事長は有権者会議を開いた。そこで、「寄附行為・学長選考規程検討委員会」を廃止し、新しく「学長選考規程検討委員会」を設置することが決まった。そして、各学部及び事務から委員を選出した。委員は教育職員として、村上克美、倉田三郎、千石好郎、田村譲、増野仁、塩次喜代明、国崎敬一、横山信二の計八名、事務職員として、山崎敏夫、大野赳、西原重博、小池秀信、藤田厚人の計五名であった。そして、三月一日に理事長より同委員会に諮問が行なわれた。その諮問の大要は、直接選挙制の可否、推薦委員会制がとられるとして温山会員が加わる場合の在り方、等であった。委員長には千石教授が就任した。[19]

二月九日〜一二日にかけて、一九九〇年度の一般入試が行なわれた。九日が経営学部、一〇日が経済学部、一一日が人文学部、そして一二日が法学部の試験であった。募集人員は経済四〇〇名、経営四〇〇名、人文英語一〇〇名、社会一二〇名、法二〇〇名であった（推薦を含む）。試験会場は、本学、大阪、岡山、広島、福岡、高松の六会場であった。検定料は二万六〇〇〇円。志願者は経済三六六九名（前年三三八〇名）、経営三六四九名（前年三四三七名）、人文英語英米六七一名（前年七四五名）、同社会一四三五名（前年一三四三）、法一八〇五名（前年二〇一九名）、合計一万一二二九名（前年一万〇九二四名）で、昨年度を上まわり、記録を更新した。合格発表は二月二一日。合格者は経済九七七名、経営八三一名、人文英語英米二六〇名、同社会三五〇名、法四八五名、合計二九〇四名（前年度三三二〇名）を発表した。しかし、その後、歩留まり予測がはずれ、経済五七名、経営五三名、人文社会二一名の補欠を出した。なお、学費は入学金一八万五四〇〇円（前年度一八万円）、授業料四七万円（前年度四二万円）、施設設備費一〇万円（前年度一〇万円）、その他三万五八五〇円（前年度三万五八五〇円）、合計七九万一二五〇円（前年度七三万五八五〇円）で、五万円の値上げであった。[20]

二月一三日、中川公一郎経営学部長の任期満了に伴う経営学部長選挙が行なわれ、新しく倉田三郎教授が選出された。[21]

二月二二日、大学院経済学研究科長選挙が行なわれ、田辺勝也教授が新たに選出された。また、三月八日に経営学研究科長選挙が行なわれ、高沢貞三教授が新たに選出された。[22]

三月一五日、神森学長は卒業生に対し、『学園報』第八五号に「卒業される皆さんへ」と題し、利害や都合に捉われず、自分の意見をもち、他人の意見に耳を傾ける円満な人間になって欲しいと、次のような餞の言葉を載せた。[23]

「卒業される皆さんには、『蛍雪の功なり』卒業の日を迎えることになりましたこと、真にご同慶の至りです。また、今回の卒業は、ほとんどの方にとって、学校教育最後の卒業となるという点で、今までの卒業とは違った感慨をお持ちになっているものかと思います。

さて、皆さんが在学されたこの四年間には、内外とも、さまざまな出来事がありましたが、その中で、昨年来、共産諸国で起こった民主化の動きは、皆さんの在学中の出来事を挙げるさいに、漏らすことのできないものかと思います。それらは、現代史において特筆されるに値するものであるに違いありません。そして、それらの一連の民主化の動きは、国の運営・政治は、その国民の意思に基づいてなされるべきものであり、それから離れてはならないものであることを、よく教えてくれたと言えるでありましょう。

ところで、国政に対する国民の意思の表明は、選挙・投票によるのが通常の方法であって、他に適当な方法はありません。皆さんは、昨年夏の参議院議員の選挙と先月の衆議院議員の選挙と、二回の国政の選挙に参加されたはずですが、そのさい、どのような規準によって党や人をお選びになりましたでしょうか。自分の住む地域の利害によりましたか、家や皆さんが将来就くであろう職業や仕事上の都合によりましたか。それとも、自らは規準を決めず、他人からの『お願い』に従いましたか。

私が思いますのは、国政選挙に参加するときの判断規準は、利害に捉われない、都合にこだわらない、それらを超越した、本来の意味での『自由』な立場で、日本経済の将来を選択し、日本外交の進路を選択するという見地から模索されるべきではないかということであります。そうでなければ、民主主義は、単なる利益や都合の主張と代弁をもってその内容とするとともに、結果は数の多い方の利害や都合に肩入れすることになってしまうと思われるからであります。

話は変わりますが、皆さんは大学では、学生すなわち研究者として学問を修められました。『研究する』あるいは『学問を修める』とは、一つのことに対するいろいろな見方や考え方を学び、それを通じて、自らの意見を形成することであるといえるでしょう。

さきほどは、国政選挙に参加するときの判断規準は、利害や都合に捉われないで、日本経済の将来を選択し、日本外交の進路を選択するという見地から模索されるべきではないか、ということを申し上げましたが、そのような規準は、一つのことに対するいろいろな見方、考え方を学ぶことによって自らの意見を形成するという、研究すなわち学問を修めた成果として得られるはずのものと思います。

そして、私には、研究すなわち学問を修めることの意義の一つは、いろいろな見方や考え方を学ぶことによって、利害や都合に捉われない意見をもつことができる人物になることにあるといっても過言ではないように思われるのです。

また、いろいろな意見や考え方を学ぶことは、他人の言うことに耳をかすことのできる円満な人物を作ることにも通ずるはずでありまして、研究すなわち学問を修めることは、人間性の涵養・人格の陶冶といった教育の重要な要件の一端を満たすことになるものと言えるように思うのであります。

皆さんは、まぎれなく、二十一世紀の日本を、また世界を担う方々であります。日本や世界の将来を誤らないために、利害や都合に捉われない意見をもち、判断ができる、そして円満な人物になって欲しいのであります。皆さんは、そのために、大学で、研究すなわち学問を修められたのであります」

三月一六日、一七日、大学院の入試が行なわれた。経済学研究科修士課程は二名が受験し、合格者はなかった。経営学研究科修士課程は四名が受験し、二名が合格した。博士課程は共にいなかった[24]。

三月二〇日、午前一〇時より県民文化会館にて、第三九回卒業式が行なわれた。経済学部四四七名、経営学部四七七名、人文学部英語英米文学科一一四名、同社会学科一二六名が卒業し、経済学研究科修士課程は二名、経営学研究科修士課程は三名が修了した。昨年校名変更したため、松山大学としての初の卒業生・修了生となった。

神森学長は式辞において、大学で学問を修めることは、一つのことに対する色々な見方、考え方を学び、それを通じて自らの意見を形成し、また、色々な意見や考え方を学ぶことは他人の言うことに耳を貸すことのできる円満な人物を作ることに通じる。学問を修めることは人間性の涵養、人格の陶冶につながることを述べ、卒業生に対し、二一世紀の日本をまた世界を担う円満な人物になって欲しい、との餞の言葉を贈った[25]。

三月三一日、経済学部の稲生晴教授と伊達功教授が定年（六五歳）退職した（四月一日再雇用）[26]。

〔注〕

（1）『学内報』第一四八号、一九八九年四月一日。

(2)『学内報』第一四九号、一九八九年五月一日。『学園報』第八〇号、一九八九年二月八日。
(3)『学内報』第一四八号、一九八九年四月一日。
(4)『学園報』第八二号、一九八九年四月一日。
(5)『学内報』第一四九号、一九八九年五月一日。
(6)『学内報』第一四八号、一九八九年四月号。『学園報』第八一号、一九八九年三月一五日。
(7)神森智「松山大学・松山短期大学の発足にあたって」第一四八号、一九八九年四月一日。
(8)『学内報』第一四九号、一九八九年五月一日。同一五〇号、一九八九年六月一日。同一五一号、一九八九年七月一日。
(9)『学内報』第一五六号、一九八九年一二月一日。
(10)『学園報』第八四号、一九八九年一二月二五日。
(11)『学内報』第一五五号、一九八九年一一月号。
(12)『学園報』第八四号、一九八九年一二月二五日。
(13)『学内報』第一五一号、一九八九年七月一日。第一五六号、一九八九年一二月一日。なお、人文英語は一般公募として若干名、社会学科は社会人、帰国子女若干名を募集。
(14)『学内報』第一五六号、一九八九年一二月一日。
(15)『学園報』第八六号、一九九〇年四月一日。
(16)『学内報』第一五七号、一九九〇年一月一日。
(17)『学園報』第八六号、一九九〇年四月一日。
(18)松山商科大学経済学部清野ゼミナール『AD2001』第八号、一九九〇年三月。第九号、一九九一年三月より。清野ゼミは参加、発表している。
(19)『学内報』第一五八号、一九九〇年二月一日。同一五九号、一九九〇年三月一日。
(20)『学内報』第一五九号、一九九〇年三月一日。『学内報』第一六〇号、一九九〇年四月一日。
(21)『学内報』第一五八号、一九九〇年二月号。
(22)『学園報』第八六号、一九九〇年四月一日。
(23)『学園報』第八五号、一九九〇年三月一五日。
(24)『学内報』第一六〇号、一九九〇年四月号。
(25)『学園報』第八六号、一九九〇年四月一日。『学内報』第一六〇号、一九九〇年四月号。
(26)『学内報』第一六〇号、一九九〇年四月一日。

(三) 一九九〇年（平成二）度

法学部三年目、神森学長・理事長二年目である。経済学部長は村上克美が続けた。経営学部長は新しく倉田三郎が就任した（一九九〇年四月一日〜一九九二年三月三一日）。人文学部長は一〇月三一日まで千石好郎が続け、一一月一日から増田豊に代わった。法学部長は藤井高美が続けた。経済学研究科長は新しく田辺勝也が就任し（一九九〇年四月一日〜一九九二年三月三一日）、経営学研究科長も新しく高沢貞三が就任した（一九九〇年四月一日〜一九九二年三月三一日）。全学の校務体制は、教務委員長は新しく大浜博が就任した（一九九〇年四月一日〜一九九一年三月三一日）。入試委員長は原田満範、学生委員長は清水茂良が続けた。図書館長は望月清人が続けた。総合研究所長は渡部孝が続けた（次長職も塩次喜代明が続けた）。学校法人面では、宮崎満（総務）、比嘉清松（財務）、宍戸邦彦（教学）が引き続き理事を務め、神森理事長を補佐した。(1)

本年度も次のような新しい教員が採用された。(2)

経営学部

玉岡賀津雄　一九五五年九月愛媛県生まれ、広島大学大学院教育学研究科博士前期。サスカチュワン大学（加）大学院博士課程。講師として採用。教育原理。

法学部

妹尾　克敏　一九五三年六月岡山県生まれ、中央大学大学院法学研究科博士前期。講師として採用。地方自治法。

また、法学部は三年目で既存学部からの移籍があり、経済学部の三好登（民法）、経営学部の高橋紀夫（商法、手形小切手）が法学部に移籍した。

四月一日、神森学長は『学園報』第八六号に、「入学された皆さんへ　学問・研究と人格形成の場に」と題し、次のような歓迎の辞を載せた。(3)

「新たに本学の学生となられた皆さん、皆さんの入学を心から歓迎いたします。また、学部一年生の方々には今からの四年間が、大学院の博士前期課程に入られた方々には、今後の二年間が、皆さん方の一人一人の青春にとって、また、人生にとって、充分に実りあるものとなることを希望し、期待しております。

さて、皆さんは、好むと好まざるとにかかわらず、二一世紀に生き、二一世紀を担っていく人達であります。そして、そのときの日本の在り方をどう選択するのか、といったことは、将来すべての皆さん自身が決定しなければならないことであります。

ところで、近年高等教育を受ける人の数が増加し、その進学率は四〇%にも達しようとしていますが、大学だけについては、なお四人ないし五人に一人という割合でありますから、皆さんは選ばれた人であり、したがって、将来、皆さんのもつ考え方や意見は、周囲から、相応の重みをもって迎えられるはずであります。

大学は学問の府である、といわれますが、皆さんが大学において、学問を修める・研究するということの意義の一つは、どのような問題に対しても、公正妥当な考え方や意見をもつことのできる思考力や判断力を養成するところにある、ということであろうかと思います。

何事によらず、一つの問題に対していくつもの考え方や意見が成り立つ、というのが常であります。このことは社会現象を取り扱う学問にあっては、とくに顕著であるといってよいでしょう。そして、大学において学問を修める・研究するということは、このような、一つの問題に対して複数の考え方や意見が成り立つことを理解し、また、さまざまな考え方や意見を吸収することによって、自らの考え方と意見とを模索することです。このことを通じて、異なった考え方を理解し、他人の意見に耳をかすことができるという円満な人間性の涵養が実現できるのであります。教育の目的は『人格の完成』にあります（教育基本法第一条）。学問を修める・研究するということは、人格の完成に直結しているのです。

最後に、本学には三実主義と呼ばれる伝統ある校訓があります。真実、忠実および実用がこれであります。真実は「真理に対するまこと」、忠実は「人に対するまこと」、実用は「用に対するまこと」と説明されています（学生便覧）。これは学問・研究と人格の形成の両者に対する基本的要請を示しているものとして、貴重な訓えであると思います。皆さんが選ばれた人として、二一世紀のよき担い手となるべく、学問研究と人格の形成に励んで下さることを期待しております」

四月三日、午前一〇時より県民文化会館にて入学式が行なわれ、経済学部四五二名、経営学部四四〇名、人文学部英語英米文学科一二三名、同社会学科一三五名、法学部二三六名が入学した。また、経済学研究科修士課程は一名、経営学研究科修士課程は七名が入学した。博士はいなかった。

神森学長は式辞において「皆さんの入学を心から歓迎いたします。二一世紀を担っていく皆さんには、利害や都合に拘泥されない、公正妥当な判断と選択ができる人物になるよう、学問、研究に取り組んで欲しい。本学には真実・忠実・実用という『三実主義』と呼ばれる校訓があります。それを教えとして、人格の形成に励み、先輩に続いていける実力を身につけて欲しい」と激励の言葉を贈った。(4)

五月一日、神森理事長ら大学当局は、二一世紀にむけての松山大学の望ましい将来像（あるべき姿）を検討すべく、「21世紀委員会」を設置した。教育職員の委員に久保進、鈴木茂、舘野日出男、岡野憲治、塩次喜代明、中山勝己、岡山勇一、牧園清子、青木信之、伊藤浩が選ばれている。(5)

五月、経済学部は第三回学内ゼミナール大会を開催した。

九月二一日、千石好郎人文学部長の任期満了に伴う人文学部長選挙が行なわれ、増田豊教授が選出された（任期は一九九〇年一一月一日から一九九二年一〇月三一日）。(6)

九月二二日～二四日までの三日間、社会経済史学会第五九回全国大会が本学で開催された。(7)

九月二九日、大学院入試（修士課程）が行なわれた。経済学研究科は四名が受験し、四名が合格した。うち三人は中国人聴講生であった。経営学研究科は三名が受験し一名が合格した。(8)

九月末、理事会は、法学部は未だ完成年度に達していないが、法学部の臨時定員増を決め、一九九一年度から一九九九年度の間、期限付きで現行定員二〇〇名を二五〇名に変更することを文部省に申請した。(9)

本年度も、学生の自主的研究活動の場である、第三〇回中四ゼミ大会が、一一月三日、四日、松山大学にて開催され、広島大学、山口大学、香川大学、本学の八ゼミ、二〇〇名余りが参加した。ま

た、第三七回全日ゼミが一二月二〇～二二日、明治・立正大学にて開かれたが、その詳細は不明である。(10)

一一月一八日、一九九一年度の推薦入試が行なわれた。その結果は次の通りである。(11)

	募集人員	志願者	合格者
経済学部（指定校制）	約九〇名	一三六名	一二六名
経営学部（指定校制）	約一二〇名	一六〇名	一五七名
（一般公募制）	若干名	〇名	〇名
人文英語（指定校制）	約二〇名	二三名	二三名
（一般公募制）	若干名	三名	三名
同　社会（指定校制）	約一五名	二三名	二三名
（一般公募制）	若干名	一名	〇名
法学部（一般公募制）	約四〇名	三〇三名	五九名

一二月、大学創立四〇周年記念論文集が、一年遅れであるが、『現代社会の諸問題と提言―大学新制四十周年記念論文集―』として刊行された。発刊の辞を神森学長が書き、経済編一二編、経営編一二編、社会学編四編、語学文学編一一編、法学編八編、教育学編二編、体育編二編、アメリカ史一編、婦人論一編が投稿された。

一二月一九日、神森理事長は一般教育担当者と専門担当者との担当時間の差を検討すべく「責任担当時間に関する諮問委員会」を設置した。委員は大浜博、久保進、田辺勝也、光藤昇、波多野五三

（以上経済学部）、岡野憲治、高沢貞三、中山勝己、酒井達郎（以上経営学部）、渡部孝（人文学部）、前田繁一（法学部）で、委員長は渡部孝がなった。(12)

一二月二一日、九月末文部省に申請していた法学部の臨時定員増（恒常定員二〇〇名、臨時定員五〇名、一九九一年度より一九九九年度まで）が文部省より認可を受けた。(13)

一九九一年二月八日、文部省の大学審議会（会長、石川忠夫慶應義塾大学塾長）は大学設置基準の大幅緩和（大綱化）、簡素化を答申した。その要旨はカリキュラムの自由化、一般教育、専門教育などの科目区分を廃止する、卒業要件は総単位数のみとする、一時間あたり授業時間数を弾力化する、一定期間ごとに大学が自らの教育研究活動を自己評価する、学位制度を見直し〇〇博士などの種類の区分をやめ、単に博士とする、等々であった。(14) それは大学の自由な発想による教育を是認するとともに、市場競争原理を導入するものであった。

二月九日〜一二日にかけて、一九九一年度の一般入試が行なわれた。九日が経営学部、一〇日が経済学部、一一日が人文学部、そして一二日が法学部の試験であった。募集人員は経済四〇〇名、経営四〇〇名、人文英語英米一〇〇名、同社会一二〇名、法二五〇名であった（推薦を含む）。試験会場は、本学、大阪、岡山、広島、福岡、高松、東京の七会場であった。本年から東京会場が再び設けられた。検定料は二万八〇〇〇円。志願者は経済三七四八名（前年三六六九名）、経営三五〇六名（前年三六四九名）、人文英語英米六七六名（前年六七一名）、同社会一五〇九名（前年一四三五名）、法二〇五六（前年一八〇五名）で、経営学部を除き、いずれも増え、合計一万一四九五名（前年度一万一二二九名）で、さらに記録を更新した。合格発表は二月二一日。合格者は経済一〇六七名、経営九九九名、人文英語英米二八九名、同社会三九三名、法五七五名、合計三三二三名を発表した。しかし、その後、経済と法の歩留まり予測がはずれ、経済八一名、法五八名の補欠を出した。なお、学費は入学金一八万五四〇〇円（前年度と同じ）、授業料五〇万円（前年度四七万円）、教育充実費一三万円（前年度一〇万円）、その他三万六三〇〇円（前年度三万五八五〇円）、合計八五万一七〇〇円（前年度七九万一二五〇円）で、六万円の値上げであった。(15)

二月一三日、村上克美経済学部長の任期満了に伴う経済学部長選挙が行なわれ、村上教授（五二歳）が再選された。また、一四日、任期満了に伴う法学部長選挙が行なわれ、前田繁一教授（五八歳）が選出された。(16)

二月二五日、「学長選考規程検討委員会」（千石好郎委員長）は一年以上にわたる学長選考規程の検討の結果、「学長選考規程に関する諮問に対する答申書」および「学長選考規程改定試案」を神森智理事長に提出した。その大要は次の通りである。(17)

①現行の推薦委員会制は事実上候補者が一名しか推薦されない場合が殆どで有権者の意思が反映されにくい。また、推薦の過程が密室政治的になる可能性があるので、推薦委員会制度を廃止する。

②あらたに候補者選挙人制度を導入する。経済・経営・人文・法学、事務管理職・事務非管理職の六ブロックにわけ各七名の選挙人を選び、および温山会二名を加え、合計四四名で学長候補者選挙を行ない、上位四名までを学長候補者とする。そして、有権者全員による学長決定選挙を行なう。

この提案について少しコメントしよう。

①現行の推薦委員会制を批判しているが、推薦委員会制の廃止は短絡的である。現行の推薦制方式は、三名以内なのにこれまで事実上一人しか推薦してこなかったことに最大の問題があるのだから、そのためには必ず複数選ぶように制度改革すればよかった。もし、候補者が辞退した場合、次点の候補を繰り上げるよう改正すればよかった。

②候補者選挙人制度は現行の推薦委員会制度に比べると推薦人の人数を拡大し、候補者選挙を実施するもので一定の前進であるが、中途半端な提案であった。もし候補者を選ぶなら拡大した選挙人ではなく、直接全員が候補者を選び（第一次投票）、上位三名を候補者として、第二次投票を行い、過半数のものがいなければ、上位二人の決戦投票をする方がすっきりしている。

しかし、全員で第一次投票を行う方式は、水面下である特定の候補に票が動員され、何であの人が候補なのかという逆の密室政治となる問題が出てくる。

③推薦制か、直接選挙かの論点以外のより大きな根本問題として、学長選挙であるにもかかわらず、職員が教員と平等の権利をもつことの問題性が検討され、解がえられていないことである。職員の投票権は、一九五七年三月の制定の学長選考規程では課長以上の役付に限定されていたが、一九六八年一一月の選挙から書記以上に拡大され、さらに一九七四年二月の選挙から事務職員全員に拡大された。民主化の拡大のあらわれであるが、教員、職員一票の平等性にはある種の問題がある。それはなによりも学長選挙だからである。そして、選挙の実態として、教員の投票率は低く、またバラバラであるが、職員の投票率は極めて高く、また職員組織の人間関係は密であり、往々にして幹部の意向が一般職員に及ぶ。その結果、本学の学長選挙は教員は学長選挙と

思い投票するが、事務職員は理事長選挙と思い投票し、事実上事務職幹部の意向で学長・理事長が決まっている。もちろん、教員の多数の意向と事務職の多数の意向とが一致すれば大学運営に問題はないのであるが、教員の少数、職員の多数で学長が決まるとなると、教学運営に問題が生ずる可能性があるからである。民主的大学のなかには、勿論職員も学長選挙に投票しているが、職員の比重を下げたり、第一次投票だけで、第二次投票は教授会のみという大学がある。本学の場合、一九七四年二月以降教員・職員平等という歴史が長らく続いているので変更するのは難しいが、学長選挙であることを第一に考え、教員重視を担保するよう工夫をすべきであると思う。その工夫の一案として、まず教員のみで三人の学長候補を選出し（予備選挙）、その候補は理事・理事長になるので、次に教員・職員全員で選挙を行ない（本選挙）、選出するのが一番良いと思う。

二月二五日、神森理事長ら大学当局は学長選考規程の難題をかかえている中、「大学院法学研究科設置準備委員会」を設置した。この法学研究科案は、一九八九年四月の法学部教授会で一九九二年四月開設の方向で決定され、一九九〇年一〇月の学内評議員会で開設の準備にはいることが承認されたものであった。委員は宍戸邦彦（理事）、藤井高美、石倉文雄、石原善幸、城戸正彦、小脇一海、佐伯守、竹内正、竹宮崇、田村譲、中原成夫、野間礼二、前田繁一、三好登、山崎敏夫（事務局長）であった。委員長は教学担当理事の宍戸邦彦であった。(18)

三月一四日、一五日、大学院入試が行なわれた。経済学修士課程は四名が受験し、三名が合格した。経営学修士課程は六名が受験し、五名が合格した。博士は共にいなかった。[19]

三月一五日、神森学長は、卒業生に対し、『学園報』第八八号に「卒業される皆さんへ　卒業後も三実主義を」と題した餞の言葉を載せた。そこで、学校教育法の大学の目的「大学は学術の中心として、広く知識を授けるとともに、深く専門の学芸を教授研究し、知的、道徳的及び応用的能力を展開させることを目的とする」を引用し、これは、本学の古くからの校訓である三実主義、真実・忠実・実用に対応する、と指摘し、在学中の訓えであるだけでなく、皆さんの一生の座右の銘とするに値する訓えであり、大切にして欲しいと述べた。[20]

三月二〇日、午前一〇時より県民文化会館にて第四〇回卒業式が行なわれた。経済学部四六三名、経営学部四六二名、人文学部英語英米文学科一三六名、同社会学科一二一名が卒業した。また、大学院では経済学修士課程一名、経営学修士課程五名が修了した。

神森学長の式辞は、『学園報』第八八号とほぼ同じで、なかでも、人に対するまことである忠実を大切にしてほしい、とはなむけの言葉を贈った。[21]

三月二六日、キャンパスプラン会議の答申に基づく、新教室棟の八号館が竣工し、引き渡された。

三月三一日、経済学部の梶原正男（再雇用、国際経済論）が七〇歳で退職した。また、外崎光広（婦人論概説）も退職した。二神孝一（経済学）も退職し、立命館に転職した。また、法学部の大和田英子（英語）も退職し、転職した。[22]

〔注〕

（1）『学内報』第一六一号、一九九〇年五一日。

(2)『学内報』第一六〇号、一九九〇年四月一日。
(3)『学園報』第八六号、一九九〇年四月一日。
(4)『学内報』第一六一号、一九九〇年五月一日。
(5)同。
(6)『学内報』第一六六号、一九九〇年一〇月一日。
(7)同。
(8)『学内報』第一六七号、一九九〇年一一月一日。
(9)『学園報』第八七号、一九九〇年九月二〇日。
(10)『学内報』第一六六号、一九九〇年一〇月一日。松山商科大学経済学部清野ゼミナール『AD2001』第九号、一九九一年三月。清野ゼミは参加、発表している。
(11)『学内報』第一六三号、一九九〇年七月一日。『学内報』第一六八号、一九九〇年一二月一日。
(12)『学内報』第一七〇号、一九九一年二月一日。
(13)『松山大学九十年の略史』六五頁。
(14)『学内報』第一七一号、一九九一年三月一日。
(15)『学内報』第一六五号、一九九〇年九月一日。『学内報』第一六八号、一九九一年一月一日。『学内報』第一七一号、一九九一年三月一日。
(16)『学内報』第一七一号、一九九一年三月一日。
(17)同。
(18)『学内報』第一七二号、一九九一年四月一日。『学内報』第一七三号、一九九一年五月一日。
(19)『学内報』第一七二号、一九九一年四月一日。
(20)『学園報』第八八号、一九九一年三月一五日。
(21)同。
(22)同。

㈣一九九一年（平成三）度

法学部完成年度の年である。神森学長・理事長三年目である。経済学部長は村上克美、経営学部長は倉田三郎、人文学部長は増田豊が続けた。法学部長は新しく前田繁一が就任した（一九九一年四月一日～）。経済学研究科長は田辺勝也、経営学研究科長は高沢貞三が続けた。全学の校務体制は、教務委員長は新たに三好登が就任した（一九九一年四月一日～一九九三年三月三一日）。入試委員長は原田満範が続けた。学生委員長は清水茂良に代わって新しく五島昌明が就任した（一九九一年四月一日～）。図書館長は望月清人、総合研究所長は渡部孝が続けた。学校法人面では、宮崎満（総務）、比嘉清松（財務）、宍戸邦彦（教学）が引き続き理事を務め、神森理事長を補佐した。(1)

本年度も次のような新しい教員が採用された。(2)

経済学部

松浦　一悦　一九六三年三月熊本県生まれ、同志社大学大学院商学研究科博士後期課程。講師として採用。国際経済論。

松本　直樹　一九六三年九月石川県生まれ、神戸大学大学院経済学研究科博士後期課程。講師として採用。経済学。

安田　俊一　一九六一年一二月福岡県生まれ、神戸商科大学大学院経済学研究科博士後期課程。講師として採用。経済情報処理。

法学部では

三好　昌文　一九三〇年六月愛媛県生まれ、愛媛大学文理学部文学科卒。教授（特任）として採用。日本史。

向井　秀忠　一九六四年八月広島県生まれ、明治学院大学大学院文学研究科博士後期課程。講師として採用。英語。

四月一日、神森学長は、新入生に対し、『学園報』第八九号において、「松山大学の学生として有意義な青春を」と題した、歓迎の辞を載せた。そこで、学校教育法の「知的、道徳的および応用的能力」は、本学の校訓である三実主義の「真実・忠実・実用」に符号しており、この三実主義を先輩同様皆さん自身のものとしていただきたい。また、わが大学は戦前には私立の雄であり、戦後の卒業生は産業界で大いに活躍しており、また在学生のクラブ活動も盛んであり、有意義な青春となるよう精進して下さい、と述べた。(3)

四月二日、午前一〇時より県民文化会館にて入学式が行なわれ、経済学部四八四名、経営学部四七三名、人文学部英語英米文学科一二九名、同社会学科一五二名、法学部二九三名が入学した。大学院は経済学研究科修士課程七名、経営学研究科修士課程六名が入学した。

神森学長の式辞は、『学園報』八九号で述べた内容とほぼ同じで、三実主義を皆さん自身のものとし、有意義な青春となるよう精進して下さい、と激励の言葉を贈った。(4)

五月一一日、経済学部は第四回経済学部学内ゼミナール大会を開催した。(5)

六月下旬、神森理事長は「松山大学学長選考規程」を決めるための有権者会議（六月二六日開催）を開くべく、有権者に「規程（案）」を予め配布した。それは、さきの千石好郎委員長の「答申書」をもとに、学部長会や評議員会の意見を聴取し、趣旨を生かしながら体裁を整えたものであった。

ところが、六月二四日に、教職員有志一同（代表青野勝広、岡山勇一、竹宮崇、横山知玄）が、神森理事長あてに「公開質問状」を出した。その大要は、①なぜ、直接選挙制を導入しないのか、②選挙人の職員の比率が少ない、歴史に逆行している、③温山会の比率が下がっている、温山会の比率を上げるべきだ、④白票を有効としているが、社会通念に反する、というものであった。

そして、六月二六日に有権者会議が開催されたが、議論百出し、審議未了となった。

さらに、七月一五日に、教職員会が学長選考規程について申し入れした。その大要は、①温山会の比率低下は時代の趨勢から逆行している、②教育職員・事務職員の比率が有権者の比率を代表してないとして、原案の破棄を言い、本年一一月の学長選挙に間にあわせるのは拙速だとした。それは、基本的にさきの有志一同の意見と同様であった。

そして、その後、青野教授ら有志一同から「対案」（一〇名連署による推薦制、立候補制、そして、直接投票制）が出され、またそれへの反論が千石好郎・田村譲委員からなされた。

七月三〇日、神森理事長は有権者会議を開催し、理事会の改定試案を撤回し、あらためて改正試原案を作成することを理事会預かりとした。

学内が騒然としている中、七月一日、大学設置基準の大綱化、簡素化と自己点検評価の義務づけを内容とする新しい大学設置基準（文部省令）が施行された。これにより、大学設置基準は緩和され、大学は企業と同様に自由競争という市場原理の中に投入されることになった。神森学長は、構成員に対し、魅力ある学部つくり、ラディカルなカリキュラム改定を呼びかけた。(6)

八月一日、理事会は、一九九二年度からの学費について、ステップ制を導入することを決めた。それは次の如くであった（単位万円）。[7]

	現行	一年次	二年次	三年次	四年次	五年次	六年次
入学金	一八・五四	二〇	―	―	―	―	―
授業料	五〇	五二	五四	五六	五八	六〇	六二
教育充実費	一三	一五	一五	一五	一五	一五	一五
計	八一・五四	八七	六九	七一	七三	七五	七七

九月二四日、昨年の一二月一八日、神森学長より諮問があった「責任担当時間に関する諮問委員会」（渡部孝委員長）が「責任担当時間に関する答申」を出した。その大要は、職格（教授、助教授、講師）の差なく、また専門、一般教育の区分なく、一週一律一〇時間とする、というものであった。ただし、新規採用者については一定期間、また、大学院担当者についても大学院から要請があり、学部教授会が認めた場合責任担当時間を減ずることができるとした。また、学長は責任担当時間をゼロ、理事、学部長はその責任担当時間を六時間とした。[8]

九月二六日、前経営学部長で元理事の中川公一郎教授が突然逝去された。五六歳であった。[9]「貴公子然」（倉田三郎経営学部長談）とした紳士であり、将来の学長候補と認められていたのに惜しい人が亡くなった。

九月三〇日、神森理事長ら大学当局は、一九九二年度から一九九九年度の間、経済学部五〇名、経営学部五〇名、人文学部英語英米文学科二〇名、同社会学科二〇名の臨定増を文部省に申請した。第二次臨時定員増で、これは期間延長の申請であった（法学部はすでに一九九一年度から一九九九年度の間臨定増が認可されている）。なお、臨時定員増はすでに一九八六年度から一九九二年度の間、臨定増の認可をうけており、本来ならば一九九三年度からの申請が通常であるが、文部省の方針が不明であったため、一年早く一九九二年度から申請したのだった。そのため、一九九二年度は臨定が重複することになり、一年限りであるが、経済・経営は一〇〇名増で四五〇名、人英は四〇名増で一二〇名、人社は四〇名増で一四〇名の定員となった。なお、一九九三年度からは経済学部四〇〇名、経営学部四〇〇名、人文英語一〇〇名、人文社会一二〇名の予定であった。(10)

九月二八日、大学院入試（修士課程）が行なわれ、経済学研究科修士課程は三名が受験し、一名が合格した。経営学研究科修士課程は六名が受験し、四名が合格した。(11)

また、法学研究科設置のことであるが、法学部内の反対派が身体を張ってまで強硬に反対し、理事会はやむなく申請を断念した。

一一月一七日、推薦入試が行なわれた。その結果は次の通りである。(12)

	募集人員	志願者	合格者
経済学部（指定校制）	約九〇名	一三八名	一三三名
経営学部（指定校制）	約一二〇名	一六三名	一四七名
（一般公募制）	若干名	〇名	〇名
人文英語（指定校制）	約二〇名	二三名	二三名
（特別選抜）	若干名	七名	七名
同　社会（指定校制）	約一五名	二三名	二三名

（特別選抜）　若干名　五名　二名
法学部（一般公募制）　約五〇名　三〇一名　八〇名

本年度も学生の自主的研究活動の場である、第三一回中四ゼミ（一一月九、一〇日、香川大学）、第三八回全日ゼミ（一二月二一～二三日、関東学院大学）が開かれた。(13)

一二月末で神森学長の任期が満了するので、現行学長選挙規程に基づき、一〇月、各母体で、学長候補者推薦委員会の委員の選出が行なわれた。経済学部は岩林彪、田辺勝也、比嘉清松、村上克美、経営学部は岩国守男、倉田三郎、高沢貞三、原田満範、人文学部は岡山勇一、横山知玄、法学部は前田繁一、三好登、事務では大野、掛川猛、田窪千古、武市幸雄、中本賀崇、正岡謙二、村上泰稔、山崎敏夫、温山会は今井琉璃男、永野浩が選出された。

そして、一一月一日、一三日に学長候補者推薦委員会（岩国守男委員長）を開き、投票の結果、神森智教授一四、宮崎満教授七となった。そこで、一人にするか二人にするかをはかり、投票の結果、一人にしぼることになり、神森教授一人が推薦されたという（推薦委員会では大差と判断した）。

一一月二二日に、松山大学教職員会の委員長と書記長が「学長候補者推薦のあり方に関する若干の疑問」と題したニュースを出した。そこで、現行学長選挙規程第四条は、推薦委員会は、学長候補者として三人以内を推薦すると唄っているのに、「ただ一人の候補者を推薦すること自体、規程の明文に違反するもの」であり、「単独候補を推薦することがあらかじめ推薦委員会で決定されていたとすれば脱法行為にあたる」と批判し、さらに、対立した学長候補者を同時に推薦することは本学の調和

を乱し、混乱を招くと考えているならば、それは虚構であり、「前近代的なファッショ的空気」を醸成すると述べていた。(14)

このニュースは疑義の多いものである。「ただ一人の候補者を推薦すること自体……規程違反」というが、規程違反とまではいえないし（するとこれまでの学長選挙はすべて規程違反となってしまう）、「単独候補を推薦することがあらかじめ推薦委員会で決定されていた」といっているが、根拠ない見解だろう。さらに「前近代的なファッショ的」というのは極端な見解であろう。

このようなニュースが流れたことも影響があったのだろう。一一月二八日の学長選挙の結果は、有権者一九九名中、神森候補に賛成八七票、反対一四票、白票八六票、無効二票、棄権一〇票で、白票と棄権が多く出て、有効投票総数が三分の二に達せず、選挙は成立しなかった。選挙管理委員会は再投票を決めたが、神森教授が候補者を辞退され、候補者不在となり、選挙が中止となった。

そして、あらためて、選挙管理委員会と推薦委員を選出し、一二月一六日、新しい候補者推薦委員会（田辺勝也委員長）は神森智教授と宮崎満教授、比嘉清松教授の三名を推薦したが、比嘉教授が辞退し、神森教授、宮崎教授の二名となり、一二月二五日に決戦投票が行なわれ、九二対九一の一票差で宮崎満教授（五六歳）が選出された。(15)

この選挙の背景には、現行学長選考規程の推薦委員会方式、特に一人に絞ったことへの不満が大きいが、それを口実にした対立、また理事会が進めた法学研究科設置に対する法学部内の一部教員のレジスタンス、職員内部の対立等々、学内の政争の側面もある。

なお、この時の学長選挙、再選挙の事情について、後に、神森先生が「人生を振り返って」の中

で、当事者の立場からなまなましく回想している。(16)

一九九一年一二月三一日、神森学長・理事長は退任した。

◇　　◇　　◇

三年間にわたる神森智学長・理事長時代（在任：一九八九年一月一日～一九九一年一二月三一日）の松山商科大学の歴史について、特記すべき事項についてまとめておこう。

第一に、前越智学長時代に開設（一九八八年四月）された法学部が完成した。

第二に、校名変更を契機に、従来の戦前つくられた校歌をやめ、新しい時代にふさわしい校歌（作曲は団伊玖磨）が制定された（一九八九年六月）。

第三に、法学部の臨時定員増（五〇名）が一九九一年度から実施された。また経済、経営各五〇名、人文英語英米、同社会各二〇名の臨時定員増（第二次）が一九九二年度から実施された。それにより、本学の財政基盤を充実させた。しかし、マスプロ化が一層進展することになった。

第四に、専門教育担当者と一般教育担当者との間の担当時間の差が解消された（一九九二年四月）。

第五に、施設面では、八号館が竣工した（一九九一年三月）。

第六に、学費について、ステップ制の導入を決めた（一九九二年度から）。

第七に、法学研究科開設を試みたが、法学部内の一部反対派のレジスタンスにより実現できなかった。

第八に、前越智学長時代からの懸案の学長選考規程の改定に委員会をつくり取り組んだが、まとまらず、実現できなかった。

第九に、一九九一年一一月二八日の学長選挙は、神森候補に反対の組織的なボイコットが行なわれ、学内政争の様相を呈した。それは後の松山大学の混迷の原因となった。

第一〇に、校訓「三実主義」の順序（真実・忠実・実用）について、学校教育法の大学の目的、「知的、道徳的及び応用的能力を展開させることを目的とする」に符号していることを主張したことである。それは、一九五七年に制定した星野通学長の「三実主義」の順序を根拠づけるものであった。

〔注〕

(1)『学内報』第一七二号、一九九一年四月一日。
(2)『学内報』第一七二号、一九九一年四月一日。『温山会報』第三四号、一九九一年一一月。
(3)『学園報』第八九号、一九九一年四月一日。
(4)『学内報』第一七三号、一九九一年五月一日。
(5)『学内報』第一七三号、一九九一年五月一日。『学内報』第一七四号、一九九一年六月一日。
(6)『学内報』第一七六号、一九九一年八月一日。
(7)『学内報』第一七七号、一九九一年九月一日。
(8)『学内報』第一七九号、一九九一年一一月一日。
(9)同。
(10)同。
(11)同。
(12)『学内報』第一八〇号、一九九一年一二月一日。『学内報』第一八三号、一九九二年三月一日。
(13)松山商科大学経済学部清野ゼミナール『AD２００１』第一〇号、一九九二年三月。清野ゼミは参加、発表している。

(14) 松山大学教職員会ニュース一九九一年度№二一。
(15) 『学内報』第一八二号、一九九二年二月一日。
(16) 神森智「人生を振り返って」神森智編著『税務会計と財務会計　巨視的観察による税務会計総論　卒寿出版』セキ出版、二〇一八年四月。

あとがき

本書は、筆者がこれまでに発表してきた論文を改めて書き直したものである。初出論文は次の通りである。

一、「伊藤秀夫と松山商科大学の誕生（その一～三）」『松山大学論集』第二九巻第四号～第六号、二〇一七年一〇月、一二月、二〇一八年二月。

二、「星野博士の学問と松山商科大学の歴史（その一～七）」『松山大学論集』第三〇巻第四―一号、第五―一号、第五―二号、第六号、第三一巻第一号、第二号、第三号、二〇一八年一〇月、一二月、二〇一九年二月、四月、六月、八月。

三、「増岡喜義学長と松山商科大学の歴史」『松山大学論集』第三一巻第五号、二〇一九年一二月。

四、「八木亀太郎学長と松山商科大学の展開（上・下）」『松山大学論集』第三一巻第六号、第三二巻第一号、二〇二〇年二月、四月。

五、「太田明二学長と松山商科大学の歴史」『松山大学論集』第三二巻記念号、二〇二〇年八月。

六、「伊藤恒夫学長と松山商科大学の歴史」『松山大学論集』第三三巻第二号、二〇二一年八月。

七、「稲生晴学長と松山商科大学の歴史（上・下）」『松山大学論集』第三三巻第三号、第四号、二〇二一年一〇月、一二月。

なお、越智俊夫学長、神森智学長時代の歴史については新たな書き下ろしである。

松山商科大学四〇年史を書き終えた今、筆者が感じていることをいくつか述べておきたい。

第一に、個人が大学の校史を書くのは難しいということである。資料の探索が限られるからである。筆者はすでに公表済の資料をもとに執筆したが、公表済の資料も各部署に散らばっているので、個人的に各部署の担当者にお願いして、探して、提供していただいた。しかし、校史執筆にあたり、カバーしていない部門・分野は数多い。

第二に、松山大学ほどの歴史と伝統のある大学ならば、校史編纂室を常設すべきである。本校では五〇年史以降校史が書かれていない。資料は残っているのだから、書けないことは無い。今からでも遅くない。早く編纂室を作り、総力をあげて資料を集め、整理し、全面的な一〇〇年史を編纂していくべきであろう。東京経済大学を見習って欲しい。そして、編纂室を継続し、一〇年毎に校史を追加していくべきであろう。

第三に、大学における情報共有の大切さである。情報は民主主義の基礎である。大学当局の考え、政策を伝え、教師や学生の優れた活動を取材し、共有し、良いことは伝えていく必要があろう。大学に広報課があるのだから、広報の記者は学内を自ら取材し、記事を書き、情報を発信すべきである。早急に「学内報」の復活が求められる。大学は理事者、教職員、学生の三位一体の学園共同体である。構成員は、今大学で何が起きているのか、「知る権利」がある。その負託に応えるべきである。

第四に、学生新聞の復活である。新聞学会は高商・経専時代から松山商科大学時代の前半の時期には活発に活動していたが、七〇年代以降は停滞している。私が赴任した一九八〇年以降は、年に何回か出る程度であった。学生の、学生による、学生のための学生新聞の復刊が求められる。

最後に、本書執筆にあたり、松山大学の生き字引である神森智先生には、雑談の中から種々大学の歴史についてご教示をいただきました。先生抜きには校史を書くことはできなかったと思います。感謝申しあげます。

また、愛媛新聞サービスセンターの渡部哲生氏には、出版の労をとって頂きました。感謝申しあげます。

二〇二一年八月

かわひがし　やすひろ

（追記）神森智先生（元学長・理事長）が二〇二一年八月二四日、九十三歳で永眠されました。二〇二三年の松山大学一〇〇周年を前にして先生が亡くなられたことは全く無念としか言いようがありません。ご冥福をお祈りいたします。

●著者略歴
川 東 竫 弘 （かわひがし・やすひろ）
1947年香川県生まれ。
香川県立高松高等学校卒業。
京都大学経済学部卒業。
大阪市立大学経済学研究科博士課程単位取得。
博士（経済学）。
松山大学名誉教授。

●主な著書
『戦前日本の米価政策史研究』ミネルヴァ書房　1990年
『高畠亀太郎』ミネルヴァ書房　2004年
『農ひとすじ　岡田温』愛媛新聞サービスセンター　2010年
『帝国農会幹事　岡田温－一九二〇・三〇年代の農政活動（上・下）』
御茶の水書房　2014年
『松山高商・経専の歴史と三人の校長－加藤彰廉・渡部善次郎・田中忠夫－』
愛媛新聞サービスセンター　2017年
『伊藤秀夫と松山商科大学の誕生』 SPC出版　2018年
『評伝　法学博士　星野通先生－ある進歩的民法・民法典研究者の学者人生－』
日本評論社　2019年
『新田長次郎と三実主義・三恩人の研究』 SPC出版　2021年
『高畠亀太郎日記』第一巻～第六巻　愛媛新聞社　1999年～2005年
『岡田温日記』第一巻～第一五巻　松山大学総合研究所　2006年～2021年

松山商科大学四〇年史
―一九四九年四月～一九八九年三月―

2022年2月15日　初版　第1刷発行

著　者　川 東 竫 弘

編集発行　愛媛新聞サービスセンター
〒790-0067　松山市大手町一丁目11-1
電話〔出版〕089-935-2347
〔販売〕089-935-2345

印刷製本　アマノ印刷

ISBN978-4-86087-161-1　C0037